MW01098976

David Hobson
833 Buttercup Rd
Gabriola, BC V0R 1X5

Sarah Urban ist frisch geschieden und kennt die Männer. In der Ehe schlaffen sie ab, und außer Haus sind sie feurig funkelnde Liebhaber. Kurzerhand beschließt die selbstbewußte Solo-Mutter, den Spieß umzudrehen. Fortan funkeln bei ihr zwei Leihmänner in Wechselschicht: Ein grundsolider (verheirateter) Arzt liebt Sarah werktags, ein flotter (verheirateter) Starfotograf peppt ihre einsamen Mutter-&-Kind-Wochenenden auf.

Anfangs weiß Sarah nur, was sie nicht mehr will: nie mehr einen Ehemann, der an ihren Koch-, Putz- und Erziehungskünsten herummäkelt und bei anderen Frauen den Paradiesvogel markiert. Sie glaubt, ihr Allheilmittel in den Männern aus zweiter Hand gefunden zu haben. Die lassen ihren Alltag zu Hause und bescheren Sarah ein paar glückliche Stunden. Alles läuft nach Plan, bis eine der beiden Ehefrauen als Kochbuchautorin Karriere macht. Sarah soll deren Mann, Tochter und Musterküche nun rund um die Uhr übernehmen. Doch sie pfeift auf den Dreierpack und greift statt dessen auf ihre alte Liebe zurück, einen begnadeten Hobbykoch und feurig funkelnden Solo-Vater, den sie nur mit vier Kindern teilen muß.

Lea Wilde, geboren 1950, lebt mit ihren vier Söhnen in Köln, hält Deutschkurse ab und schreibt Fachliteratur – aber nicht nur.

Lea Wilde

Männer aus zweiter Hand

Roman

Fischer Taschenbuch Verlag

Die Frau in der Gesellschaft
Herausgegeben von Ingeborg Mues

126.–175. Tausend: März 1997

Originalausgabe
Veröffentlicht im Fischer Taschenbuch Verlag GmbH,
Frankfurt am Main, Mai 1996

© Fischer Taschenbuch Verlag GmbH,
Frankfurt am Main 1996
Gesamtherstellung: Clausen & Bosse, Leck
Printed in Germany
ISBN 3-596-13084-0

Gedruckt auf chlor- und säurefreiem Papier

Inhalt

Schwarz ist so herrlich verrucht

Wir fahren an Kühen vorbei. Von rechts starren diese Viecher, und links von mir blitzen Alurahmen in Häuschen mit praktischen Metzgerkacheln rund um den Eingang und Gartenzwergen im Vorgarten. Ich schnuppere und rieche Mist, und wenn ich ihn nicht wirklich rieche, könnte es immerhin sein, so wie das hier aussieht.

»Du hättest mir wenigstens sagen können, daß du auf dem Dorf lebst«, sage ich zu Eberhard, der mich an dem dumpfen Kuhglotzen vorbeichauffiert, als wär's die normalste Sache der Welt, in seiner Großstadtpraxis von meinen Augen und noch ein paar anderen Sachen zu schwärmen und mich dann hierherzulotsen.

»Wir sind eingemeindet«, sagt er stolz.

»Wer?« frage ich zurück, »du und die Kühe?«

»Sei nicht albern, Sarah! Wir haben es sehr hübsch hier draußen, du wirst schon sehen. Hedwig hat den berühmten grünen Daumen, alles grünt und blüht.« Eberhard hebt die Hände vom Steuer und zeigt mit weit ausholenden Gesten, wie üppig die Pracht ist, dazu lacht er selbstzufrieden.

Ich lache nicht. Diesmal ist sonnenklar, daß sein »Wir« nicht den Kühen gilt. Oder kennen Sie eine Kuh namens Hedwig mit 'nem grünen Daumen? Die echten Glotzkühe werden mir nachgerade sympathisch. Ich rücke so weit wie möglich von Eberhard ab.

»Ich glaub, ich kriege gerade 'ne Grün-und-Blüh-Allergie.«

»Na, na, na«, er tätschelt mir übers Knie, das nackt und mit meiner edelsten Bodylotion einbalsamiert aus dem raffinierten Schlitz eines Rocks ragt, der eigentlich viel zu teuer war. Sündhaft teuer.

Ich schubse seine Hand weg und raffe den Rockschlitz zusammen.

»Na, na, na«, äffe ich ihn nach.

»Also«, er greift über mich weg und klappt das Handschuhfach auf, »ich habe keinen Hehl aus meiner Situation als verheirateter Mann gemacht.« Er befördert ein Brillenetui an meinem Knie vorbei, sagt »pardon!« und setzt eine Sonnenbrille auf. Eine Kuh muht verstört, was ich gut verstehe, denn das poppige Gestell sieht einfach idiotisch zu seinem vornehmen Asketenschädel aus. Dann beendet er seinen Satz: »Obwohl du natürlich eine unglaublich reizvolle Frau bist und einen Mann schlicht um den Verstand bringen kannst. Was du auch weißt, nicht wahr?«

»Muh!« sage ich. Fehlt nur noch, daß er jetzt die Story von seiner Eroberung aufspult, wie ich ihn mit meinen Strahleraugen gecatcht habe, als er mit Katheter und auf Krankenschein bei mir zugange war.

Eberhard ist Urologe. Eigentlich war ich nur tierisch nervös, weil ich noch nie bei einem Urologen war. Deshalb habe ich drauflosgebabbelt, und irgendwann habe ich angefangen, diesem zwischen meinen auf zwei Steigbügeln festgezurrten Beinen auf und ab wippenden Asketenschädel eine komische Seite abzugewinnen. An dem Katheter war eh nichts zu ändern, und Eberhard hat wirklich einen unglaublich fein ziselierten Schädel. Dieser Kopf ist überhaupt das Auffälligste an ihm.

»Wie alt ist dein Töchterchen?« fragt er auf mein »Muh« hin.

»Muh-muh-muh-muh-muh«, antworte ich und lasse zwei Fingerhörner aus meinem Wuschelhaar ragen.

»Fünf«, sagt er stolz, »und natürlich ist es ein Junge. Bei dir wär ich auch gern Sohn, ehrlich.«

Ich grinse und erlaube meinem nackten Knie, zwischen den beiden sündhaft teuren Leinenlappen aufzublitzen. »Magst du Nutella?« frage ich.

»Igitt!« Er schüttelt sich.

»Oder Möhren-Kartoffel-Pampe mit Ketchup?«

»Igittigitt! Ich gäbe meiner Frau die Kündigung.«

»Dann vergiß die Sohnkiste besser wieder. Bei uns gibts nämlich morgens und abends Nutella und jeden zweiten Mittag Matschgemüse.«

»Und den Mittag dazwischen?«

»Nudeln.«

»Frische Pasta mit einem fruchtigen Sugo oder Gorgonzola, da sage ich auch nicht nein.« Er fährt behutsam einen Finger nach meinem Blitzknie aus.

Diesmal lasse ich ihn, zum Trost, weil ich ihm nun auch noch seine Pasta-Träume zerstören muß. »Nix frische Pasta«, verbessere ich, »Nudeln vom Aldi und Hackfleischsoße mit Maggi-Fix.«

Sein Asketengesicht wird ganz klein, fast tut er mir leid, aber dann erinnere ich mich an Hedwig und sehe auf sein Dorfambiente, da tut es mir schon wieder gut, ihm ein Stück von seinem Pasta-Traum zu zerstören. Wir beide reden Tacheles miteinander, er über seine Ehe und ich über meine Kochkünste, dann hat später keiner dem anderen was vorzuwerfen, falls es überhaupt ein Später gibt. Ich mustere ihn von der Seite, dieses scharfgeschnittene Profil hat noch immer etwas. Es reizt mich, ihm die dünnen Babyhaare zu verwuscheln und diese schmalen Lippen stöhnen zu lassen. Ich wickele mir eine Strähne von meinem eigenen Pferdehaar um den Finger und suckele drauflos. Er reizt mich nun mal...

»Du machst mich rasend.« Er legt seinen Finger auf meinen Suckelfinger.

»Hm-hm.«

»Wir sind gleich da.« Er verlangsamt und stoppt vor einem winzigen Rondell mit vier Garagen auf der einen und einer Sackgasse auf der anderen Seite. Er hilft mir gentlemanlike aus dem Wagen und lotst mich in die Gasse, vorbei an einem Küchenfenster mit Häkelstore und einem mit Rüschen und einem mit kariertem Kräuselvorhang. Das vierte und letzte Haus hat geblümte Raffgardinen und ist seins. Er führt mich an seinen drei verschiedenfarbenen Mülltonnen vorbei, Hedwigs Blumenpracht fällt wie eine Sturzflut über das Vordach und bedenkt mich mit ein paar pinkfarbenen Blüten. Wenn sie wüßte!

»Hast du keinen Schiß wegen der Nachbarn?« frage ich.

»Die arbeiten alle am Mittwochnachmittag.«

»Du hast dir den richtigen Job ausgesucht, wie?« Ich zupfe mir Hedwigs Blütenzauber aus den Haaren. Mein eigener Zauber reicht mir. Trotzdem wüßte ich gern, wie sie aussieht.

»Du und ich«, setzt er an, dann unterbricht er sich, weil es irgendwo kratzt und scharrt. Er geht an einer Wendeltreppe vorbei auf eine Schiebetür zu und zieht sie auf, ein schwarzes Ungeheuer jagt auf mich zu.

Ich springe zurück: »Halt mir das Viech von den Nylons.«

»Penelope tut nichts, sie ist eine brave kleine Dame.« Eberhard krault Penelope die Barthaare. Die Katzenlady dankt es ihm mit einem possierlichen rosa Lecken.

»Ich glaub, ich tu auch nichts.« Ich schabe mir über den Handrücken, weil ich es auf den Tod nicht ausstehen kann, wenn einer seine Haustiere knutscht.

»Guck mal!« Er zieht etwas aus seiner Sakkotasche, es schimmert pinkfarben, er fitscht die Klarsichtfolie auf und präsentiert mir sein Pop-Kondom mit einer Miene, als ob er die Dinger genau in dieser Sekunde für mich erfunden hätte.

»Pink erinnert mich an Hedwig«, sage ich und kraule Penelope, die sich an meinen Nylons reibt, unterm Kinn.

Eberhard läßt das pinkfarbene Gummi blitzschnell verschwinden.

»Ich habe auch noch Schwarz«! Er wühlt, findet das schwarzschimmernde Päckchen und hält es hoch, richtig stolz und irgendwie süß. Der Reiz liegt vermutlich in dieser Mixtur aus Ehrenmann und Verführer, das haut mich um.

»Wow! Schwarz ist so herrlich verrucht. Was Hedwig wohl dazu sagen würde?«

»Duuu...«, er schwenkt sein schwarzes Päckchen, und ich weiß: Im Moment ist Hedwig passé. Sorry, poor Hedwig! Ich lasse mich die Wendeltreppe hoch dirigieren, vorbei an Büscheln von Rosen, die zum Trocknen am Geländer hängen, und mitten hinein ins eheliche Schlafparadies. »Das Bett habe ich selbst gezimmert«, sagt er.

»Hoffentlich hält es was aus.« Ich jumpe auf die Matratze und gebe mir Mühe, den unverkennbar weiblich bestückten Nachttisch aus meinem Blickfeld auszuklinken. Schmuckschale, Champagnertrüffel, ich hasse Trüffel, und eine dicke Buchschwarte in einer Schutzhülle aus Leder. So was hatte meine Oma früher, ich kenne keinen modernen Menschen, der seine Bettlektüre in solche Verhüterlis zwängt. Bei Verhüterli muß ich automatisch an »Pink« und wahlweise »Schwarz« denken. Ich glaube, ich brülle laut los, wenn er jetzt sofort zur Tat schreitet. Ich schiele nach seiner Hand. Die ist leer. Halleluja! Er hat sein Päckchen auf dem Nachttisch abgelegt, auf seinem eigenen, der Mann hat Stil.

»Dein Fernseher gefällt mir.« Ich zeige auf seine Designerglotze, die gefällt mir wirklich, und außerdem gefällt mir die Vorstellung, daß er und Hedwig sich abends den »Tatort« oder was Klassisches reinziehen und sonst nichts.

»Ja«, sagt er und nennt die Marke. Es klingt wie »Bäng« und gehört, seinem Tonfall nach zu urteilen, zum Feinsten. Dann dribbeln seine sehr schmalen und unglaublich wendigen Finger zart an meinem Hals hoch, umkreisen meine Lippen und meine Nase und meine Augen. Ich klappe die Liddeckel rasch zu, gleich ist mein toller Kajalstift futsch, und blauschwarz verkleckste Mascara wirkt auch nicht gerade sinnenbetörend. Seine Fingerkuppen verschwinden wieder. Ich klimpere kurz und sehe, wie diese schmalen Lippen auf mich zukommen. Alles verschwimmt, diese Augenküsserei ist der Wahnsinn, und jetzt ist es okay, daß seine Finger tiefer rutschen, immer tiefer...

Es klingelt. Einmal. Pause. Dann erneut, lang anhaltend, dieser Sirrton geht mir durch und durch. Ich reiße die Augen auf und stemme mich hoch, irgendwo muß mein sündhaft teurer Leinenlappen doch stecken, verdammt!

»Nur die Ruhe.« Eberhard legt das schwarze Gummiding zurück auf den Nachttisch, gleitet aus dem Bett, hangelt nach ein paar Slippern und wickelt sich in einen lächerlich kurzen Morgenrock, Marke Kimono. »Ich seh mal kurz nach!« Schon schlappt er treppab.

»Bist du des Teufels«, zische ich ihm hinterher, aber er reagiert nicht. Tausend Szenen von eifersüchtigen Ehefrauen jagen mir durch den Kopf, ich checke das Panoramafenster und den Schwebetürenschrank, da kommt Eberhard schon zurück. Allein.

»War nur der Blumenbote!« Er schält sich aus seinem Kimono, aber diesmal bin ich gegen die Augenkußnummer immun.

»Und wenn's deine Frau gewesen wäre?« Ich schubse ihn zurück.

»Ach was, sie arbeitet in ihrem Lädchen.«

»Sie könnte Migräne haben.«

»Dann würde sie nicht klingeln.«

»Tolle Logik.« Ich kreuze die Arme vor meinem Busen. Ich habe ziemlich viel davon, weshalb das Abdecken per Arm gar nicht so einfach ist. Eberhard ist pfiffig, er erwischt einen neugierigen Nippel und rubbelt sehr zart. So gesehen ist seine männliche Logik nicht unrichtig, natürlich wird Hedwig nicht an ihrer eigenen Haustür klingeln, und schließlich wußte ich vorher, daß ich mich mit einem verheirateten Mann einließ. Das Knuspern an einem Ehemann, der nicht der eigene ist, erspart mir eine Menge Alltagsmief und den Sturz ins tiefe Loch. Meiner hat auch außer Haus geknuspert, und mir hat er ewige Liebe geschworen. Auf dieses Gesülze fall ich nicht mehr rein, garantiert nicht.

»Hej!« Eberhard rubbelt jetzt zweihändig.

»Hej?« Ich lasse meine Arme sinken. Was soll ich denn noch verbarrikadieren, wenn er schon einen Zuschlupf gefunden hat?

»Deine Brüste sind das Größte«, sagt er.

»Und meine Augen«, erinnere ich ihn.

»Du bist überhaupt die Größte!«

Ich kapituliere. Das heißt, ich lasse in meinem Kopf gerade die Möglichkeit der Kapitulation zu, als unten etwas poltert. Ich schieße senkrecht hoch. Jetzt reicht's!

»Sie will rein«, sagt Eberhard bedauernd, hievt sich hoch und steppt treppab. Um SIE reinzulassen? Ich jette in meine Kleider. Ich glaube, ich habe mich noch nie zuvor in solch einem Affenzahn angezogen.

Die Treppe quietscht. Ich höre Eberhard reden, noch bevor er bei mir angekommen ist. »Penelope«, sagt er. »Ich habe gleich noch die Blumen versorgt, wäre ja schade drum. Der Typ hat sich den Strauß richtig etwas kosten lassen.« Eberhards Kopf taucht über dem Geländer auf, er stutzt: »Was ist denn mit dir los?«

»Ich bin in der letzten halben Stunde nur mal gerade um zehn Jahre gealtert, das langt!« Ich zerre an meiner Strumpfhose, die hoffnungslos verdreht ist. Aber ich werde sie nicht mehr runterziehen, hundertprozentig nicht.

»Hör mal...!«

»Hören ist okay«, sage ich. »Nur hören. Oder wolltest du mir gerade verklickern, daß du mit deiner Frau einen hübschen Deal abgeschlossen hast? Dienstags kommt ihr Blumenfreund und mittwochs bist du dran, so in der Art?«

»Meine Frau würde niemals... Die Blumen sind von einem Pharmareferenten, der uns zum Essen eingeladen hat. Er war total begeistert von Hedwig.«

»Klasse! Ich muß mal Pipi.«

»Dort, bitte.« Eberhard zeigt auf eine Tür. Ich steuere drauflos. Es ist ein wunderbar aufgeräumtes Bad ohne Zahnpastakleckse und Gummimonster und rutschsicheren Kinderhocker wie bei mir. Logo, sein Sprößling ist schon aus dem Haus, vermutlich beschäftigen sie auch eine Putzfrau. Wer wie Hedwig ein solches Arsenal von teuersten Cremetöpfchen kommandiert, wird sich nicht die zarten Hände mit grobkörnigem Scheuerpulver ruinieren. In dem Glasregal stehen acht Nagellackfläschen, ich habe Visionen von topgepflegten Krallen, heute blutrot und morgen pinky. Seit der Geburt von Benjamin schaffe ich höchstens noch alle Schaltjahre einen hastig aufgekleckten Perlmuttaufstrich.

Draußen klopft es an der Tür, dazu höre ich Eberhard gedämpft murmeln, aber ich verstehe ihn nicht, weil das Wasser läuft. Ich drehe den Hahn zu. »Was?«

»Dein Handtuch! Bringst du bitte dein Handtuch mit raus für die Wäsche?«

Ich antworte nicht, klemme mir aber brav das flauschige Walkfrottiertuch unter den Arm. Eigentlich schade, daß ich keine Haarnadeln trage! Ich stelle mir Hedwig vor, ihren zarten Tritt auf den weißen Flauschhaarteppich unter dem Waschbecken und dann ein Aufschrei. Pieks! Madame bückt sich nach meiner kleinen, harmlosen Haarnadel und verliert die ganze wohlduftende und teuer gestylte Contenance. Geil! Aber vielleicht trägt sie selbst Haarnadeln, dann wär's ein Windei!

»Hat deine Frau eigentlich lange Haare?« frage ich, als ich aus dem Bad komme.

Eberhard läßt das Steppbett sinken. »Wie bitte?«

Ich sehe auf das cremefarbene Inlet in seiner Hand. Der weiße Batistbezug ist verschwunden, der liegt zusammengeknautscht auf dem Boden. »Warum hast du das Bett abgezogen?« frage ich. Die Haarnadel ist passé.

»Na hör mal! Du als Frau müßtest doch am ehesten wissen, was für einen feinen Riecher deine Geschlechtsgenossinnen für derlei haben.«

»Nee, mein Gatte hat selten bei uns zu Hause rumgemacht. Und überhaupt ist ja nichts zwischen uns passiert, wenigstens nicht richtig.« Ich zeige auf seinen Nachttisch, wo eben noch das Kondom lag, aber natürlich hat Eberhard das auch schon entsorgt.

»Riech mal!« Er hält mir den Batistbezug unter die Nase.

»Riecht super«, sage ich. Fehlt nur noch, daß er behauptet, ich röche nicht gut.

»Eben, es riecht super und nach dir. Hedwig benutzt nie parfümierte Bodylotion, sie bekommt so leicht Allergien.«

»Die Ärmste!« Ich male mir lauter niedliche rote Pusteln aus, als ich treppab klimme, an den mit dem Kopf nach unten pendelnden roten Trockenrosen vorbei, irgendwie passen die zu der Buchhülle aus Schweinsleder und geruchsneutraler Hautmilch. Unten über dem Klavier, wo die Treppe in einem Bogen ausschwingt, hängt ein Hochzeitsfoto. Die Braut in Weiß, mit Schleppe und Spitzen und allem Pipapo und roten Rosen. Auf dem Foto zeigen die Rosenköpfe noch nach oben. Immerhin weiß ich jetzt, wie Hedwig aussieht! Hübsch, einheitshübsch, die Haare unter dem weißen Gekräusel sind reichlich aufgedonnert für meinen Geschmack. Ich würde mich auch nie im Leben als Prinzessin Sissi kostümieren, ich habe damals in einem klassischen schwarzen Kostüm geheiratet. Was die Farbe betrifft, war das haargenau die richtige Entscheidung – im nachhinein betrachtet.

»Damals hatte ich noch ein paar Locken mehr.« Eberhard macht mit seinem Wäschebündel neben mir halt.

»Damals?«

»Vor zwanzig Jahren. Heute sieht mein Sohn so aus. Hedwig ist vernarrt in den Jungen.«

»Rührend!«

»Nach so vielen Jahren...«, er hält seinen Packen Wäsche hoch, »ich stell mal eben die Waschmaschine an, okay?«

»Okay.« Zehn Jahre habe ich auch geschafft. Zum Glück habe ich keinen Schimmer, wann mein Ehemann angefangen hat, nebenbei zu knuspern. Ich hätte ihn umgebracht, wenn ich es früher rausgekriegt hätte. Ich hab ihn nur nicht umgebracht, weil es nicht mehr so wichtig war, als ich dahinterstieg. Da war schon die Luft raus. Eigentlich zählte nur noch Benni.

»Möchtest du etwas trinken?« fragt Eberhard, diesmal von unten. Unten ist vermutlich der Waschkeller.

»Nee, wirklich nicht, ich muß jetzt heim, wegen Benni.« Benni hat Wuschelhaare, so ähnlich wie ich selbst, wir sehen uns überhaupt ähnlich. Ich sehe ihn schon auf mich zuschießen, wenn ich gleich die Wohnungstür aufschließe. Außer er hat wieder etwas ausgefressen, dann verkrümelt er sich, sobald er mich kommen hört, und spielt mit Engelsmiene Puzzle in seinem Zimmer, obwohl er eigentlich nie in seinem eigenen Zimmer spielt und Puzzle haßt. Gestern hat er wie wild Puzzle gespielt. Ich dachte schon, er wäre krank, weil nichts gescheppert hatte und nichts klebte und er trotzdem brav dahockte und eine Pappecke neben die andere legte. Dann bin ich aufs Klo und wußte Bescheid. Benni hatte die weißen Fugen zwischen den weißen Kacheln mit pink Filzer vollgekritzelt. Wenn es eine Farbe gibt, die ich hasse, dann ist es Pink!

»Benni?« fragt Eberhard.

Ich forme zwei Hörnchen auf meinem Kopf und mache fünfmal
»muh!« Nur ist es jetzt nicht witzig, kein bißchen. Ich will heim,
verdammt!

Mütter gehn nicht auf die Pirsch

Als ich die Wohnungstür aufschließe, kommt mir nur mein Babysitter entgegen. Olli heißt korrekt Olivia, ist siebzehn und bis zum
Einbruch der Dämmerung ein Juwel. Die Dunkelheit wirkt auf sie
ähnlich wie Kuschelrock, sie wird flattrig und vergißt zum Beispiel, daß Benni nie Kakao aus der Nuckelflasche trinkt, weil das
nur Babys tun. Bei Apfelsaft ist das natürlich etwas völlig anderes.
»Alexander?« frage ich und überlege, ob unten ein dünner Jüng-
ling im Bum-Schi-Bum-Käppi herumgelungert hat.
»Passé!« Olli winkt ab und setzt sich ihr Bum-Schi-Bum-Käppi
auf, natürlich verkehrt herum. Benni will auch eins, genau so eins,
aber ich finde nicht, daß ein Fünfjähriger für Pop und Pils Wer-
bung machen sollte.
»Und das da?« Ich zeige auf Ollis Kopfbedeckung, weil ich weiß,
daß dieses Käppi ein Präsent von Alexander ist.
»Kriegt Benni, sobald ich Ersatz habe.«
»Schon was in Aussicht?«
»Ich geh gleich ins Luxor«, Olli pausiert und grinst, »auf die
Pirsch«, ergänzt sie.
»Nennt ihr Jungvolk das neuerdings so?«
»Fragen Sie mal Benni.« Olli kichert.
Ich ziehe meine Schuhe aus und überlege, was mein fünfjähriger
Sohn mit dem Liebesvokabular von Teenagern zu tun hat. Nichts,
entscheide ich. Olli ist schlicht von der Rolle. Hoffentlich hat sie

sich ordentlich um Benni gekümmert. Er läßt sich noch immer nicht blicken. »Mit Benni alles okay?« frage ich.

»Hm.«

»Oder hat er was ausgefressen?«

»Nö.« Olli schultert ihren Rucksack, nimmt ihr Geld in Empfang und düst treppab. Ich gehe ins Kinderzimmer, wo Benni sitzt und malt, brav mit Unterlage. Sonst malt er meistens ohne und am Eßtisch, in der Küche oder neben mir am Schreibtisch, wenn ich die lyrischen Ergüsse korrigiere, die meine Schüler in der Literaturwerkstatt e. V. produzieren. Sogar Benni kichert, wenn ich mal zitiere, was Hausmänner und Frühpensionäre so auf Krankenschein verzapfen. »Lyrik als Therapie« ist ein Förderprojekt nur für Männer, das vor allem nicht in den Schuldienst übernommenen Pädagoginnen wie mir zugute kommt. Ich hasse Reime, immer schon.

»Hi!« Ich öffne die Tür zum Kinderzimmer und hocke mich neben Benni auf den Boden, bewundere die verschiedenen Grüntöne auf seinem Blatt und finde es einfach klasse, daß mein Sohn nicht in männlichem Klischeedenken gefangen ist, sondern eine Jägerin gemalt hat, eine mit grünem Rock und grünen Brüsten, einfach stark. »Gefällt mir«, sage ich und kraule ihm den Hals, an dem zwei Speckringe übriggeblieben sind, die mich an Klein Benni erinnern. Pausbacken und Sommersprossen hat er auch noch.

Er schiebt meine Hand weg und malt verbissen weiter.

»Heute keinen Kuß?« erkundige ich mich vorsichtig.

Die Locken, die meine Schwiegermutter viel zu lang und mädchenhaft findet, fliegen nach rechts und nach links, hin und her. Also kein Kuß heute. Und kein Kraulen. Komisch!

Benni stülpt die Unterlippe vor, wühlt in seinen Stiften und verkündet, ohne aufzusehen: »Ich bin sauer auf dich!«

Ich überlege kurz, ob ich eine Kellog's-Packung mit Kinderrückseite oder klebrige Sticker entsorgt habe, aber ich bin mir keiner Schuld bewußt. Ich habe sogar das original Nutella gekauft, obwohl das doppelt so teuer wie der Haselnußaufstrich vom Aldi und laut Stiftung Warentest keinen Deut besser ist. Ich hätte Kraulen und Küssen verdient, zumal ich bei meinem Urologen keusch geblieben bin. Quasi. »Warum bist du sauer?«

»Weil du mich nicht mit auf die Pirsch genommen hast, deshalb.« Er schnieft und fährt sich mit dem Pulliärmel unter der Nase entlang.

Das Wort »Pirsch« setzt mich schachmatt, ich vergesse glatt den fälligen Mahnruf. »Was für 'ne Pirsch?«

»Papa war da und hat mir 'nen Gameboy gebracht, echt geil, und dann hat er gefragt, ob du schon wieder auf der Pirsch bist und ob diesmal der Doktor dran glauben muß.«

Ich klinke das »Geil« und den Gameboy aus, immer hübsch step by step, obwohl in mir ein wüstes Kuddelmuddel ist, aus dem sich glasklar Mordabsichten herauskristallisieren. Ich hätte ihn doch umbringen sollen, der Mann ist gemeingefährlich, jugendgefährdend, ich raff's nicht.

»Paß auf, Benni, das war ein blöder Witz von deinem Vater, natürlich war ich nicht auf der Jagd, ich hab ja gar keinen Jagdschein, und überhaupt täten mir die niedlichen Rehe und so viel zu leid.«

»Sagt Papa auch.« Benni tackert mit seinem Stift rote Punkte auf die giftgrünen Jägerinnenbrüste.

»Was sagt er auch?« Ich nehme ihm den Stift aus der Hand, die Brüste sind schon perforiert.

»Daß du dich nicht mit Damwild abgibst. Ich hab ihn nämlich gefragt, was du jagst.« Benni zieht mir den Rotstift aus den Fingern, die plötzlich ganz kraftlos sind, und tackert erneut los. Die roten Punkte sehen pervers aus. Mein geschiedener Mann ist pervers. Ich mache den Mund auf, natürlich werde ich meine Antwort kindgerecht verpacken.

Benni kommt mir zuvor: »Jagst du etwa Menschen?«

»Was?«

»Papa sagt nämlich, du bist auf dem Kakatrip, Akatrip, irgend so 'n blödes Wort war's. Es hat was hiermit zu tun.« Benni tippt sich gegen die Stirn und reibt Daumen und Zeigefinger gegeneinander.

»Und daß du ihn nur nicht mehr willst, weil er kein Kaka-Aka-na-eben-so-einer ist.«

Scheißkerl, denke ich. Hurenbock! Ich denke alles mögliche, und nichts davon ist jugendfrei. Trotzdem ist die übelste Verbalinjurie noch ein Kosewort für diesen Typen, dem ich zehn Jahre meines Lebens geopfert habe. Rauslassen darf ich von alldem nichts.

»Sollen wir zu McDonald's gehen?« frage ich mühsam beherrscht.

»Also doch!« Benni rammt wütend den roten Stift durch die linke Jägerinnenbrust und spießt die Zeichenunterlage darunter auf.

»Was also doch?« Ich greife automatisch an meine eigene Brust.

»Du hast 'n schlechtes Gewissen. Weil du freiwillig mit mir zu McDonald's gehst.«

»Sagt das auch dein Vater?« Ich ramme einen pink Stift durch das Blatt in die Unterlage, wenn schon, denn schon.

»Nee, das weiß ich selbst. Ich bin ja nicht doof.«

»Also kein McDonald's!« Ich rappele mich hoch und fühle mich, als ich auf meinen Füßen angekommen bin, als ob ich heute gleich zweimal um zehn Jahre gealtert wäre. Und warum? Wegen Kerlen!

»Wohl McDonald's, bei uns gibt's ja doch nichts Ordentliches.« Benni steht ebenfalls auf, die Buntstifte fallen wie Mikadostäbchen zu Boden.

»Sagt...«, setze ich an.

»Nee!« Die Locken fliegen, die Pausbacken verziehen sich, die Sommersprossen griemeln mit. »Das sagt diesmal die Oma.«

Ich erwäge Sippenmord. Meine Schwiegermutter hat es sich nach der Scheidung vor zwei Jahren angewöhnt, mindestens einmal die Woche die Verpflegung ihres einzigen Enkels zu Protokoll zu nehmen und sich zu entrüsten. Die Schokostreusel und Schokoriegel und Schokoflocken bei ihr zählen nicht, weil es das »gute Recht einer Oma« ist, ihr Enkelkind nach Strich und Faden zu verwöhnen. Nur die Basis muß stimmen. »Bei dir stimmt eben die Basis nicht, Sarah!« Natürlich bin ich auch an der chronischen Bronchitis und an der Gelbsucht meines geschiedenen Mannes schuld. Ich, nicht seine vierzig Gauloises und die Kanne Rum mit Tee pro Tag.

»Kommst du endlich?« Benni ruft aus der Diele, die Aussicht auf eine Kindertüte treibt ihn voran. Er ist eben auch ein Kerl, ein ganz besonders niedlicher und die Miniversion, aber trotzdem schon ein Kerl, der für seine Gelüste zum Rambo wird.

»Ich denke, du bist sauer.« Ich bücke mich nach den ausgestreuten Buntstiften.

»Und hungrig«, schreit er.

»Ich muß mir noch was anderes anziehen«, brülle ich zurück und mustere die beiden sündhaft teuren Leinenlappen, die jetzt wirklich nur noch Lappen sind. Trotz Keuschseins! Dieses Edelleinen verträgt nicht mal 'ne Schmuseparty.

Benni streckt den Kopf durch die Tür, nimmt meinen Rock ins Visier und nickt mißmutig. Mit nach unten gezogenen Mundwinkeln und diesem Hab-ich-mir-doch-gedacht-Blick hat er unglaublich viel von seinem Vater. »ER hat doch recht!«

»Okay, spuck's aus!« Ich knöpfe meinen Rock auf und will schon raussteigen, da fällt mir meine Reizwäsche ein, die ich nur für ganz besondere Gelegenheiten trage, die wiederum Benni nicht kennt. Ich halte den Rock mit einer Hand zusammen.

»ER hat gefragt, was du angezogen hast.« Pause. Theatralisch. Ich bekomme eine Gänsehaut und stelle es mir vor, wie Benni meinen vorn und hinten hochgeschlitzten Rock beschreibt, und dazu male ich mir das Gesicht von seinem Vater aus, der früher schon ausgeflippt ist, wenn ich ohne BH gegangen bin. Ich ohne Büstenhalter war tausendmal schlimmer als er ohne seine heißen Slips. Ich geh mal davon aus, daß er die bei seinen Seitensprüngen ausgezogen hat.

»Das geht ihn einen feuchten Kehricht an«, antworte ich.

»Davon hat er nichts gesagt. Ich soll mir nur angucken, ob du verknittert bist.« Benni zieht an dem Stoff. »Da sind mächtig viele Knitter.«

Ich tue einen Schrei, nicht wegen des Geknitters, sondern weil

mein Rock abwärts trudelt und Benni an meine kochfesten Ba___
wollhöschen gewöhnt ist. Ich kneife die Augen zu. Erbarmen!

»Wow!«

Ich reiße die Augen wieder auf. »Wie?«

»Echt geil!« Benni zeigt auf das Spitzenunterteil von meinem
Bodystocking, der Beinausschnitt geht bis zu den Hüftknochen
hoch, was meine ohnehin schon langen Beine noch länger aussehen
läßt. Es wäre pädagogisch absolut falsch, ihn jetzt wegen »geil«
anzumotzen, weil das zur Zeit einfach das Modewort für alles ist,
was peppt. Ich habe nichts dagegen zu peppen.

»Danke!«

»Wie 'n echtes Funkenmariechen.« Er legt eine Pause ein. »Papa
findet Tanzmariechen ›lecker‹, hat er gesagt.«

Ich verzichte darauf, meinem Sohn klarzumachen, daß ich seinem
Vater ganz bestimmt nicht meine Spitzenhöschen zeigen werde
und gut drauf verzichten kann, jemals wieder seinen Appetit zu
reizen. Statt dessen ziehe ich statt der üblichen Jeans rasch meine
Hot pants an, weil ich weiß, daß Benni die mag. Schließlich ist er
ein Minimann mit Sachverstand und hat ein Recht auf eine hübsche Mami, finde ich. Wir marschieren los, von sauer keine Spur
mehr. Benni bekommt seine Kindertüte samt Spielfigur Ronald
McDonald drin und noch drei Figuren extra, damit der Spielsatz
komplett ist. Zuletzt leisten wir uns ein Softeis mit Schokosoße
obendrüber und schlendern gemütlich heimwärts. Es ist mild,
ringsum flanieren Leute, es ist Großstadt pur. Ich bin eine echte
Großstadtpflanze, das Kuhglotzen und Hedwigs Blütenpracht
sind weit weg. Bis Benni vor einem Schaufenster in der Ladenstadt
stehenbleibt und bewundernd auf ein weißes Hochzeitskleid mit
ellenlanger Schleppe zeigt, das glatt eine Kopie von dem Alptraum
sein könnte, den Hedwig auf ihrem Hochzeitsfoto trug. »Geil«,
sagt Benni, fast wäre ihm die Schokosoße auf das neue Polohemd
getropft.

»Geil sagt man nicht.«

»Wieso? Eben...«

Ich unterbreche ihn, schließlich bin ich seine Mutter und für seine gute Erziehung verantwortlich. Allein verantwortlich, da sein Vater sich den Teufel um Sitte und Anstand schert. »Weil das ein sexistisches Wort und außerdem frauenfeindlich ist.«

»Was heißt sexistisch?«

»Schweinskram«, übersetze ich, weil mir auf die Schnelle nichts Besseres einfällt.

Benni streckt seine Zunge heraus und leckt, einmal rundum und noch einmal, jetzt schmiert die Schokoglasur rund um seinen Mund, die Nasenspitze hat auch etwas abbekommen. Er patscht gegen das Schaufenster, fünf schokobraune Punkte schieben sich vor die bräutliche Schaufensterpuppenbrust. »Hattest du auch so ein tolles Kleid, als du Papa geheiratet hast?«

»Bestimmt nicht.« Ich schüttele energisch den Kopf. »Ich habe ein sehr schickes, klassisches Kostüm getragen.« Das »Schwarz« unterschlage ich, weil Kinder in Bennis Alter bekanntlich Farbfreaks sind.

»Dann brauchst du dich eigentlich nicht zu wundern, daß mein Vater auf und davon ist«, trompetet Benni. Ein junges Paar rechts von mir kichert, eine Geschlechtsgenossin in Neongrün mit Neonlila lächelt mich mitleidig aus dem Arm ihres ebenfalls joggingmäßig grün-lila verpackten Gefährten an. Ich gäbe mir die Kugel, wenn ich an solch einem Fettwanst im schillernden Freizeitlook festpappte.

»Davon verstehst du nichts«, fahre ich meinen Sohn an und beiße in mein Eishörnchen. So geladen, wie ich bin, könnte ich ein Dutzend Eistüten gebrauchen, nur sähe ich hinterher möglicherweise so ähnlich aus wie dieses Trimmpaar im Partnerlook.

»Du kleckerst.« Benni zeigt, wo ich kleckere.

»Scheiße!« Ich wische.

»Sagt man nicht«, sagt Benni.

»Klugscheißer!« sage ich.

»Pssst«, Benni grinst und zeigt Richtung Partnerlook, wo es nun sehr still geworden ist. Natürlich hat er recht. Was bin ich für 'ne Mutter, daß ich mich nicht beherrschen kann, wenn ich bei lebendigem Leib geteert und gefedert werde.

»Okay«, sage ich, »okay.«

»Nimm's nicht so schwer.« Ein schokofarbener Punkt gesellt sich neben den Vanillesofteiskleckser auf meiner Brust. »Immerhin ist dein Spitzenhöschen echt geil.«

Hinter mir beginnt es zu murmeln und zu zischen. Hastig ziehe ich Benni am Ärmel um die Ecke, und dann ziehe ich mein Taschentuch heraus und wische mir die Augen und die Nase, immer abwechselnd.

»Lachst du?« fragt Benni zögernd.

»Weiß nich, glaub schon.« Ich hickse laut, schniefe, rubbele mir wieder über die Augen, zuletzt nimmt das Kichern überhand, ich bekomme es gar nicht mehr gebremst, und mein Sohn findet, daß Erwachsene »echt komisch« sind, und ganz besonders »die Weiber«. Bis ich zu Hause den Fernseher bei mir am Bett einschalte und Knabberzeug für einen gemütlichen Abend herausrücke, da findet mein Sohn mich nämlich im Brustton der Überzeugung »echt cool«.

Als ich aufwache, ist es dunkel, nur der Bildschirm flimmert, und neben mir auf dem Kopfkissen liegen ein paar Füße. Kinderfüße. Bennis Füße. Er liegt verkehrt herum in meinem Bett, um mehr von dem Treiben im Fernseher mitzubekommen. Was sich da abspielt, sieht aus wie Tuttifrutti und kein bißchen wie der Moser-Film, den ich für uns beide als Betthupferl außer der Reihe genehmigt hatte. Diese alten Filme sind nur komisch und total unbedenklich. Ich suche hektisch nach der Fernbedienung. Alles mögliche liegt auf meinem Bett, Salzstangen und Schokokekse und Gummibärchen, obendrein klingelt das Telefon, wahrscheinlich hat mich das überhaupt erst geweckt.

»Hallo«, krächze ich in den Apparat. Meine Stimme ist noch nicht ganz da.

»Muß ja 'ne heiße Pirsch gewesen sein«, antwortet es am anderen Ende.

»Vielleicht mäßigst du dich etwas«, schlage ich vor, »dein Sohn sitzt nämlich neben mir.«

»Um elf Uhr abends? Was sind da überhaupt für Stimmen? Du läßt das Kind doch nicht etwa irgendeinen Scheiß sehen?«

»Moser!« antworte ich. »Aber von Filmkunst verstehst du ja nicht allzuviel, für dich endet die ja bekanntlich bei Russ Meyer.«

»Strip-Poker«, kräht mein Sohn dazwischen, »die dicke Rothaarige hat verloren, igitt!«

Ich stelle mich vor den Fernseher, winke ab wie ein Verkehrspolizist und scheuche wie die Bäuerin auf der Hühnerfarm. Benni rührt sich nicht, der Knabe ist stur, von mir hat er das nicht. »Ich bin eingeschlafen«, sage ich in den Hörer.

»Es ist nicht zu fassen«, sagt mein geschiedener Mann.

»Richtig!« Der Gameboy und die Sache mit der Pirsch fallen mir wieder ein. »Wir hätten da ernsthaft ein paar Sachen zu bereden, ich sage nur Akademikertick.«

»Ist er am Ende gar keiner und wollte nur via Urologenmasche ein bißchen unten rumfummeln?«

Ich sehe zu Benni hinüber, er sieht sehr angestrengt von mir weg, was bedeutet, daß er voll auf Lauschposten ist. »Eberhard ist Facharzt für Urologie, sehr seriös und naturverbunden«, antworte ich Benni zuliebe sehr steif und gesittet.

»Natur ist gut! Nennt man das jetzt so?«

»Richtige Natur, du Pottsau! Kühe und Blumen und lauter so 'n Zeug.«

»Bist du jetzt auf dem Ökotrip? Wenn das so einer ist, laß die Finger davon! Die lassen dich vierundzwanzig Stunden an 'ner rohen Möhre knabbern und sonst nichts.«

»Viel mehr war's bei dir auch nicht! Wir sprechen uns noch!« Ich knalle den Hörer auf. Ganz bestimmt werde ich nicht mitten in der Nacht vor den Lauschohren meines minderjährigen Sohnes Anzüglichkeiten mit dessen Vater austauschen. Ich nicht.

Ich gehe in die Knie und suche unter dem Bett nach der vermaledeiten Fernbedienung, als das Telefon schon wieder klingelt. Es ist eine Frechheit. Ich komme hoch, stoße mir den Kopf, fluche. Benni ist Sieger. Ich höre, wie er nach dem Hörer grapscht, sich meldet und dann irgend etwas von Kühen und Natur brabbelt.

»Sag deinem Vater, daß kein Mensch mit Manieren um die Zeit woanders anruft«, sage ich deutlich akzentuiert, damit Ralf es auch wirklich mitbekommt.

»Es ist aber dein Arzt, der mit den Kühen und der Natur, soll ich dem das auch sagen?«

Ich schüttele heftig den Kopf, lege den Finger auf die Lippen, schiebe meinem Sohn die letzte Fuhre Gummibärchen in den Mund und verziehe mich mit dem Telefon um die Ecke in die Diele, wobei ich mit einer Hand die Tür zuhalte, damit mein Mini mir nicht nachkommt. Schließlich habe ich als Mutter auch ein Recht auf Intimsphäre. »Hi!« sage ich in den Hörer.

»Störe ich?« fragt Eberhard.

»Nee, kein bißchen, ich dachte bloß, es wäre mein Mann, mein geschiedener Mann, der macht wieder mal Terror.«

»Hast du deinem Sohn etwas von uns beiden erzählt?«

»Nee, nur von deinen Kühen und den tollen Blumen von deiner Frau.« Ich komme in Rage, eben habe ich mich noch gefreut, aber wenn er so dusselig daherredet...

»Weißt du, das war einfach ein unglücklicher Anfang, da war der Wurm drin«, lenkt er ein und schluckt. Durch die Amtsleitung ist dieses Schlucken überdeutlich zu hören. »Ich komme trotzdem nicht von dem Bild los, wie du da auf meinem Bett gelegen hast.«

Ich schlucke auch. Diese Augenküsserei war unglaublich schön, zart und weich, seine Haare sind auch ganz seidig. Meine eigenen Haare sind spröde und kraus, ein Wust von Kräuselhaaren, den ich mit keiner Bürste gebändigt bekomme. Ich lasse die Haarsträhne aus dem Mund gleiten, dieses Haarsuckeln ist eine Unart von mir.

»Bist du noch da?« fragt Eberhard.

»Hm.«

»Sehen wir uns am Samstag?«

»Hast du Freigang? Wo steckt überhaupt Hedwig?«

»In der Sauna, und samstags ist sie in ihrem Laden, das weißt du doch.«

Vielleicht will ich's aber nicht wissen, denke ich und wische mir angeekelt den klatschnassen Suckelfinger an meinem T-Shirt ab. Pfui Teufel! »Na dann!«

»Ich mag dich«, sagt er. »Sehr.«

»Ja«, sage ich und überlege, ob ich ihn auch mag, mal abgesehen von der Augenküsserei und diesen Händen und dem Babyflaum auf seinem Asketenkopf. Es ist verdammt schwer, sich Hedwigs Blumenpracht wegzudenken. Ob Männer umgekehrt auch Probleme damit haben?

»Samstag?« fragt er.

»Meinetwegen«, sage ich. Dann gehe ich ins Schlafzimmer zurück, feilsche mit Benni ums Zähneputzen und mache mich selbst zum Schlafengehen fertig. Keine halbe Stunde später kommt Benni mit seinem abgeschabten Schnuffel an und will zu mir ins Bett, weil er jetzt angeblich Angst hat: »Die haben im Fernseher nämlich die dollsten Sachen gezeigt, das war bestimmt nicht ab null Jahre, mindestens ab sechs.«

»Meinetwegen«, sage ich noch einmal und hebe die Bettdecke an. Er kuschelt sich an mich. Sein Mund steht ein bißchen offen, und wenn er Luft holt, schnorchelt er leise. Bei der Vorstellung, daß ich ihm vielleicht doch die Mandeln und die Polypen rausnehmen lassen muß, wird mir ganz anders. Ich kraule über die Speckfalten an seinem Hals, er rückt noch ein Stück näher, so wie ganz früher. Sein kleiner Körper dampft, das Halsband von seinem Schnuffel drückt sich gegen mein Schlüsselbein, ich rühre mich nicht. Hoffentlich kommen wir um die Operation herum, ich könnte es mal mit Bachblüten probieren, obwohl ich eigentlich nicht an so was glaube. Bachblüten sind Hokuspokus, sagt Ralf. Aber was Ralf sagt, muß nicht stimmen. Morgen ruf ich mal an, irgendwo hab ich die Nummer hingetan, bestimmt.

Dieser Donnerstag und dieser Freitag gehören zu den Tagen, an denen ich eine geballte Ladung Mutterglück bin und mir glatt ein halbes Dutzend von Bennis Kaliber zutrauen würde. Lauter kleine Speckhälse, die sich knuddeln lassen, mich cool finden und sogar

mein Essen mögen. Himmlisch! Ich ignoriere die Verse meiner
Schüler, in denen sich saisonbedingt »Osterglocken« auf »Hasen-
hoppeln« reimt, hole Benni früher vom Kindergarten ab und fahre
mit ihm an den Rhein. Unser Mittagessen und Abendessen haben
wir im Rucksack dabei, wir füttern die Möwen, bauen uns eine
Hütte, spielen Robinson und Freitag und dann wieder Beachball,
die restlichen Stunden lassen wir Rheinkiesel über das Wasser flitschen. Nach diesen zwei Tagen sind wir Weltmeister im Kieselflitschen und rundum happy. Abends knuddelt Benni mich trotz
Haarewaschen und Nägelschneiden und will wissen, ob wir am
nächsten Tag wieder an den Rhein gehen.

»Morgen kommt Olli extra zu dir und geht mit dir in den Zoo«,
erinnere ich.

»Olli ist doof! Zoo ist doof!«

»Olli ist nicht doof, und im Zoo gibt es Babys.«

»Ich will aber mit dir!«

»Übermorgen, okay?«

»Was für 'n Tag ist dann?«

»Sonntag.«

»Dann ist morgen Samstag, und du mußt nicht in den Dichter-
club.«

»Doch«, flunkere ich, »diesmal doch, Konferenz und so.«

»Und wenn du sagst, du bist krank? Wo du doch jetzt so oft zum
Arzt gehst und der sogar abends spät bei uns anruft.«

»Das wär aber doch gelogen.«

»Und warum gehst du dann ständig zum Arzt?«

»Prophylaxe«, sage ich hastig, »zu deutsch heißt das Vorbeugung,
das macht man so.«

»Das ist plemplem«, Benni tippt sich gegen die Stirn, »ich nehm
den ollen Hustensaft ja auch nur, wenn ich echt Husten habe.«

»Husten ist was anderes. Das ist auch ein ganz anderer Arzt, den
nennt man HNO.«

»Und wofür ist deiner?«

Ich druckse herum, rede von Nierensteinen und Harnweginfekten,
aber Benni will wissen, wo die sitzen, im Bauch oder im Ohr oder

wo sonst. »Weiter unten«, sage ich schließlich, »ein Urologe ist sozusagen ein Fachmann für Pillermänner.«

Benni bricht beinahe zusammen, erstens weil ich so doof bin, und zweitens weil's urkomisch ist. »Du hast doch gar keinen Pillermann«, feixt er, woraufhin ich protestiere und sage, daß ich doch einen habe, nur eben einen ganz kleinen zum Pipimachen. Benni bekommt sich kaum mehr ein und will schon zum Telefon stürmen, um seinem Vater die letzten News über meine Physis zu unterbreiten. Ich schnappe meinen Sohn in letzter Sekunde am Ärmel: »Untersteh dich, dann geh ich nie mehr mit dir an den Rhein.« Das wirkt. Benni macht kehrt.

Als er schläft, lese ich und lese doch nicht, aber das hat nichts mit dem Buch zu tun, sondern damit, daß ich unseren Familiensamstag für Eberhard geopfert habe. Als ich zum drittenmal wieder von vorn zu lesen anfange und noch immer nicht kapiere, warum die Heldin pausenlos Bratkartoffeln brät, obwohl sie's weder kann noch schlanker davon wird, sie mag die Dinger nicht mal, klappe ich das Buch zu und gelobe mir feierlich, Eberhard zu vertrösten, sobald er anruft. Benni geht nun mal vor.

Eberhard ruft an, als Benni und ich gerade beim Frühstück sitzen. Ich ziehe das extra lange Telefonkabel hinter mir her in die Diele und höre zu, was mein Urologe da über die Probleme von sich gibt, die die Beschaffung eines Beduinenzelts bereitet.

»Wieso Beduinenzelt?« frage ich.

»Für eine kölsche Jungfrau, die ich mag und die ich nur mit dem Sternenhimmel und dem Wüstensand teilen mag.«

»Die Domplatte wäre mir lieber. Illuminiert ist die auch.«

»Du bist was.« Er lacht.

»Aber was?« hake ich nach.

»Einmalig!«

»Dann laß dir mal was Hübsches einfallen. Tschüs, bis gleich.«

Das Freizeichen ertönt schon, als mir einfällt, daß ich Eberhard diesen Samstag kappen wollte. Ich bin dem Sternenhimmel-Wüstensand-Beduinenkitsch aufgesessen. Schöner Kitsch, zugegeben, manchmal ist mir nach einer heftigen Portion Lore-Roman live. Mit vierzehn habe ich die heimlich unter der Bettdecke geschmökert, heimlich wegen meiner Mutter.

Benni fällt Olli demonstrativ um den Hals, als sie wenig später klingelt, freut sich »einfach irre« auf den Zoo statt »immer nur Kieselflitschen« und vertraut ihr in einem Zehn-Meter-Radius-Flüsterton an, daß »der Arzt für Pipimänner, mit dem Muddel am Mittwoch auf der Pirsch war«, gleich komme, um mich zur Schulkonferenz zu fahren. Olli prustet und meint, daß man so etwas heutzutage Projektwoche nenne, das funktioniere interdisziplinär und sei momentan sehr modern. Dann wünscht sie mir augenzwinkernd viel Spaß. Wenn meine siebzehnjährige Tochter solch ein frühreifes Früchtchen wäre, würde ich ihr sonstwas erzählen.

»Danke vielmals«, sage ich steif und sehe wieder auf meine Uhr. In zehn Sekunden ist es elf Uhr. Fünfzehn Sekunden später klingelt es. Eberhard trägt eine Armbanduhr mit Weltzeit, meine gerät schon mal in den Schlendrian, wenn die Batterie sich dem Ende nähert. Eberhard ließe es bestimmt nicht soweit kommen, vermutlich geht meine Zeit fünfzehn Sekunden vor.

Eberhard hält mir den Wagenschlag auf. »Drei Sterne zu spät, tut mir leid!«

»Sterne?« frage ich.

»Aber sonst ist alles paletti mit unserem Sternenhimmel«, sagt er geheimnisvoll, steigt ein und legt los, Richtung Domspitzen. Ich überlege, ob einer wie mein Urologe es tatsächlich fertigbringt, ein romantisches Happening auf der Domplatte zu arrangieren, im Angesicht des rotgewandeten Dom-Zerberus und der Papptafel-Wäscheleine-Klagemauer, Pobacke an Pobacke mit Obdachlosen, Straßenmalern und Musikanten. Ich bin tierisch gespannt.

Eberhard verlangsamt und biegt in eine winzige Gasse ab, biegt noch einmal ab, die Domspitzen und das Großstadtflair verschwinden hinter tristen Hausfassaden, von denen die meisten Schaufenster mit schlampig oder gar nicht zugezogenen Samtvorhängen haben. Es gibt nichts Tristeres als eine Animierstraße im Sonnenschein, glaube ich. Eberhard hält an, ich sehe an dem Haus hoch. In ein Fenster neben dem Eingang ist eine Papptafel mit den Übernachtungspreisen gelehnt. Ich brauche eine Weile, um zu begreifen, daß die Preisstaffelung nichts mit garni, Halbpension und Vollpension zu tun hat, sondern sich schlicht auf die Verweildauer in Stunden bezieht. Eberhards Beduinenzelt ist ein Stundenhotel.

Ich stoße die Beifahrertür auf und tackere los, meine Absätze rasen über das Kopfsteinpflaster, hängen fest, tackern weiter. Ich kann schon die Rheinwiesen sehen, als Eberhard mich einholt.

»So war's nicht gemeint. Ehrlich nicht.« Er faßt nach meinem Ellbogen.

Ich schüttele ihn ab und laufe weiter, tack-tack-tack. »Wie denn dann?« keuche ich.

»Ich wollte dich nur einmal ungestört im Arm halten, das ist alles; weil ich dich mag, verdammt.«

»Kuscheln im Stundenhotel?« brülle ich über die Schulter. Passanten bleiben stehen. Mir doch egal.

Eberhard schweigt und holt auf. Diesmal packt er mich fester. Ich laufe noch zwei Schritte im Stand, keuche, stehe still. »Also?« frage ich.

Eberhard zuckt die Schultern, das sieht sehr hilflos aus. »Vielleicht bin ich ja zu dämlich, aber ich habe kein echtes Beduinenzelt und keinen echten Sternenhimmel aufgetrieben, da ist mir die Kleinanzeige von diesem Hotel ins Auge gesprungen. Hotel Sternschnuppe, ich habe geglaubt, das ist es.«

»Fingerzeig von dem da oben?« Ich strecke einen Finger in den strahlend blauen Himmel.

»So ungefähr.«

»Der da oben ist nicht fürs außereheliche Kuscheln zuständig, weißt du.« Ich kratze mit der Spitze meines Schuhs einen Stern in die Kiesel, das schwarze Rauhleder wird staubig. Schiet! Ich hasse Schuheputzen.

Eine fremde Schuhspitze schiebt sich neben meine, scharrt und malt auch in den Kieseln, wird ebenfalls staubig grau, nur daß er seine Schuhe bestimmt nicht selbst blankwienert. Jahrelang habe ich einem die Schuhe gewienert, der munter anderen Ladys den Sternenhimmel gezeigt hat.

»Vielleicht hätte ich dich eher kennenlernen sollen?« sagt Eberhard leise.

Ich schnaufe und wische den Stern wieder platt. Nein danke, dann wäre ich jetzt die Schuhputzerin am heimischen Herd. »Vor zwanzig Jahren war ich ein Teenager, und du wärst wegen Verführung Minderjähriger in den Knast gewandert.«

»Du weißt schon, wie ich es meine.«

»Aber vielleicht will ich es ja gar nicht wissen.« Ich bücke mich und hebe einen größeren Stein neben der Kaimauer auf, hole aus und schleudere. Um ein Haar hätte ich den schicken neuen Frühlingshut einer Dame getroffen, die unter mir am Arm ihres Freiers entlangstöckelt. Ich war noch nie sonderlich gut im Zielen, nicht auf diese Distanz. »Laß uns runter an den Rhein gehen, okay?«

»Okay.«

Wir gehen die Stufen hinab, er stützt meinen Ellbogen, für die anderen müssen wir wie ein Paar aussehen. Unten am Wasser ziehe ich meine Schuhe aus, bestimmt täte seine Frau das nie. Dann stopfe ich mir die Jackentasche mit glatten Rheinkieseln voll und fange an, einen nach dem anderen über die graugrüne und ziemlich trübe Wasseroberfläche hüpfen zu lassen. Dabei zähle ich mit: Eins, plop, zwei, plop, drei, plop ... Zwischendurch blinzele ich zur Seite, aber Eberhard rührt sich nicht. Er sieht fast noch hilfloser aus als eben auf der oberen Promenade. Ich halte ihm meinen letzten Stein hin. »Willst du mal?«

»Danke.« Er wirft, plop, plop, er ist ein hundsmiserabler Kieselsteinflitscher, natürlich hat er auch nicht zwei Tage lang geübt. Bei dem Gedanken an Benni gibt es mir einen Stich.

Ich bücke mich und sammle die nächste Ladung, dann führe ich seinen Wurfarm und zeige ihm, wie er ausholen muß: »So! Jetzt!« Es rührt mich an, ihn so zu sehen, brav und gefügig und traurig. »Schon besser«, lobe ich ihn, obwohl das nicht stimmt. Er ist der lausigste Werfer, der mir je begegnet ist. Gegen Benni hätte er keine Chance.

»Es ist wegen Ostern.« Eberhard starrt auf das Wasser. »Nächste Woche ist Ostern.«

»Sag an, wirklich?« Will er mich verscheißern? Klar ist nächste Woche Ostern, ich bin Lehrerin, gestern war mein letzter Unterrichtstag, ich habe Osterferien.

»Ich meine, wegen meines Sohns, der studiert doch in München und kommt nächste Woche zu Besuch.«

»Familienfeier?«

»So ungefähr, ab Mittwoch, leider.«

»Mittwoch passé!« Ich tue so, als ob ich unseren Mittwoch über die Schulter ins Wasser würfe, aber so einfach ist das nicht. Ich bleibe mit der Schnalle von meiner Uhr hängen und ziehe einen Faden in meiner neuen Jacke aus feinem Woll-Seide-Gemisch. Die Jacke ist mein Prunkstück fürs Frühjahr. Ich zupfe an der Garnschlinge. »Scheiße!«

»Vielleicht klappt es am Samstag für ein Stündchen. Mir fällt schon etwas ein, und natürlich rufe ich dich an.«

»Gib dir keine Mühe, du wirst uns nicht erreichen.« Ich knöpfe meine Jacke zu, hier unten am Wasser frischt es merklich auf.

»Ich wußte, daß du jetzt erst recht sauer bist.«

»Wer redet denn von sauer, ich bin einfach schon vergeben. Du bist nicht der einzige männliche Osterhase, den ich kenne.«

»Dein Mann kommt? Dein geschiedener Mann?«

»Ich bin seit zwei Jahren geschieden. Glaubst du, ich hätte zwei Jahre lang als Nonne gelebt und auf dich gewartet?«

»Nein.« Er hört sich heiser an und nicht sehr glücklich. Das freut mich. Ich lasse mich von Eberhard heimfahren, er hilft mir aus dem Auto, ich bedanke mich nett und wünsche ihm fröhliches Ostereiersuchen im Kreis seiner Lieben, während ich dreimal auf die Klingel drücke. »Muddel ist zurück«, brüllt mein Sohn begeistert durch die Sprechanlage, gerade als Eberhard den Mund öffnet. Er klappt ihn wieder zu und geht. Es ist unglaublich, auf was für ein winziges Maß solch ein Kopf in Sekundenschnelle schrumpfen kann. Nicht daß ich Mitleid mit ihm hätte. Er hat es nicht verdient. Er belegt sich beide Seiten vom Brot, und gerade ist ihm der Belag von der einen Seite runtergerutscht. Von der Unterseite. Ich tauge nicht für untendrunter, verdammt!

Warte, bis es dich erwischt!

Als ich am Sonntag wie versprochen wieder mit Benni zum Rhein gehen will, regnet es. Mein Sohn mault, aber ich finde es ganz gut so, weil dieses Kieselflitschen und das monotone Plop-plop in dem trägen Wasser meinen Kopf plötzlich leer und schwer werden lassen. Eberhard ist ein Arsch! Ich tröste Benni mit Geleestiften und Tauchbadfarben für unsere Ostereier. Wir pusten ein Dutzend Eier aus, und ich verspreche, daß es ganz bestimmt kein Rührei gibt. Meine Eiköpfe mit Wollfädenhaaren und Mützchen aus Stoffresten sind geradezu künstlerisch, und als ich mir meine eigenen Haare aus dem Gesicht zurückstreiche und plötzlich rot und grün und blau bin, weil diese ekligen Geleestifte wie sonstwas abfärben, jubelt Benni und verschwendet keinen Gedanken mehr an unsere ins Wasser gefallene Expedition.

In der folgenden Ferienwoche verarbeiten wir noch zwei Dutzend Eier. Klopapier und Wisch-und-weg-Tücher türmen sich haltlos im Regal, weil wir die Pappröhren innendrin für unsere Eierhälse benötigen. Es gibt massig Baiser aus steifgeschlagenem Eiweiß mit und ohne bunte Streusel und eigelbschweren Klitschkuchen. Am Samstag gibt es dafür nur Pfefferminztee und Zwieback. Uns ist übel.

Am Ostersonntag verschlafen wir prompt. Vera weckt uns mit ihrer Hupe, die Tote wachbekäme. Vera ist meine beste Freundin, zweimal geschieden, derzeit unbemannt und Bennis Patentante. Sie gehört fest in unser Osterprogramm. Vera parkt verbotswidrig vor dem »Einfahrt freihalten«-Schild des Möbelgeschäfts nebenan und kommt zu uns hoch.

»Schlafmützen!« sagt sie.

»Fünf Minuten, dann sind wir soweit, okay?« Ich suche nervös meine Kleider zusammen, die Hot pants und die neue Jacke, natürlich habe ich vergessen, den gezogenen Faden zu richten.

»Brauche ich Strumpfhosen?«

Vera mustert mein Kleiderhäufchen. »Was hältst du von Jeans? Praktisch, reißfest, kochfest!«

»Es ist Ostern«, widerspreche ich.

»Und wir suchen Ostereier im Tannenbusch und nicht im Ballsaal.«

»Trotzdem.«

»Kommt dein Urologe doch?«

»Nee, ganz bestimmt nicht.«

Vera schüttelt ratlos den Kopf. »Ich glaube, ich brauche einen ordentlichen Kaffee. Laß dir Zeit!«

»Fünf Minuten«, sage ich. Tatsächlich bin ich eine Viertelstunde später geduscht, atemfrisch, angezogen und aufgepeppt. Ich düse in die Küche, wo Vera gemütlich mit Benni am Küchentisch sitzt. Beim Anblick meiner knappen Höschen verzieht sie das Gesicht: »Sieht nach 'nem Notfall für den Urologen aus«, dann schraubt sie die Thermoskanne auf und will mir ebenfalls eine Tasse Kaffee einschenken.

»Nicht nötig.« Ich schraube die Thermoskanne wieder zu und stelle sie in den Picknickkorb. »Wir können. Hol fix deinen Anorak, Benni!«

Mein Sohn hält seinen Anorak hoch und grinst. »Schon passiert, ich bin ja kein Weib und takel mich stundenlang auf!«

Vera packt ihn: »Laß die Machosprüche, Junge!« Sie schiebt ihn vor sich her ins Treppenhaus, dort dreht sie sich um und murmelt mit Blick auf mein Woll-Seiden-Jackett, meine Hot pants und meine Pumps: »Brich dir nicht die Haxen, Lady Osterfein!«

Ich antworte nichts darauf. Eben wollte ich ihr noch Theo beichten, aber Lauschohr Benni ist mir in die Quere gekommen, und so, wie sie mich als »Lady Osterfein« abtut, ist sie selbst schuld, wenn Theo gleich als Überraschungsgast auftritt.

Vera kann Theo nicht ausstehen, er ist ihr zu linealmäßig. Theo ist Eberhards Vor-Vorgänger und verehrt mich noch immer. Er ist sozusagen meine eiserne Reserve. Treu, anhänglich, zuverlässig!

Als wir auf den Parkplatz Tannenbusch einbiegen, verrenke ich mir den Hals nach einem anthrazitgrauen Passat-Kombi. Nichts! Theo ist zu spät dran, das ärgert mich auch. Ich nehme den Picknickkorb und die Tüte für den Osterhasen aus dem Kofferraum und marschiere los, ich werde keine Minute auf Theo warten. Ab und zu bleibe ich in dem weichen Waldboden hängen, Pumps sind eben keine ideale Fußbekleidung für den Busch, kurze Hosen auch nicht. Mir ist kalt.

Hoffentlich ist unser Stammplatz nicht schon belegt, wundern würde es mich nicht. Heute wundert mich gar nichts mehr. Zweimal bin ich schon auf diesen dämlichen hohen Hacken umgeknickt, bestimmt ende ich im Graben oder setze mich mit meinen heißen Höschen in ein Schokoladenei.

Der Waldweg mündet in eine Lichtung, dort steht eine Hütte, und vor der Hütte sind ein Tisch und zwei Bänke aufgebaut. Ich sehe schon von weitem etwas Buntes blinken. Ich hab's geahnt, jemand hat uns unseren Stammplatz geklaut. Ich drehe mich zu Vera und Benni um. »So ein Mist! Besetzt!«

Benni strahlt und sprintet an mir vorbei. »Theo!« brüllt er. »Theo! Theo!«

Vera strahlt nicht. »Fest der Auferstehung, wie?«

»Wegen Benni«, murmele ich und bücke mich, um mir den Tannennadelfilz von den Absätzen zu klauben. »Benni liebt Theo.«

»Benni liebt Lenkdrachen und ferngesteuerte Flugzeuge, und darin ist Theo Experte.«

»Na und? Benni ist happy, sieh doch selbst.« Ich zeige auf meinen Sohn, der um Theo herumhüpft, der mir leicht verzweifelt zuwinkt.

»Ich sehe«, Vera sieht mich an, »jetzt wird mir auch klar, weshalb du dich wie ein Zirkuspferd aufgezäumt hast. Du bist mannwütig.«

»Ich mag Männer, ist da was falsch dran?«

»Du könntest ja mal einen Tag pausieren, mannmäßig.«

»Warum sollte ich? Nenn mir einen Mann, der das tut, fraumäßig!«

»Kopierst du jetzt deinen Ex, den größten Frauenumnieter aller Zeiten?«

»Ich kopier nichts und niemanden, und Theo ist nur ein Freund.«

»Ein männliches Spielzeug. Warte nur, bis es dich mal richtig erwischt! Dann spielst du nicht mehr. Im Januar hab ich mal ernsthaft geglaubt, es wär soweit.«

»Bei Pino? Ich verlieb mich doch nicht ernsthaft in einen Hallodri!« Ich hebe beide Arme in die Luft und wedele. Mein heftiges Winken gibt Theo die Kraft, sich von dem Klammergriff meines Sohnes zu lösen. Theo kommt lächelnd auf mich zu.

»Pssst, er kommt«, zische ich.

»Ja, der leibhaftige Osterhase.«

Vera hat recht. Theo hat unseren Picknickplatz ostermäßig aufgezäumt. Nachdem er mich geküßt hat, dreimal auf die Wangen und einmal zart auf den Mund, führt er mich stolz zu dem Holztisch, den nun eine Einweg-Tischdecke mit Ostermotiven und passende Pappteller, Pappbecher und Servietten schmücken. Vor jedem Platz steht ein niedliches Flauschküken, in der Tischmitte steht eine Schale mit Krokussen, sogar die Isolierkanne ist mit bunten Osterstickern beklebt.

»Toll«, sagt Vera und zeigt von dem österlichen Tisch auf die nackte Holzbank, »fehlen nur noch ein paar Sofakissen. Sarah ist im unteren Bereich so anfällig, sie rennt neuerdings ständig zum Urologen.«

Benni nickt: »Sogar nachts, der ruft sie sogar nachts an und fragt nach ihrem Pillermann.«

Theos Gesicht verdüstert sich. Er verschwindet Richtung Forstweg, wo er geparkt hat, und kommt mit vier Sitzkissen und einer Decke zurück. »Bei mir bekommt Sarah nichts an der Blase, hundertprozentig nicht.«

»Sparen wir jetzt Geld?« fragt Benni. »So 'n Arzt kostet doch, oder nicht?«

»Normalerweise schon«, antwortet Vera, woraufhin Theo mich und meinen Sohn eilig an den Händen faßt und zum Waldsaum zieht: »Ich glaube, hier war schon der Osterhase!«

Der Osterhase war wirklich da. Oder eine ganze Kompanie Osterhasen. Theo dirigiert meinen Sohn zu Farnblättern, Büschen, Ästen, Vogelhäuschen. Ich fotografiere mit meiner Pocketkamera, wie Benni hin und her flitzt, sich bückt, hochhält, »toll!« keucht und weitersucht. Theo fotografiert ebenfalls, er benutzt eine Profikamera und wechselt mehrfach das Objektiv. Trotzdem vergißt er kein Versteck. Entweder sein Gedächtnis ist phänomenal, oder er hat sich vorher einen Lageplan gemacht. Als Benni zwei Tüten »vom Osterhasen« voll hat, zieht Theo mich auf einen Baum zu, der etwas weiter weg in der Sonne steht, weshalb der Boden hier weniger modrig ist. »Jetzt bist du dran«, sagt Theo.

»Ich?« frage ich und tue wahnsinnig erstaunt, obwohl ich das Päckchen dort oben an dem Ast schon längst gesichtet und Benni dreimal unauffällig daran vorbeigelotst habe. Solche Päckchen sind nie für Kinder. Willig überlasse ich meine Hand Theos Hand, schließlich ist es rührend, wie er sich um meinen Sohn kümmert, und drücke Vera meine kleine Kamera in die Hand: »Knips du!«

»Mein Daumen klemmt gerade.« Vera knickt einen Daumen um.

»Bitte«, sage ich, denn mir kommt da gerade eine Idee.

»Warte, bis es dich...«

»Schon gut«, unterbreche ich meine Freundin, der es glatt zuzutrauen wäre, daß sie ihren Spruch von vorhin komplett wiederholt. Was gemein gegen Theo wäre, und pietätlos, falls das Wort Pietät nicht eher auf Sterbefälle paßt. Ich starre auf Theos Hinterkopf, der im Gegensatz zu dem von Eberhard dicht behaart ist. Theo trägt einen flotten und praktischen Igelhaarschnitt. Ich glaube kaum, daß es eine genetisch bedingte Aversion gegen Igelköpfe gibt, sexuell betrachtet. Oder?

»Achtung, Matsch!« Theo umschlingt meine Hüften mit zwei kräftigen Armen und hebt mich hoch, damit ich, ohne den Boden zu berühren, an den Ast mit dem fein verpackten Päckchen komme. Ich hangele bewußt ein bißchen länger und möglichst attraktiv in Theos Armen, nicke Vera energisch zu, damit sie endlich knipst, lehne mich mit einem fröhlichen Kiekser gegen Theos muskulösen Brustkorb und lasse das Päckchen lässig an der Goldkordel hin und her schwingen: »Da bin ich aber gespannt.« Natürlich habe ich das Etikett längst erkannt, es stammt von Theos Haus-und-Hof-Juwelier. Eigentlich spricht alles für Theo.

Drei Tage später sehe ich Eberhard wieder. Wir treffen uns im Café Reichard. Ich habe ihm erzählt, daß ich erst um fünf Zeit für ihn habe, weil ich weiß, daß damit sein Timing durcheinandergerät. Jeden Mittwoch um sieben kommt nämlich ein befreundetes Ehepaar zur gemeinsamen Heimsauna zu den Reuters. Normalerweise heizt Eberhard die Sauna auf und besorgt Häppchen, weil Hedwig bis halb sieben in ihrem Laden ist. Wie Eberhard das heute regelt, ist allein sein Problem. Er wartet schon auf mich in dem angebauten Wintergarten, von dem aus man einen wunderschönen Blick auf den Dom, die Pappkarton-Wäscheleine-Klagemauer und eine Folkloregruppe hat, die heute vor dem Domportal spielt. Hören kann man nichts.
»Hi«, sage ich, lasse mir aus der Kostümjacke helfen und lege die Fotomappe wie zufällig auf den Tisch.
»Fotos?« fragt Eberhard.
»Von Ostern. Ich hab sie gerade abgeholt.«
»Darf ich?« Er zeigt auf die Bildermappe.
Ich zucke die Schultern. »Meinetwegen.«
Eberhard öffnet die Mappe. Erstes Bild, da ist nur Benni drauf. Ich kann die Bilder nicht mit ansehen, weil Eberhard mir gegenüber sitzt, aber ich habe mir die Reihenfolge gemerkt, in der ich die Fotos sortiert habe. »Süßer Kerl«, findet Eberhard und blättert weiter. Die Aufnahme von Vera sieht er sich etwas gründlicher an: »Deine Freundin?« Ich nicke, er greift sich Foto Nummer drei und

stutzt. Das Foto zeigt Theo mit seiner Profikamera bis zu den Knien im Farn.

»Ist deine Freundin verheiratet?« fragt Eberhard endlich.

Ich schüttele fröhlich den Kopf. »Mitnichten.«

Eberhards Mund wird sehr schmal, er blättert weiter durch einen dicken Packen Osteridylle, das Beste kommt zum Schluß. Ich zähle stumm mit. Gleich!

Eberhard knallt den Bildpacken auf den Tisch. »Und wer ist der Typ, wenn ich fragen darf?«

»Ein guter alter Bekannter«, antworte ich und winke der Bedienung, weil mein Begleiter anscheinend total seine guten Manieren vergessen hat. Die Kellnerin kommt an unseren Tisch, ich bestelle ein Kännchen Tee, Eberhard murmelt »dasselbe« und wartet, bis die Frau kehrtmacht, dann hält er mir das Foto von Theo mit mir im Arm dicht vors Gesicht. »Und so läßt du dich von einem quasi Fremden anfassen?«

»Guter alter Bekannter«, verbessere ich sanft, »ich kam nicht an mein Osterhäschen dran.« Ich greife über den Tisch und tippe auf eine Stelle unter dem oberen Bildrand, wo das Juwelierpäckchen zu sehen sein muß. Es ist eine sehr scharfe Aufnahme, man kann sogar das Etikett erkennen, das sich total edel macht.

Eberhard folgt meinem Zeigefinger auf die bewußte Stelle und von dort zu meinem Hals. Der Anhänger hat die Form eines Apfels, ich kann ihn an dem Goldkettchen hin und her ziehen. Das passiert unbewußt, genauso wie das Suckeln an meinen Haaren, nur daß der Anhänger erst vier Tage bei mir ist.

»War das da drin?« Eberhards Hand fährt vor, stoppt aber kurz vor meinem Hals und kehrt zu dem Foto zurück. Sein Finger stößt auf das Zelluloid.

»Gefällt er dir?« Ich knete den goldenen Apfel an meinem Hals zwischen zwei Fingerspitzen. Es ist wirklich ein sehr hübsches Schmuckstück.

»Ich teile nicht gern, Sarah.«

»Ich auch nicht.« Ich lächle sanft und nicke der Bedienung zu, die gerade mit dem Tee kommt.

Eberhard wartet, seine Finger tackern über die Tischplatte. Die Kellnerin ist eine Fachkraft und arrangiert alles sehr hübsch.

»Nimmst du Zitrone oder Sahne in deinen Tee?« frage ich höflich.

»Ich hasse Tee.« Eberhard schiebt seine Tasse weg. Es schwappt.

»Du hast ihn aber bestellt.« Ich trinke vorsichtig ab. »Heiß!«

Eberhard reagiert nicht auf mein Teegeplauder. Sein Blick ist mir nicht geheuer, ich hätte nie gedacht, daß er zu so einem Blick fähig ist. Ich ziehe das silberne Tablett auf mich zu, hantiere mit Zuckerdose und Gießer; als ich die Zitronenspalte ausquetsche, flockt der Tee aus. Ich habe vergessen, daß ich schon Milch genommen habe. Geronnene Milch ist widerlich. Ich schiebe meine Tasse auch beiseite und sehe auf meine Uhr. »Mußt du nicht bald zu deiner Ehepaar-Sauna?«

»Das ist etwas anderes. Etwas total anderes und hat nichts mit dir und mir zu tun. Zieh das Ding da aus!«

»Nein!«

»Ich kauf dir ein neues.«

»Glaubst du, ich wäre käuflich?«

»Bitte!« sagt er, und dann noch einmal ganz leise: »Bitte!«

»Mal sehen.«

Seine Augen blitzen auf, die schlanken Hände berühren meinen Hals und tasten nach dem Verschluß des Anhängers. Ich kenne dieses Augenblitzen, Beute erlegt, Männchenehre gerettet, aber warum seine alte Ehe etwas anderes ist als meine alte Liebe, das hat er mir noch immer nicht erklärt. Fast wäre ich weich geworden. Fast. Ich wehre seine Hände ab. Schließlich verlange ich ja auch nicht von ihm, daß er seine Hedwig ablegt.

Komisch und zickig

»Was machst du da?« Benjamin lümmelt in der Küchentür, er sieht noch ziemlich verschlafen aus.

Gestern abend haben wir »König der Löwen« gespielt, original nach Walt Disney. Ich bin durch den Dschungel gezogen, habe mit Hyänen gekämpft, habe gewürfelt, bis mein Handgelenk taub war, und bin trotzdem nur dreimal auf dem Königsfelsen gelandet. Benni hat achtmal gewonnen, er hätte auch neunmal König der Löwen werden können, aber dann ist er über dem Spielbrett eingeschlafen, und ich habe ihn in sein Bett getragen. Da war es halb zwölf.

»Ich mache Kartoffelsalat«, antworte ich. »Zieh dir etwas an die Füße.«

Benni geht in die Storchstellung, ein Bein hochgeklappt, dann steht er nur noch mit einem Fuß auf dem kalten Steinboden. Vermutlich soll das ein Kompromiß sein. »Ich mag keinen Kartoffelsalat mit Gurke drin.«

»Dann piddelst du die Gurke eben raus. Die anderen mögen es so lieber.«

»Immer die anderen.«

»Wie alt bist du eigentlich?«

»Schnauz mich nicht so an!«

Ich schnauze nicht, nicht die Bohne. Vielleicht ist mir nur nach 'ner Prise Anerkennung. Ich spiele bis zum Umfallen »König der Löwen«, opfere meinen Schönheitsschlaf und mache sogar Kartoffelsalat, den ich selbst nicht esse. Für heute steht Picknick auf dem Programm. Picknick mit vier Kindern, drei sind geliehen, damit mein Einzelsohn Gesellschaft hat. Benjamin liebt Picknick – bis auf die Gurkenstücke, die Mücken und das frühe Aufstehen. Über unser Ziel knöttert er auch, ich habe es satt.

Es ist halb zwölf, als wir endlich aus dem Haus kommen. Unser Zug nach Engelskirchen geht in zwanzig Minuten.

»Ich muß mal«, sagt Matthes.

»Mein Gott. Konntest du nicht zu Hause?« Ich plaziere Matthes, der mein Patenkind und der Jüngste in dieser Truppe ist, am nächsten Laternenpfahl, Bäume gibt es auf dem Weg zum Bahnhof nicht. Die Leute gucken, nicht unbedingt wegen des vierjährigen Strullerers, eher schon wegen des Rückstaus von uns fünfen auf dem schmalen Bürgersteig.

»So 'ne Hetze!«

»Könnt ihr mal 'ne Minute zu meckern aufhören.« Ich treibe an, spiele Verkehrswacht mit ausgebreiteten Armen, erkläre an jeder Ecke, daß es erst im Zug etwas zu trinken gibt, verbiete Nachlaufen, Drängeln und Beinchen stellen und hätte fast doch noch den Zug verpaßt, weil der Klappmechanismus von Matthes' Buggy sperrt. Ich bin nicht mehr firm mit Kinderwagen.

Ein reizender Herr erbarmt sich und trägt mir den Wagen mitsamt dem brüllenden Matthes drin auf unser Bahngleis hoch, ich folge mit den drei anderen auf der Rolltreppe. Der Mensch mit der Trillerpfeife hat ebenfalls Erbarmen, setzt seine Pfeife noch einmal ab und verfrachtet uns in den nächsten Wagen. Pfiff. Anrucken. Halleluja!

»Hier stinkt's«, verkündet ausgerechnet mein Sohn und sieht einen distinguierten Herrn im dunklen Anzug strafend an. Der Herr raucht. Er sieht auf, hinein in vierfaches Naserümpfen und Schnüffeln, und zeigt entschuldigend auf ein Messingschild, auf dem »Raucher« steht.

»Weiter, Kinder«, rufe ich munter, »wir sind im falschen Abteil.« Hinter mir mosert es, die vier meinen, daß ihnen die Polster hier besser gefallen, was kein Wunder ist, denn es handelt sich um einen Wagen der ersten Klasse. Als wir endlich in einem Nichtraucherabteil der zweiten Klasse anlangen, bin ich fix und alle. Ich schaffe es gerade noch, alle vier aus ihren Jacken zu schälen, jedem ein Päckchen mit einer lachenden Orange drauf in die Hand zu drücken – »ferkelt nicht mit dem Strohhalm rum!« – und den Rucksack im Gepäcknetz zu verstauen, dann plumpse ich auf den abwaschbaren Kunstledersitz.

»Hast du was zu essen, Mom?«

»Nee!« Ich funkele meinen Sohn an. »Oder wolltest du dein Picknick in der Bundesbahn haben?«

»Ich hab aber Hunger.«

»Deine Frühstücksflocken grüßen aus dem Klo!«

»Du hast uns ja so gehetzt.«

Ich zerre an meinem Apfelanhänger, womöglich ist dieses Ding an
meinem Hals daran schuld, daß seit einer Woche alles schiefgeht.
Ich rucke kräftiger und halte die Goldkette in der Hand, der Apfelanhänger kullert zu Boden und verschwindet unter einer Sitzbank.
Vier Trinkhalme flitschen synchron aus vier Trinkpäckchen, vier
Kids gehen in den Vierfüßlerstand und suchen nach »Muddels
echtem goldenem Apfel«. Endlich ruft einer »da!«, im gleichen
Moment ruft es noch dreimal »da!«, die vier tauchen kreischend,
zankend und ineinander verkeilt auf. Keiner will den Anhänger
loslassen, den er allein gefunden hat. Ich verspreche ein Extraeis,
das wirkt schließlich, und ich bekomme meinen Goldapfel zurück.
Die vier sehen aus wie wandelnde Staubwedel. Die zweite Wagen-
klasse zeichnet sich nicht nur durch spartanisch gefederte und ab-
waschbare Sitze aus.

»Muddel?«

»Hm.« Wir sitzen nicht mehr im Abteil. Den Aufstieg zu dieser
Wiese haben wir auch gepackt. Mein Kartoffelsalat ist aufgegessen
mitsamt Gurkenstücken. Ich liege im Gras und dusele vor mich
hin, als Benni mit seinem »Muddel?« ankommt und im gleichen
Atemzug wissen will, ob mein Pillermann wieder krank ist.

»Quatsch!« Ich setze mich auf. »Wie kommst du denn auf so 'nen
Quatsch?«

»Du bist so komisch. Zickig.«

»Danke.« Ich blitze ihn an. »Hast du noch eine Nettigkeit auf Lager, oder kann ich 'ne Runde weiterschlafen?«

»Siehste!«

»Was heißt ›siehste‹?«

»Sag ich doch, du bist zickig. Du hättest besser Theo behalten. Der
Goldapfel ist bestimmt echt.«

»Du spinnst.«

»Ist er etwa nicht echt?« fragt Benni empört.

»Doch«, sage ich und sauge an einem Grashalm. Das ist immer noch besser als dieses ewige Haarsuckeln. »Der Apfelanhänger ist schon echt.«

»Und verheiratet ist der Theo auch nicht.«

»Es ist mir schnurzpiepegal, wer mit wem verheiratet ist, capito?« Ich hätt's mir denken können, dieser Wicht hat Lauschohren und Spähaugen. Der Graswedel kommt mir ins Auge, ich brülle »Scheiße!« und heule los. Natürlich ist es kein echtes Heulen, sondern nur die normale Reaktion von einem gesunden Auge auf irgendeinen Fremdkörper.

»Mom, wenn du wegen dem Kartoffelsalat sauer bist, der war nicht übel.«

»Ich bin überhaupt nicht mehr sauer«, sage ich. »Nicht die Bohne.«

»Ehrlich?«

»Ehrlich!«

»Kriegen wir dann unser Eis? Du hast es versprochen.«

»Bursche, du bist ganz schön clever.« Mir schwant, seine Vision ist ein Kugelgebirge Stracciatella und Zitrone, das sind zur Zeit seine Lieblingssorten, dafür lobt er mir glatt dieses Mayonnaisezeug. Posthum, die Schüssel ist ja leer.

»Danke, du bist die Beste.«

»Ich denke, ich bin zickig?«

»Nö, jetzt nicht mehr.« Benni grinst und hält die Hand auf. Der Rest der Truppe scheint zu riechen, worum es geht. Sie rücken auch an.

»Wie viele Kugeln?«

»Fünf«, sage ich.

»Und Sahne?«

»Meinetwegen.«

»Und du? Was nimmst du, Muddel?«

»Nichts.«

Benjamin rechnet. »Dann könnten wir jeder eine mehr.«

»Nichts da. Ich esse meine Portion später.«
»Eis macht dick.«
»Prima! Ich esse zwei.«
»Das ist ungerecht.«
»Wieso? Du hast doch selbst Taschengeld.«
»Manchmal bist du wirklich...«
»...zickig«, helfe ich ihm weiter.
Er griemelt: »Kluges Muttchen.«
Sie düsen ab, die Wiese runter auf das Eiswägelchen zu. Meine
beiden Leihmädchen haben Matthes in die Mitte genommen, ganz
selbstverständlich, weil er der Kleinste ist. Sie betütern ihn wie
Minimütter. Manchmal denke ich, es liegt wirklich in uns drin,
dieses Kümmern und Verwöhnen, und ist nicht nur anerzogen.
Benni bringt mir einen Strauß Pusteblumen mit: »Für dich!« Er
reckt mir die kahlen Stengel hin, der Wind hat ganze Arbeit gelei-
stet.
»Danke.« Ich nehme ihn in den Arm. Benni ist klebrig von seinem
Eis, ich jetzt auch. Eigentlich ist es doch ein wunderschöner Nachmittag geworden.

Variationen auf einen Walzer

Seit Ostersonntag sind zwölf Tage vergangen. Seit unserem Picknick in Engelskirchen fünf Tage. Eberhard habe ich zuletzt vor
neun Tagen gesehen. Bestimmt hat er zigmal angerufen, aber ich
brüte schließlich nicht auf dem Telefon. Den abgerissenen Apfelanhänger von Theo habe ich noch immer nicht zur Reparatur
gebracht. Gestern war die neue Kinobeilage in der Zeitung, »Ent-
hüllung« ist endlich angelaufen, ich würde gern reingehen. Frau
vergewaltigt Mann, vielleicht kann ich noch was lernen, ich dachte
immer, das ginge nicht. Allein ins Kino gehen ist fad. Es ist Freitag,

und ich stehe in meiner Küche und koche einen Topf Milchreis mit fett aufgequollenen Rosinen. Manchmal muß es eklig süß sein.

»Wieso Rosinen?« Benjamin kommt rein und mault. An anderen Tagen luchst er sie mir pfundweise ab.

»Wieso nicht?« frage ich zurück.

»Sonst tust du Obst rein.«

»Mein Gott!«

»Gehst du heute nicht aus?«

»Nee.«

»Es ist aber Freitag.«

»Du neunmalkluger...« Den Rest schlucke ich runter von wegen Vorbild. Ich blättere in der Fernsehzeitung, aber nach ruhigem Rumsitzen und Zuschauen ist mir auch nicht. Ich könnte meine Füße samtweich machen, mit Fußbad und Hobel und Einölen, dazu komme ich fast nie.

Das Wasser kocht schon, aus der großen Waschschüssel duftet es nach Ringelblumen und ein bißchen medizinisch, da klingelt das Telefon.

»Geh du mal...«, brülle ich und weiß, es hat seinen Sinn, daß ich den Goldapfel nicht habe reparieren lassen. Natürlich lasse ich Eberhard erst mal eine Runde zappeln...

»Es ist Vera.« Mein Sohn hält mir den Hörer hin.

»Hi«, brumme ich in die Muschel. Irgendwie fühle ich mich total abgeschmettert.

»Ist was mit dir?«

»Wie man's nimmt.«

»Und wie nimmst du es?«

»Na ja. Eberhard hat was gegen den Goldapfel von Theo.«

»Spricht für ihn.«

»Für eine beste Freundin bist du ausgesprochen einfühlsam.«

»Weiß ich doch. Hör auf zu lamentieren und hübsch dich an, wir gehen ins Konzert.«

Ich lasse die Plakatsäulen Revue passieren. Vera hat einen sehr eigenen Geschmack, sie steht auf Hard Rock und neuerdings

Jungle, das spielt sich irgendwo zwischen Reggae und Techno ab und zerreißt einem das Bauchfell. Mein Fall ist das nicht unbedingt. »Weiß nicht«, sage ich maulig.

»Klassik«, sagt Vera, »du wirst mich doch nicht allein in so 'ne Kulturkiste gehen lassen. Für Kultur bist du zuständig, du hast das studiert. Die Karten sind von einem Patienten.«

»Hast du ihm einen Blutegel zuviel angesetzt?«

»Dein Urologe könnte mir sympathisch werden.«

»Untersteh dich!« Ich überlege, was ich anziehen soll, für ein klassisches Konzert gehört sich die vornehme Pelle. Urplötzlich verspüre ich Lust, wie ein Glitzerbaum zu funkeln. Alle mal hersehen, hier kommt Sarah Urban, die Größte, Schönste, Beste, und der Herr Pipi-Doktor ist ein Arsch.

»Punkt sieben vor deiner Haustür«, höre ich Vera sagen und nicke. Im Geist habe ich mich schon dreimal umgezogen. Ton in Ton ist mir zu brav, lang zu feierlich, im Kostüm kann ich noch in hundert Jahren losziehen. Es soll peppen. Ich entscheide mich für mein schwarzes Minikleid plus knatschgrünes Jackett.

»Du gehst ja doch aus.« Benni erwischt mich vor dem Spiegel. Mit Smilie, Lippen leicht geöffnet, Kopf zur Seite geneigt, vorgebeugt, hoffentlich hüpft mir nichts aus dem Ausschnitt, einmal drehen, nicht übel, gar nicht übel – Bennis Grinsen hinter mir stoppt mich jäh.

»Hab's mir überlegt«, nuschele ich.

»Ist das Jägergrün?« Benni zeigt auf mein grünes Jackett.

»Erzähl keinen Stuß«, sage ich.

»Also doch«, sagt Benni.

»Also nein! Ich geh nur ins Konzert, beruhigt dich das?«

»In Jägergrün.« Benni feixt und drückt auf seinen Gameboy, die nervtötenden Jaultöne von »Mario« erklingen, Benni rückt mit dem Gesicht ganz nah an das winzige Sichtfenster und taucht ab ins Level-Jagdfieber. Wenn ich ihn jetzt unterbreche, bin ich schuld daran, daß er »abstürzt«, also halte ich mich zurück. Der richtige Adressat ist sowieso sein Vater, der ihm dieses Ding geschenkt hat, mit dem er sich die Augen und den Kopf und mir die

Nerven ruiniert. Leider habe ich glattweg vergessen, mit Ralf in dieser Angelegenheit Tacheles zu reden. Morgen. Heute habe ich Konzert.

Weil wir keinen Parkplatz finden, betreten wir den Konzertsaal erst in letzter Sekunde und müssen uns, »Entschuldigung! Entschuldigung, bitte!« murmelnd, an spitzen und runden Knien vorbeizwängen, von denen die meisten in Jeans stecken.

Es gibt Variationen auf einen Walzer. Nach zwanzig Minuten werden die Variationen endlos, auch wenn der Pianist noch so virtuos sein mag. Er hackt auf die Tasten, sozusagen mit Anlauf, mir vibriert das Trommelfell. Ich schüttele die andächtige Pose ab, in die ich hineingeschlüpft bin, und lasse meine Augen über die schräg geneigten Köpfe vor mir und über die knüseligen Polohemden und noppigen Rollkragenpullis huschen. Als Glitzerlady bin ich hier wirklich total fehl am Platz.

Ich gähne, meine Kinnlade krampft. Zwei Plätze weiter knackt es synchron, dazwischen ragt unbewegt das Gesicht einer Frau. Ich sehe wieder zur Bühne hin, es gibt noch immer Walzer, und falls der Pianist pfuscht und ein paar Variationen nur Wiederholungen sein sollten, bekomme ich das nicht mit, weil die Unterschiede sowieso minimal und nur für einen Experten auszumachen sind. Eigentlich müßte bald Pause sein, ich sehe zu der riesigen Normaluhr hin. Zwei Plätze weiter ertönt derselbe Knacklaut wie eben, eine Hand hebt sich vor den Mund, die Frau neben mir sieht unbewegt weiter nach vorn, über die Gähnhand hinweg mustern mich zwei Augen. Männeraugen. Sie blinzeln mir zu.

Der Walzer wird geschlagene vierundsechzig Minuten variiert. Meine Kinnlade knackt. Seine Kinnlade knackt. Meine Hand schiebt sich hoch vor meinen Mund. Seine Hand schiebt sich hoch vor seinen Mund. Ich blinzle. Er blinzelt. Zwischen uns ist das Gesicht der Frau, der Hacker dort oben auf der Bühne scheint es ihr angetan zu haben. Vielleicht spielt sie auch Klavier. Dann rührt sich ihr Gesicht, ein »Grandios« entschlüpft ihr, und ihre Ellbogen flattern auf und ab. Sie klatscht frenetisch, alle klatschen frenetisch, ich auch, weil es so schlimm zuletzt doch nicht war und außerdem nun überstanden ist.

Dann stehen alle auf. Vera rückt an mich heran, obwohl der Gang auf ihrer Seite ist, und sagt: »Na so was!«

»Das kannst du wohl laut sagen«, antworte ich.

Aber Vera meint gar nicht mich, sie spricht zu meinem heimlichen Gähn-Blinzel-Kumpan und der Grandios-Ruferin. Die beiden sind verheiratet, heißen Land und kennen meine Freundin offensichtlich schon etliche Jahre. Eine Freundschaft ist daraus allerdings nicht entstanden, was an dem zugeschminkten Gesicht der Dame Land und dem Hermès-Schal zur Hermès-Uhr des Herrn Land liegen mag. Vera hat seit ihrer letzten Scheidung etwas gegen Schickimickis, sie kann das unglaublich direkt rüberbringen, trotzdem spendiert mein Leidensgenosse von vorhin uns ein Glas Champagner, was ich reizend von ihm finde.

»Cheers!« Wir stoßen an, und während Frau Land sich noch über die Variationen ausläßt und dabei suchend im Erfrischungssaal umherschaut, als müsse der Hacker jeden Moment durch die Tür treten, fängt ihr Gatte an, von meinem Gesicht zu reden. Ich habe nichts dagegen, daß einer mein Gesicht »ungeheuer ausdrucksstark« findet, im Gegenteil, nur wenn er das in Gegenwart von seiner Frau und derartig unverblümt tut, bleibt mir doch die Spucke weg. Ich sehe zu Vera hinüber, schließlich ist sie meine beste Freundin.

Vera grinst mich an: »Herr Dario Land ist Künstler, Fotograf.«

»Ach so«, sage ich erleichtert und auch ein bißchen enttäuscht, weil er ein ausnehmend gutaussehendes Exemplar Mann ist und ich eine Extraration Bewunderung im Moment wirklich gut vertragen könnte. Berufsinteresse ist etwas anderes, finde ich. »Und was knipsen Sie so«, frage ich ihn.

»Ich fotografiere Schrauben, Röhren, Computertomographen.« Er betont das Wort »fotografieren«, legt eine kurze Pause ein, sieht mich wieder auf diese eigentümlich penetrante Weise an und fügt hinzu: »Ich möchte Sie fotografieren, darf ich?« Das »Sie« spricht er mit Paukenschlag.

»Mein Mann experimentiert gelegentlich mit Porträts«, wirft Frau Land dazwischen.

»Na gut«, sage ich. »Ich brauche sowieso neue Bilder für die Omas. Knipsen Sie auch meinen Sohn?«

»Erst Sie.«

»Na gut.«

»Samstag nächste Woche?«

Ich nicke.

»Bringen Sie ein paar Requisiten mit. Etwas Schulterfreies.«

Seine Frau findet nichts dabei, sie lächelt. Also nicke ich noch einmal. Komisch finde ich's aber doch. Ich würde meinem Mann die Augen auskratzen, wenn er 'ne andere halbnackt ablichten wollte. Kunst hin oder her, schließlich bin ich keine Industrieanlage. Ehefrau auch nicht mehr, zum Glück.

Ob Eberhard morgen anruft? Samstag ist unser Jour fixe. Samstag und Mittwoch. Nächsten Samstag ist Fotosession bei Dario Land…

Als ich die Treppenhausbeleuchtung anknipse, öffnet sich die Korridortür im Parterre, und meine Nachbarin, die schon mal auf Benni achtgibt, wenn ich abends ausgehe, huscht heraus. Ich bekomme prompt einen Schreck.

»Ist was mit Benni?« frage ich.

»Nein, nein, es ist nur wegen dem Geschenk.« Sie klemmt ihren Morgenrock am Hals zu und sieht sich um, ob auch sonst keiner ihr wattiertes und rautenförmig abgestepptes Blumenmuster sehen kann.

»Geschenk?« Dann fällt mir der Gameboy ein. Kein Wunder, wenn eine alte Dame wie Frau Olfe sich über dessen Jaultöne beunruhigt. »Wollte Benni das Ding mit ins Bett nehmen?«

»Sie wissen schon Bescheid?« Frau Olfe atmet auf. »Ich war mir nicht sicher, ob das Geschenk wirklich für Benni bestimmt ist.«

»Doch, doch«, sage ich, »und danke vielmals.« Ich laufe die Treppe hoch und schließe bei mir auf, als ich von unten Frau Olfe etwas von einem Trinkgeld brabbeln höre, das sie ausgelegt hat.

Bisher erschien sie mir immer recht rüstig, besonders im Kopf, notfalls muß ich mich nach einem anderen Babysitter umsehen.

Ich schlüpfe aus meinen Pumps und drücke vorsichtig die Kinderzimmertür auf. Die Mickymauslampe brennt, Benni liegt wie immer quer, der Haarwuschel hängt halb über die Bettkante, die Bettdecke liegt auf dem Boden, den größten Teil der Matratze beansprucht ein großes Viereck mit Aufbau, das wie ein Spielzeug aussieht und doch nicht wie ein Spielzeug. Ich tue einen Schritt darauf zu und noch einen. Es ist ein Zelt, es sieht aus wie ein echtes Beduinenzelt in Miniatur, darüber wölbt sich ein Baldachin aus schwarzer Seide mit goldenen Sternen darauf, der Kölner Dom im Hintergrund glänzt ebenfalls goldfarben, die beiden Püppchen vor dem Zelteingang tragen Masken, eigentlich sind es ausgeschnittene Fotoköpfe, meiner und der von Eberhard.

»Idiot!« sage ich und knie mich hin. Dann fasse ich nach dem Püppchen mit Eberhards Gesicht, aber es läßt sich nicht von dem zweiten Püppchen mit meinem Gesicht trennen, die beiden stehen auf einem kleinen Sockel mit einer winzigen Kurbel. Als ich daran drehe, ertönt »You for ever!«.

»Idiot! Lieber Idiot!« Vorsichtig löse ich Bennis Arm von der Platte, der Dom kippelt, behutsam stelle ich ihn zurück, es ist einer aus dem Souvenirladen. Eigentlich hasse ich Souvenirs. Ich decke Benni zu und knipse das Licht aus. Mein Geschenk trage ich vorsichtig hinaus und nehme es mit in mein Zimmer.

Nachts schalte ich ein paarmal das Licht an und drehe an der Kurbel, lausche der Leierkastenmelodie und sehe zu, wie die beiden Püppchen sich drehen, erst schnell und dann langsamer. Jetzt habe ich mein Zelt auf der Domplatte doch noch bekommen, fehlen höchstens noch ein paar Straßenmusikanten und der Zerberus, der den Dom bewacht. Aber das ist schließlich nur Kulisse.

Am nächsten Morgen rufe ich in der Praxis an, und Eberhard nimmt ab, obwohl er natürlich samstags keine Sprechstunde hat.

»Okay«, sage ich in die Sprechmuschel. Nur dieses eine Wort.

»Okay?« fragt er zurück. Er will nicht wissen, wer da spricht, das weiß er schon. Ein Wort von mir genügt. Das gefällt mir auch.

»Ich will«, sage ich.

»Du meinst…?«

»Logo! Jetzt hab ich ja meinen Sternenhimmel, ich könnte ihn mit zu dir in die Praxis bringen.«

»Deshalb habe ich das nicht gemacht.«

»Ich weiß, du Dummkopf! Eben drum!«

»Kapier ich nicht.«

»Du bist ja auch nur ein Mann. – Danke.«

»Soll ich dich abholen?«

»Nee, ich find auch schon so zu dir. Sagen wir in einer Stunde, ich muß noch Benni unterbringen.«

»Ildigado. Ildigado. Ildigado.«

»Ist das 'ne Zauberformel?«

»Das mußt du selbst herausfinden.«

Ich finde es heraus. Noch am selben Tag. Es ist eine Abkürzung und heißt »Ich liebe dich ganz doll«. Von Liebe haben wir bisher nie geredet, eigentlich wollte ich das nicht, aber es ist trotzdem schön. Genauso wie das Wort »doll« für »toll« bei einem, der sonst immer nur astreines Hochdeutsch spricht und bei jedem »Nee« von mir zusammenzuckt. Ich liege in seinem Arm auf einer tierisch unbequemen Untersuchungsliege, den Boden davor haben wir mit den Stuhlkissen aus dem Wartezimmer gepolstert, bestimmt haben wir morgen alle beide einen fürchterlichen Muskelkater. Die Flaumhaare auf seinem Asketenkopf sind so weich wie bei einem Baby, das andere ist nicht wie bei einem Baby und auch kein bißchen asketisch. Nur hinterher, als er anfängt aufzuräumen und den Flecken auf einem Kissen mit Schaumspray behandelt, damit seine Sprechstundenhilfe nichts merkt, bricht der alte Eberhard wieder durch.

Trotzdem haben wir einen wunderschönen Samstag und einen Montagabend außer der Reihe. Ich verkneife mir sogar jeden Kommentar zu Hedwig. Dann folgt unser Mittwochnachmittag, außerdem telefonieren wir täglich, und schließlich kommt der nächste Samstag.

Ich sitze mit Benni beim Frühstück, er »liest« in seinem Dschungelbuch, und ich lese im Stadtanzeiger. Ein pausbäckiger Säugling lächelt mich zahnlos an, es handelt sich um die Anzeige eines Fotoateliers. Bei »Wir fotografieren Ihren Liebling!« fällt mir schlagartig meine Verabredung mit Dario Land – Künstler, Fotograf von Industrieanlagen und hobbymäßig von ausdrucksstarken Frauengesichtern – ein. Ich habe für heute zwei Verabredungen. Scheiße!

Ich rufe Eberhard an. Er ist schon in der Praxis, weil er auf die Anlieferung der neuen Ruheliege wartet. Offiziell ist die für besonders geschwächte Patienten gedacht. Nach unserem diesmal sehr kurzen Telefonat habe ich nur noch eine Verabredung und Streit mit Eberhard. Er sieht nicht ein, warum ich unseren gemeinsamen Samstag für einen Fototermin opfere, obwohl er selbst auch eine »Nikon« hat. Außerdem findet er, daß ein Wildfremder bestimmt nicht seine Freizeit investiert, nur weil er mein Gesicht interessant findet. Wohlweislich verschweige ich die erbetene schulterfreie Requisite und werfe Eberhard meinerseits vor, daß er eine versaute Phantasie habe. Wenn doch sogar Frau Land nichts dabei findet.

Die Lands bewohnen ein Reihenhaus in bester Wohnlage. Wanda Land öffnet mir. Alles sieht aus wie geleckt. Meine Großmutter hat früher die Fransen vom Perserteppich glattgekämmt, hier sehen sogar die Kiesel in der Garageneinfahrt gestriegelt aus.

»Sie sind verändert.« Wandas Augen haften an mir. Es ist ein sehr intensives Blau, hübsch, Ton in Ton mit dem Lidschatten und der Seidenbluse. Sie kann nichts dafür, daß ich keine Knallfarben mag.

»Es wird an meiner Frisur liegen«, antworte ich. Vor ein paar Tagen habe ich mir einen Fächer schneiden lassen, mir war nach was Frechem.

»Hübsch! Dario wartet schon.« Sie führt mich an der Küche vorbei, drei Stufen hoch, dort liegt sein Zimmer. Es ist ein Mittelding aus Arbeitszimmer und Studio, richtig professionell wirkt eigentlich nur der Scheinwerfer mit dem weißen Schirm.

»Fein, daß Sie da sind.« Dario Land begrüßt mich mit einem höflichen Lächeln und dem üblichen Händedruck. Unser Synchrongähnen und Synchronblinzeln vor neun Tagen hat nichts zu sagen, Eberhard kann wieder relaxen.

Ich werde auf einem Hocker plaziert.

»Sie müssen sich geradehalten«, sagt Dario Land.

Ich drücke brav mein Rückgrat durch, und er knipst den Scheinwerfer an. Weißes Licht schießt auf mich zu. Ich werde wie eine Wasserleiche aussehen.

»Ihre Stirn glänzt.« Dario legt den Kopf schräg und mustert mich abschätzend. »Haben Sie Puder dabei?«

»Nee, ich benutze nie Schminke.«

»Wanda?«

Ob sie neben der Tür gelauert hat? Jedenfalls reagiert sie prompt und lotst mich in ihr Schlafzimmer. »Bitte bedienen Sie sich.«

Was wie ein Kegel aussieht, entpuppt sich als Frisiertisch. Der ist reich bestückt, die Kosmetikgiganten hätten ihre helle Freude, und ich hantiere lustlos und nicht sonderlich geschickt mit ihrer Puderquaste und etwas, das »Egypt Wonder« heißt und rotbraune Schlieren auf meiner Haut hinterläßt. Als ich die wegrubbele, bleiben hellrote Rubbelmale zurück.

Wanda seufzt hinter mir, dann greift sie selbst nach der Quaste: »Bitte Augen schließen.« Ich gehorche, huste, darf die Augen wieder aufmachen und bewundere meinen absolut gleichmäßigen Teint. Toll!

Meine Retterin tritt einen Schritt zurück und beäugt mich. »Ja, so müßte es gehen. Dario ist ein Perfektionist.«

Sie muß es ja wissen. Im Hinausgehen streife ich das Doppelbett mit einem Blick, eine kühle Geschichte in Stahlrohr. Die Kissenorgie in Mint und Türkis darauf macht es auch nicht wärmer.

»Dario liebt ausgefallenes Design«, sagt Wanda.

»Hübsch«, sage ich hastig. Es ist mir peinlich, für neugierig gehalten zu werden. Schließlich handelt es sich hier um das Eheschlafzimmer der Lands, das geht mich nichts an. Trotzdem überlege ich, was sie selbst denn so liebt…

In Darios Studio plaziere ich mich erneut auf seinem Holzstuhl, drücke brav das Kreuz durch und recke das Kinn hoch, damit es nicht nach Doppelkinn aussieht.

»Etwas tiefer bitte«, ruft er.

»So?«

»Etwas mehr zur Seite. Nach links.«

»So?«

»Nicht soviel.« Er ist ein Perfektionist, seine Frau hat recht. Erbittert drehe, hebe, senke ich meinen Kopf. Wenn Eberhard wüßte, der Mensch hat nichts als meinen Kopf im Sinn, und den als Fotoobjekt. Die perfekt aufgetragene Puderschicht wird an den Schläfen feucht, ich tupfe vorsichtig mit dem Finger nach einer Schwitzperle, prompt ruft Dario mich zur Ordnung.

Wenn er jetzt noch verlangt, daß ich lächle, haue ich ab, ich schwöre es.

Er will nicht, daß ich lächle. Statt dessen streift er endlos um mich herum, fummelt an seinen Lampen, probiert eine neue Blende aus, gelegentlich drückt er auf den Auslöser.

»Diese Bluse stört.«

»Was?« frage ich aus den Mundwinkeln und gebe mir Mühe, nichts an meiner Position zu verändern.

»Die Bluse geht nicht«, sagt er ärgerlich, »haben Sie sonst nichts dabei?«

Er erlaubt mir, aufzustehen. Ich präsentiere meine Requisiten.

»Das da.« Er zeigt auf ein Hemdchen mit schmalen Trägern. »Ich brauche Ihren Hals, dann kommt das Gesicht klarer heraus.«

Das Gesicht ist mein Gesicht. Ich verzichte aber darauf, ihn zu korrigieren, weil Eispickel wie er sowieso nicht lernfähig sind. Um die Sache abzukürzen, ziehe ich mir die Bluse gleich hier über den Kopf. Einen nackten Frauenrücken wird er schon öfter gesehen haben. Meine Stripnummer läßt ihn kalt. Er sieht nicht mal auf.

»So?« frage ich schnippisch und schiebe mich im Seidenhemd vor seine heißgeliebte Kamera. Ohne Modell kann er mit der auch nicht viel anstellen. Das Modell bin ich.

»Ja, das ist besser.« Er mustert mich. Partieweise. Ich will schon nach meinem Nasenflügel tasten, wo ich vor ein paar Tagen den dicken Eiterpickel ausgequetscht habe, dann fällt mir ein, daß ich mich nicht rühren soll, und ich sitze wieder stramm. Womöglich sprießt ein neuer Pickel zwischen meinen Brüsten, seinem Sezierblick nach zu urteilen, könnte das glatt der Fall sein. Mein Hemdchen ist ziemlich weit ausgeschnitten, und ich trage keinen Büstenhalter, weil das unter diesem Seidenflutsch mit den Spaghettiträgern saudoof aussähe. Ich fühle mich nackt.

»Pardon.« Mein linker Spaghettiträger ist verrutscht, seine Hand berührt den Träger und mich darunter. Mir wird warm, bestimmt liegt das an diesen Ich-weiß-nicht-wieviel-Volt, die er auf mich abschießt.

»Soll ich nachpudern?« frage ich nervös.

»Nein, das ist noch nicht nötig. Es ist ein schönes Gesicht.«

Es? Bin ich 'ne Statue ohne Körper und Vibrations? Bin ich nicht! Ich bin keine Statue! Mir ist heiß. Ich höre ihn atmen. In der Stille ist sein Atem sehr laut. Nur nebenan klappert leise Geschirr. Fast hätte ich Wanda vergessen.

Dieser schmale Träger muß wieder abgeglitten sein, ich habe es nicht gespürt. Ich merke es erst, als Darios Hand meine nackte Schulter berührt. »Verzeihung«, murmelt er. Es war nicht seine Hand, es waren seine Lippen. Ganz kurz nur, dann hantiert er wieder an seinem Stativ. Mir ist sehr heiß.

Wir machen weiter. Es ist anders. Ich fühle mich nackter und schöner. Ich lasse meine Augen durch die Linse träumen, die er zwischen sich und mich schiebt. Ich habe mal gelesen, daß Fotografen Vaseline auf ihr Objektiv schmieren, um weiche Konturen herauszuholen. Bei mir ist das überflüssig. Der Weichzeichner nistet in meinen Augen und überall.

Ausgerechnet am Mittwoch ruft Dario Land an. »Sie liegen mir zweiundsiebzigmal zu Füßen. Ich numeriere Sie gerade. Wollen Sie vorbeikommen?«

Ich will. Eberhard kommt mit. Es ist schließlich unser Mittwoch.

»Das bist nicht du.« Eberhard reicht die Fotos von mir an Darios Frau weiter. »Was meinen Sie?«

Wanda stimmt ihm zu. »Zu sehr Femme fatale.«

»Wir werden uns steigern. Sarahs Gesicht hat sehr viel Facetten«, sagt mein Fotograf und sieht mich an. Er sagt nun nicht mehr »das Gesicht« oder »es«. Ich weiche seinen Augen aus und greife nach den Bilderstapeln, zweiundsiebzigmal Sarah Urban. Ich blättere hastig über die Gieraugen und den Zittermund weg. Ich brauche die Nummern auf der Rückseite nicht, um zu wissen, daß Dario diese Fotos zuletzt gemacht hat. Bin ich das wirklich?

Auf dem Heimweg macht Eberhard mir Vorhaltungen wegen des Seidenhemdchens und der Vampose: »Was soll der Mann nur von dir denken? Der denkt ja nachher, du wärst so eine...«

»Bin ich nicht«, brülle ich und errege mich so lange, bis Eberhard klein beigibt und sich entschuldigt.

»Natürlich bist du nicht so eine, aber du solltest auch den leisesten Anschein vermeiden.«

Ich blitze ihn an. Er schweigt still. Auf dem Weg vom Parkhaus zu seiner Praxis reiße ich an einer Hecke einen Zweig ab und zupfe die Blätter einzeln ab: Bin ich's? Bin ich's nicht? Immer so weiter, natürlich stumm. Wenn die Blätter recht haben, bin ich nicht so eine.

Eine glattgekämmte Welt

Eigentlich ist es ein völlig normaler Wochentag.

Wenn man davon absieht, daß mein Sohn sich mopst, weil ausnahmsweise kein Freund verfügbar ist, weil sein Gameboy Zwangsurlaub hat, weil gerade auch noch seine Fahrradkette abgesprungen ist und ich zu dämlich bin, sie wieder aufzuziehen. Für so was sind Väter zuständig, denke ich und starre voll Ingrimm auf die Ölschmiere an meinen Händen und auf meiner Hose. Die Hose kann ich vergessen, Bennis Vater auch, ganz kurz kommt mir Theo in den Sinn, der hätte die Kette in Null Komma nichts drauf. Ich seufze tief und tue mir gräßlich leid, weil selbst ein so netter Kerl wie Theo nicht ausschließlich für lautere Zwecke wie Fahrradreparaturen zu haben ist. Bei dem Gedanken an Eberhard klemme ich mir auch noch den Daumen, brülle »Scheißrad«, lasse es los und lutsche an dem blutigen Ratscher. Bennis Rad poltert zu Boden. Das Geschrei meines Sohnes ist ohrenbetäubend.

Ich packe ihn mir auf mein Hollandrad. Der Kindersitz ist noch immer drauf, Benni füllt jeden Quadratzentimeter aus. Das Gebrüll verstummt. Mein Fünfundzwanzig-Kilo-Baby liebt es, sich von mir herumkutschieren zu lassen. Aus einer Laune heraus steuere ich die bessere Wohngegend an, wo die Lands wohnen. Unterwegs halte ich an einem Blumengeschäft. Warum soll ich der Frau meines Hoffotografen keinen Blumenstrauß schenken?

Wanda ist zu Hause und findet meine Idee reizend. Etwas an ihr ist anders. Ich muß einen Moment lang überlegen. Klar, sie hat sich auch einen Fächer schneiden lassen. Wie sie ihre Haare vorher trug, habe ich vergessen. Mir fällt nur mein Fächer an ihrem Kopf auf, sie hat ihn mir abgeguckt. »Schnippschnapp?«

Sie faßt sich an die spitz hochschießenden Haarhalme. »Haarstudio Michaelis. Mir war nach etwas Frechem.«

»Es steht Ihnen«, sage ich. »Gefällt es Ihrem Mann?«

»Er findet es fremd.«

»Fremd ist immer gut.«

»Schnatterschnatter...«, kräht es hinter mir aus dem Kindersitz, ich habe Benni glatt vergessen. Jetzt, wo er mir wieder einfällt, ist mir nach einem hübschen Knebel.

Wanda Land macht mir vor, wie man mit vorlauten Kindern umgeht. Sie begrüßt Benni total höflich, trotzdem klingt es deep frozen, wogegen sie mir ein mitfühlendes Lächeln zukommen läßt, meinen Ellbogen umfaßt und mich in die Diele zieht: »Sie müssen natürlich mit uns Kaffee trinken.«

Ihr Plural läßt mich vibrieren. Ob er da ist?

Dario ist nicht da, dafür lerne ich Marie kennen. Marie ist die Tochter der Lands. Sie wird neun, hat ein zartes Elfengesicht und ist so spillerig, daß sie bestimmt problemlos in meinen Kindersitz paßte.

»Marie wird Sie unterhalten«, sagt Wanda und schiebt das Mädchen auf uns zu. »Ich hole nur rasch etwas Kuchen.« Wanda läßt sich nicht aufhalten, ich höre ein Auto starten und fühle mich unwohl, weil Marie meinetwegen zum Höflichsein verdonnert worden ist. Marie führt uns ins Wohnzimmer, das einem Schaufenster im Möbelhaus ähnelt. Keine Zeitungsstapel, keine Apfelkitsche, kein schmutziges Geschirr, keine Kränze auf dem Tisch und keine Flecken auf dem fast weißen Teppichboden, nicht mal ein aufgeklapptes Buch und erst recht kein Spielzeug.

Benni sieht sich um. »Verkauft ihr die Sachen?«

»Die Sachen haben meine Eltern gekauft«, antwortet Marie und zählt Markennamen auf, die so bekannt sind, daß sogar ich ein paar davon kenne.

Benni schnieft abfällig. Ich beuge mich rasch vor und versuche, Marie mit einem Quiz zum Thema Wellensittich von meinem Sohn abzulenken. Marie erklärt mir, daß es sich bei dem Vogel dort in der Voliere keinesfalls um einen Wellensittich handele, sondern um eine sehr ausgefallene Spezies, die ihr Vater von einer seiner vielen Reisen mitgebracht habe. Der Name klingt unaussprechlich exotisch.

»Ah ja«, sage ich und füge ein »Toll« hinzu, damit es sich nicht so dürftig anhört. Dann wird mir bewußt, daß es mucksmäuschenstill geworden ist, für Bennis Verhältnisse viel zu still. Allem Anschein nach hat der Teufel sich auf Entdeckungsreise begeben. Mädchen findet er zur Zeit sowieso ätzend, bei ihm im Kindergarten ist er Anführer der Anti-Weiber-Bande, und ich möchte wetten, daß Marie für ihn der Prototyp von »Schnatter-schnatter-und-hohl-im-Kopf« ist.

»Wilde Locke, komm sofort zurück«, rufe ich.

»Wie nennen Sie ihn?« fragt Marie.

Ich muß einen Augenblick nachdenken, weil diese Spitznamen

schon so fest in mir drinsitzen, daß sie mir nicht mehr bewußt sind.

»Meinst du ›wilde Locke‹?«

»Ja. Das ist ein komischer Name.«

»Schau ihn dir doch an.«

Wenn Marie lächelt, ist sie sehr hübsch. »Ja, er hat irre Locken.«

»Und Abstehohren, eine zu große Nase und Wahnsinnsaugen.«

»Hat er dafür auch Namen?«

»Klar.« Ich zähle sie ihr auf: »Genscherman, Megazinken und Kullerfrosch.«

»Sie sind lustig.« Marie kichert, dabei hält sie sich die Hand vor den Mund.

»Findest du?«

»Mein Papa findet Sie schön.« Die Kinderaugen beobachten mich wachsam.

Mir wird es ungemütlich. Heiliges Kanonenrohr, was sag ich auf so was? »Quatsch!«

»Er hat es aber gesagt.«

»Ich habe auch Abstehohren wie Benni. Schau mal.« Ich hebe meine Haare an, eigentlich müßte sie jetzt loskichern.

Aber sie bleibt ernst. »Nein, das stimmt nicht. Bestimmt hat Ihr Sohn auch schöne Namen für Sie.«

»Bestimmt nicht. Er sagt ›Mom‹, ›Muttchen‹ und ›Muddel‹ zu mir.« »Doofe Kuh« sagt Benni auch schon mal zu mir, doch das unterschlage ich, weil es Rückschlüsse auf mangelnde Autorität meinerseits zuließe.

»Das ist auch lustig.«

Ich kriege sie nicht von der Bewunderungsschiene runter. Mir ist seltsam dabei. Wie sie mich ansieht. Eine Weile bleibt sie stumm.

»Können Sie auch böse werden?« fragt sie endlich.

»Und ob«, sage ich erleichtert. »Eben noch, wegen dieser dämlichen Fahrradkette, ich war wütend wie sonstwas.«

»Auf Benni?«

»Auf den auch, er hat mir mit seinem Geschrei den Rest gegeben.«

»Und wie haben Sie ihn bestraft?«

»Ich hab noch lauter gebrüllt als er und ihn mir auf mein Rad gepackt. Gegen den Lärm auf der Straße kommt er nicht an.«

»Ich meine die richtige Strafe für zu Hause, Fernsehverbot oder so. Wenn ich keine Lust auf Klavier oder Ballett habe, bekomme ich immer Fernsehverbot. Wenn ich frech bin auch.«

Ich erwische mich beim Haarsuckeln. Ob Wanda auch eine Strafe fürs Haarsuckeln hat? Ich lasse die nasse Strähne aus dem Mund gleiten, Marie beobachtet mich dabei, sie wartet auf ihre Antwort. Ich werde den Teufel tun und Wanda zuliebe das Hohelied des Fernsehverbots singen. Aber in die Pfanne hauen kann ich sie auch nicht. Also mime ich Aufregung und zeige an Marie vorbei auf eine offene Tür. »Nicht daß Benni da irgendeinen Blödsinn fabriziert.«

»Da geht es zur Besenkammer. Soll ich ihn suchen?«

Ich nicke und bin heilfroh, als Marie sich auf die Suche nach Benni macht. Dabei werde ich das Gefühl nicht los, daß sie mein Ablenkungsmanöver durchschaut hat. Schiet!

Dann kommt Wanda mit einem Kuchentablett zurück, das für eine Kompanie reichen würde.

Sie deckt den Kaffeetisch, vergißt nichts, fältelt Servietten und gibt mir das Gefühl, an einer Theateraufführung teilzunehmen. Bei mir bleibt der Kuchen vom Bäcker gewöhnlich auf dem Papptablett, die H-Sahne kommt im Aldi-Päckchen auf den Tisch, zum Mundabwischen benutzen wir vorzugsweise Küchentücher von der Rolle, und Sahne gibt es aus der Sprühdose, wenn überhaupt.

Marie wird zum Klavierüben geschickt, als sie mit Benni auftaucht. Marie hat keine Lust, woraufhin Wanda das Vorspielen beim Elternabend geltend macht: »Sie ist wirklich begabt.« Marie findet den Elternabend und das Vorspielen »doof«. Wanda droht mit dem Entzug der »Schrecklich netten Familie«. Marie sieht mich an, sagt »Siehst du!« und geht hinaus. Ein paar Minuten später fällt mir fast die köstliche Flockensahne von der Kuchengabel, weil jenseits der Glasschiebetür ein Krach loslegt, den Stockhausen und hundert Gameboys zusammen nicht hinbekämen. Marie übt. Ich grinse und halte rasch die Serviette vor den Mund. Wanda tupft sich die Lippen ab und erklärt, daß Marie zur Zeit sehr schwierig sei, obwohl wirklich alles für sie getan würde. Klavier und Ballett und Tennis und Töpfern. »Reitstunden hat sie auch schon gehabt, aber sie fürchtet sich vor Pferden.«

»Und wann hat sie mal frei?« fragt mein Sohn und stopft sich das Stück Mohrenkopf, das ihm gerade aus dem Mund gefallen ist, hurtig mit einer Hand zurück.

»Das IST Freizeit«, sagt Wanda und dreht sich ziemlich abrupt Richtung Glasschiebetür. Ihr »Marie« knallt durch den Raum, drüben wird es schlagartig still, dafür kracht es an unserem Kaffeetisch. Benni hat meine Kaffeetasse umgestoßen.

»Das macht gar nichts«, erklärt Wanda und läuft hinaus. Wenig später kommt sie mit einem Eimer voll Lauge, einem Schwamm und etlichen Lappen zurück, streift sich Gummihandschuhe über und beginnt, den hellen Velours einzuschäumen, fachfraumäßig mit kreisenden Bewegungen von außen nach innen. Der braune Schimmer brennt ihr in der Seele, auch wenn sie zehnmal beteuert, daß es nichts mache.

»Ich glaube, es wird Zeit für mich.« Ich stehe auf. Benni rennt schon vor zur Tür.

»Warten Sie!« Wanda hält mich am Ärmel zurück. »Ich höre meinen Mann. Er wäre enttäuscht, wenn Sie ausgerechnet jetzt gingen, wo er kommt.«

Ich höre nichts, aber sie hat trotzdem recht, denn ein paar Sekunden später kommt Dario herein. Das Ton-in-Ton-Ambiente des Wohnzimmers füllt sich mit Farbe. Eigentlich bin ich kein Fan von lachsrosa Bundsteghemden zur Lederweste, und die Hose ist kariert, Bäckerkaro. Er sieht trotzdem nicht wie ein Bäcker aus, auch nicht wie ein Pfau. Er kann dieses schrille Zeug tragen, er ist einfach der Typ dazu.

»Hi!« Dario streift Wandas Wange mit den Lippen, und dann küßt er mich, so als ob ich schon lange dazugehörte. Mir wird heftig warm, obwohl es nur ein freundschaftlicher Kuß ist. Dario riecht gut nach Rasierwasser und nach Mann, herb und ein bißchen exotisch und ganz anders als Eberhard, der immer ein bißchen wie das Zeug riecht, das er zum Desinfizieren in der Praxis benutzt.

Marie hat ihren Vater auch kommen hören. Der Klavierdeckel nebenan knallt zu, und sie stürmt herbei.

»Hallo, meine Hübsche!« Dario breitet beide Arme aus und fängt sie auf. Marie lehnt sich hintenüber, streckt die Arme aus, bettelt »Einmal Engelchen flieg!«, und schon läßt er sie einmal und noch einmal um sich kreiseln, immer schneller. Automatisch folge ich Wandas Blick, der dem Kaffeetisch und Darios Bäckerhose gilt, an der Marie sich mit ihren Lackschuhen festklammert.

»Marie, wieso hast du keine Hausschuhe an?«

Marie gibt keine Antwort. Dario sagt auch nichts. Es ist, als ob Wanda den Mund gar nicht aufgemacht hätte. Die beiden drehen sich und kreischen ausgelassen, bis Dario »Erbarmen« ruft und sich in einen Sessel fallen läßt. Marie hockt sich zu ihm auf die Lehne und stibitzt einen Streuselbrocken von der Kuchenplatte.

»Marie!« Wanda verdreht beim Sprechen die Augen, einen Augenblick lang sieht man nur das Weiße. Ich find's eklig und sehe weg.

»Laß sie bitte!« Dario sieht Wanda an, vielleicht ekelt ihn dieses Weiß auch, jedenfalls sieht er leicht angewidert aus.

Marie kuschelt sich an ihren Vater, sieht schräg von unten zu ihm hoch und fragt mit einem sehr lieben Stimmchen: »Darf ich gleich die schrecklich nette Familie sehen?«

»Logo«, sagt Dario. Sein »Logo« überschneidet sich mit dem »Nein« von Wanda, und prompt erntet sie wieder diesen leicht angewiderten Blick von ihrem Mann, obwohl sie diesmal nicht die Augen verdreht hat. Dafür petzt sie Maries Klaviersünden.

»Papa hat gesagt, ich darf. Versprochen ist versprochen, stimmt's?« Marie sieht ihren Vater an und fügt, als der nicht sofort antwortet, hinzu: »Sarah findet Fernsehverbieten auch blöd.«

»Moment«, sage ich und spüre, wie ich rot werde. »So hab ich das aber nicht gesagt.«

»Stimmt aber«, ruft Benni dazwischen, »ich muß immer mitgukken, damit sie keine Angst kriegt bei den schlimmen Sachen.«

»In der Sendung mit der Maus kam neulich was echt Gruseliges vor«, sage ich hastig.

»Und erst bei dem Strip-Poker. Die Rothaarige war so was von gruselig.«

Dario grinst. Marie sieht von ihrem Vater zu mir hin und wieder zurück. »Klasse«, sagt sie, »darf ich auch mal Strip-Poker gukken?«

»Nur mit mir zusammen«, erwidert Dario. Seine Mundwinkel zukken heftig.

»Dario!« ruft Wanda und verdreht schon wieder die Augen.

»Willst du auch mitgucken, Liebling?« fragt er.

Ich sehe weg, als die beiden sich ansehen, womöglich bekomme ich noch was ab. Vorsichtshalber rücke ich ein Stück vom Tisch weg, aber es kracht nicht, wenigstens nicht laut. Statt dessen pfeift Wanda ihre Tochter an, weil die mich einfach »Sarah« genannt hat.

»Kein Problem«, sage ich hastig, »ist schon okay.«

Dario schiebt Marie von seinem Schoß und steht auf. »Wo Wanda recht hat, hat sie recht.« Er verschwindet und kommt mit einer Flasche Champagner zurück: »Damit alles seine Ordnung hat!« Der Pfropfen wird fachmännisch entfernt. »Holst du mal fünf Sektgläser, Schatz!« Wanda nickt, und dann trinken wir Brüderschaft, drei Erwachsene und zwei Kinder, damit alles seine Ordnung hat. Marie schwenkt so ausgelassen ihr Glas, daß es schwappt. Wanda verzieht die Lippen, Dario sieht sie an, Wanda sieht mich an, ich lobe den Champagner: »Wirklich klasse!«

Marie und Benni kichern, obwohl sie wirklich nur einen Fingerhut voll abbekommen haben. Dario läßt die beiden in seinem Arbeitszimmer »Die schrecklich nette Familie« sehen, damit wir Großen in Ruhe die Flasche Heidsieck leeren können. Die amerikanische Seifenoper scheint unsere Kinder einander näherzubringen, und in mir kribbelt es nun auch freundschaftlich und ein bißchen schmusig, was zweifelsfrei am Schampus liegt. Bei mir genügt schon ein Glas.

»Am Sonntag könnte ich die Kinder bei uns im Garten fotografieren«, schlägt Dario beim Abschied vor, »oder haben wir schon etwas vor, Wanda?«

»Nein«, antwortet Wanda aus dem Hintergrund. Sie hat angefangen, das Kaffeegeschirr zusammenzuräumen. Mit dem Tablett in der Hand geht sie an uns vorbei und lächelt mich an: »Das ist eine gute Idee, meine Mutter wartet schon eine Ewigkeit auf ein neues Foto von Marie.«

»Na siehst du, dann wäre das ja auch geklärt, Liebling.« Dario begleitet uns zur Haustür, wuschelt Benni durch seine Locken und gibt mir einen Kuß, wieder nur auf die Wange, trotzdem ist es diesmal kein reiner Freundschaftskuß. Fast hätte ich die beiden Stufen übersehen, die hinab in den Vorgarten führen. Ich fummele an meinem Absatz, so als ob der schuld an meinem Stolpern wäre, und packe Benni in den Kindersitz, schnalle ihn fest und erkläre ihm dabei, wie sich seine Omas über neue Fotos von ihm freuen werden: »Maries Vater ist ein echter Profi, der knipst wahnsinnig tolle Bilder.« Ich sehe kurz hoch, Dario winkt mir von der Haustür aus zu. Wanda winkt auch, aber aus dem Fenster daneben, den Vorhängen nach zu urteilen, handelt es sich um die Küche. Ich hebe ebenfalls den Arm und winke zurück.

»Muß ich mich fürs Fotografieren feinmachen?« fragt Benni.

»Nee, kein bißchen, du darfst ganz so wie immer bleiben.«

»Und warum hat Dario dich dann im Unterhemd und mit so komischen Augen geknipst?«

»Wenn du nicht sofort stillhältst, reiß ich dir den Fuß ab«, drohe ich. Es ist nicht zu fassen, daß dieser Knirps keine fünf Sekunden stillhalten kann, bis ich die Plastikschnalle wieder durch den Schlitz der Fußstütze gepiddelt habe. Ich zurre verbissen an der Strippe, Benni schreit »Au!« und »Scheiße!«, von meinem Unterhemd fängt er gottlob nicht mehr an. Außerdem war's ein Seidentop mit Spaghettiträgern, und wie er an die Fotos von mir gekommen ist, weiß ich auch nicht. Ich schwinge mich auf den Sattel und radele los. Plötzlich bin ich mir gar nicht mehr sicher, ob das mit den Lands so eine gute Idee war.

Mein Sonntagsloch

Am Sonntag regnet es. Ich wache auf, sehe den düsteren Himmel, höre das Plätschern auf der Fensterbank und bin stinksauer. Schließlich hatten wir eine Verabredung, Benni und ich.

Gestern abend habe ich blöde Kuh mich extra hingestellt und gebügelt, für jeden ein poppiges T-Shirt und die weißen Jeans, obwohl ich Jeans normalerweise immer nur in Form ziehe. Die Arbeit hätte ich mir sparen können, denn die Gartenidylle bei den Lands fällt ins Wasser. Ich glaube, ich habe nicht mal mehr Aufbackbrötchen da. Ohne ordentliches Frühstück ist der Tag für mich gelaufen.

»Gibt's keine Brötchen?« nörgelt Benni, als er nach dem dritten Brüller von mir endlich am Eßtisch erscheint. Er ist auch schlecht gelaunt, weil sonntags all seine Freunde aus dem Kindergarten in Familie machen und etwas unternehmen, wogegen wir nicht mal ein Auto, geschweige denn einen Papi zu dem Auto haben.

»Tu sofort den Sattelschlepper vom Tisch«, verlange ich, »das gibt Kratzer.«

Benni zieht das Metallauto langsam über die Marmorplatte, haarscharf an seinem Glas Orangensaft vorbei, über die Tischkante und auf seinen Schoß. »Ist dein Pillermann wieder krank?«

»Frauen haben keinen Pillermann«, schnaube ich und halte den Brotkorb hoch. »Toast oder Knäcke, entscheid dich!«

Benni schüttelt den Kopf und rutscht von seinem Stuhl. »Du hast aber gesagt, du hast einen. Haben wir noch Kalten Hund?«

»Kennst du irgendeine Familie, in der's zum Frühstück Kalten Hund gibt?«

»Wir sind keine Familie, wir sind nur du und ich.«

Ich antworte ihm nicht, sondern streiche Toastbrot, zwei Toasts für Benni und zwei für mich, nach der vierten Scheibe höre ich auf. Ich habe vergessen, das Weißbrot zu toasten. »Schiet!«

Benni kommt kauend aus der Küche zurück, grinst: »Nee, Labbeltoast, willste auch was Kalten Hund?«

»Ich habe dir doch gesagt…«, setze ich an, und dann platzt mir der Kragen, weil mein Sohn sich die Schokoladenfinger an dem von mir mühsam gebügelten T-Shirt abputzt. Benni macht kehrt und verschwindet erneut in der Küche, wo ich ihn am Kühlschrank hantieren und knistern höre. Also stürme ich in die Küche, wo er sich schon wieder an meinem Kekskuchen bedient hat, und rede weiter. Ich finde mich selbst ätzend, trotzdem strömt dieses Gelabere über Manieren und Gehorsam und weiß der Geier was noch aus mir heraus, ohne daß ich mich bremsen kann.

Benni kaut weiter, was mich erst recht wahnsinnig macht. Als ich endlich Luft hole, weil ich einfach nicht mehr kann, fragt er, ob er lieber auf dem Klo frühstücken soll, weil's da wenigstens einen Schlüssel zum Absperren gibt. Ich bin sprachlos. Benni marschiert an mir vorbei, schnappt sich sein Dschungelbuch, dann höre ich nur noch das Umdrehen des Schlüssels.

»Du weißt genau, daß du nicht abschließen sollst.« Ich hämmere gegen die Tür.

Die Wasserspülung rauscht. Ich denke an meine Wasserrechnung und gebe auf. Eigentlich könnte ich ein Schaumbad nehmen, mit irgendeinem Zusatz zum Beruhigen, vielleicht hilft das. Ich verschwinde mit einer Tüte Lakritzkätzchen und der Zeitung von gestern im Badezimmer. Angeblich ist Lakritze gut für den Hormonspiegel. Im Moment würde es mich nicht einmal wundern, wenn meine Oberweite von Cup C auf Cup A geschrumpft wäre.

Das warme Wasser macht mich träge. Ich lese, lutsche Lakritze, immer fünf oder sechs auf einmal, dann schaukle ich nur noch sanft hin und her und beobachte die Schaumbläschen. Wenn es mir kühl wird, lasse ich heißes Wasser nachlaufen, meine Finger sehen schon ganz komisch aus, teigig, wie bei 'ner Wasserleiche. Trotzdem habe ich keine Lust, aus der Wanne zu steigen. Irgendwann hämmert es an die Tür.

»Telefon«, brüllt Benni.

»Kann nicht«, brülle ich zurück.

»Es ist aber Dario.«

»Komme schon.« Ich sprinte aus der Wanne und wickle mich in

ein Badelaken. Immerhin ist es nett, daß er anruft, auch wenn aus unserer Verabredung nichts wird. Ich stürme nach nebenan und greife nach dem Hörer, »hallo?«

»Hallo!« Dario klingt putzmunter. »Haben wir nicht ein Mordsglück?«

»Weil's in Strömen regnet?«

»Weil die Sonne den Regen bezwungen hat.«

»Was?« Ich drehe mich zum Fenster um, schiebe den Vorhang beiseite, obwohl das gar nicht mehr nötig wäre. Es ist hell und sonnig im Zimmer. »Toll!«

Am anderen Ende der Leitung ertönen sonore Lachlaute. Benni schiebt sich ins Bild und tippt sich anzüglich gegen die Stirn, die Schokoladenspur hat inzwischen auch seine weißen Jeans erfaßt. Meine Hände haben was von einem Seeungeheuer, fehlen nur noch die Schwimmhäute. Aber meine gute Laune ist nicht kleinzukriegen.

In einer halben Stunde holt Dario Land uns ab.

Ich lege auf, wirbele einmal um die eigene Achse, kommandiere »umziehen, voranmachen, bitte freundlich lächeln«, Benni antwortet mit einem langgezogenen »Puuuh«, zieht sich aber brav das vollgeferkelte Hemd über den Kopf.

»Geht's euch gut?« fragt Dario pünktlich eine halbe Stunde später zur Begrüßung und küßt mich.

Ich strahle, es ist die natürliche Reaktion auf den Wetterumschwung. »Unglaublich, was so ein bißchen Sonne ausmacht.« Dann steige ich in Darios Auto.

Benni grunzt etwas vom Rücksitz, es geht um »Weiber«, zum Glück ist die Musik ziemlich laut gestellt. »If you're going to San Francisco« , ich liebe diese alten Songs, bei denen ich zum erstenmal rumgeknutscht habe. Damals waren Kellerpartys der Hit.

»Gut?« Dario blinzelt mir zu.

»Hm!« Ich kuschele mich in den Sitz, mein Bein wippt, alles an mir wippt und federt, ganz kurz kommt mir Eberhard in den Sinn. Gestern war unser Samstag, trotzdem hat er mich versetzt, um seinem Numerus-clausus-Sohn bei einem läppischen Referat zu helfen. Auf die Idee, meinem Sohn die Kette vom Fahrrad zu reparieren, käme er gar nicht, obwohl ich ihm am Telefon gesagt habe, daß die Kette abgesprungen ist. Dario hat nicht vergessen, daß ich mir Fotos von Benni wünsche, obwohl das schon viel länger her ist, genau vierundzwanzig Tage, da war das Konzert mit den Variationen. Ich glaube, ich mag Variationen.

Dario bremst und wartet, bis eine Fahrradkolonne vorbeigefahren ist. In dieser Villengegend in Stadtwaldnähe begegnen uns jede Menge Fahrräder.

Auf dem Rücksitz mault Benni: »Ich will endlich auch wieder mit meinem Rad fahren.«

»Die Kette ist abgesprungen«, erkläre ich zu Dario hin.

»Kein Problem«, Dario dreht sich zu Benni um, »das richte ich dir, wenn ich euch heimfahre, okay?«

»Okay.« Benni strahlt.

Ich summe den nächsten Evergreen mit: »Super!«

»Super!« Dario sieht mich an.

Der Garten von den Lands ist auch super. Wir Großen sitzen windgeschützt unter einer honiggelben Markise auf der Terrasse, natürlich sind die Sitzpolster auf den bequemen Korbsesseln und die Tischdecke ebenfalls honiggelb und ohne den winzigsten Fleck. Für die Kinder gibt es einen Extratisch auf der Wiese mit lustigem Geschirr, auf dem englische Reime stehen. Als ich einen Teller in die Hand nehme, um den Spruch zu entziffern, fällt mein Blick auf die Rückseite. Ich lese »Wedgewood«, beinahe wäre mir das Ding aus der Hand gefallen. »Paß ja damit auf«, flüstere ich Benni zu, der daran gewöhnt ist, daß wir draußen unser billigstes Porzellan oder Plastik benutzen.

»Sonntags gibt es bei uns immer nur selbstgebackenen Kuchen«, kündigt Wanda an. Es klingt entschuldigend, und ich nehme mir vor, ihren sonntäglichen Standardkuchen zu loben, egal ob er zusammengefallen oder angekokelt ist. Erstens sind wir Gäste, und außerdem kenne ich solche Pannen. Je nachdem, wie warm ich mit Wanda werde, könnte ich ihr natürlich auch mein Patentrezept verraten, das sogar noch bei Überraschungsgästen funktioniert, weil der Kuchen nicht gebacken werden muß, sondern aus Kekskrümelbutterstampfe mit wahlweise Instantpudding, Wakkelpeter, Quark mit Früchten obenauf oder auch ohne Früchte besteht.

Wanda kommt mit einem Glastortenständer aus dem Haus, was mich nicht weiter wundert, weil sie anscheinend unglaublich auf edle Verpackung steht. Sie stellt den Ständer in die Mitte des Tischs, und mir fallen fast die Augen aus dem Kopf.

»Das ist alles selbst gebacken?« frage ich fassungslos beim Anblick von Kirschtörtchen mit Makronenrand und Baiserhäubchen, Mohrenköpfen mit Gesicht, Nußkipferln und vierlagiger Herrentorte.

»Sicher, ich bin hier die Küchenfee.«

»In ihrer Küche ist Wanda unübertroffen.« Dario streichelt ihr über den Rücken, aber sie schüttelt seine Hand ab und sagt spitz: »Man achte auf das Wort Küche.« Ich fange schon wieder an, Haare zu suckeln. Marie und Benni retten uns aus der peinlichen Situation, weil sie angestürmt kommen und mit gierigen Händen in den Kuchen fahren, rechts ein Törtchen und links ein Mohrenkopf, weg sind sie. Nicht einmal Wanda schafft es, schnell genug zu reagieren, und als ich lache, lacht sie auch und sagt »na ja«. Dario kneift mir verschwörerisch ein Auge zu, aber diesmal beherrsche ich mich und kniepe nicht zurück, weil sein Küchenkompliment eben das Letzte war.

Eine Weile sitzen wir nur da, kauen, trinken, blinzeln in die Sonne, beobachten die Kinder, plaudern irgendwas. Ich spüre, wie ich träge und matt werde. Zwischendurch steht Dario auf und legt Musik nach. Er scheint ein Faible für diese alten Songs zu haben, bewegt sich im Rhythmus, geht mit wippenden Knien und zuckenden Schultern, seine Arme rucken vor und zurück, so als ob er ein Bühnenstar wäre und wir sein Publikum.

»Macht er das immer?« flüstere ich Wanda zu, als Dario gerade wieder ins Haus davonwippt.

»Spezialvorstellung«, flüstert Wanda zurück. »Er will dir imponieren.«

»Stört's dich?« frage ich.

»Im Gegenteil.« Wanda lehnt sich bequem zurück und streckt die Beine aus, die sehr weiß sind, obwohl sie einen Garten besitzt und es schon etliche sonnige Tage in diesem Jahr gab. »Solch einen friedlichen Sonntag habe ich selten, sogar Marie ist beschäftigt. Benni bekommt ihr.«

Ich nicke und verschweige, daß mein Sohn der wohlerzogenen Marie soeben schon die erste Lektion in Ferkelwörtern erteilt, den Strip-Poker in allen Details erläutert und zum Kirschkernspucken auf die Goldfische angestiftet hat.

Diesmal braucht Dario länger als sonst zum Musikwechseln. Als er endlich zurückkommt, trägt er eine bauchige Schüssel mit Maibowle. Es duftet köstlich und erinnert mich an früher. Bei uns daheim gab es auch Maibowle, allerdings aus einem eher rustikalen Keramikgefäß, in dem dann im Herbst der Rumtopf angesetzt wurde. Wanda trinkt mehr als ich, sie hat einen kräftigen Zug, trotzdem bleiben ihr blauer Lidschatten und ihre blauschwarze Wimperntusche makellos, wogegen ich spüre, wie meine Haut zu dampfen beginnt und in mir dieses himmlische Gefühl zwischen Nüchtern und Angeschickert aufsteigt. Ich verzeihe Dario seine Entgleisung von vorhin. In diesem honiggelben Markisenlicht kommt sein südländischer Typ noch besser heraus, sogar das leicht übertriebene Zucken und Wippen zu seiner Musik paßt. Die Musik paßt, die Sonne paßt, die Maibowle paßt, alles paßt, es ist ein himmlischer Sonntag und ganz selbstverständlich, daß Dario mich ab und zu mit einem Grashalm kitzelt, mir kühle Luft unter die Nackenhaare fächelt und meinen Busen anlächelt, der nun wieder bei Cup C angelangt ist, mindestens.

Irgendwann entdecke ich die dünne Narbe über seiner linken Augenbraue. Es ist wie ein Zwang, ich strecke die Hand aus und streiche behutsam darüber. »Tut das weh?« Er preßt meine Hand auf die Stelle: »Das tut gut«, dann erzählt er mir von seiner Harley Davidson, born in the USA. Er benutzt seltsame Wörter, nennt sein Motorrad »freedom machine«, was sich glatt so anhört, als ob's um die amerikanische Freiheitsstatue ginge, die er mit Schalthebeln und Fat-Bob-Benzintank zum Fliegen gebracht hätte. Seine Fäuste umschließen eine imaginäre Lenkung, seine Bermudas heben von dem gelben Sitzpolster des Korbsessels ab, er legt sich in die Kurve, läßt einen Arm hochschießen und brüllt: »Get the power!«

»Ein Glück, daß diese Teufelsmaschine wieder weg ist«, sagt Wanda, die in diesem Moment mit frisch ausgepreßtem Saft für die Kinder aus dem Haus kommt. »Ein Unfall reicht«, sie zeigt auf die Narbe, auf der noch immer mein Finger ruht, der nun zurückzuckt, »schließlich ist er Familienvater. Was wird aus uns, wenn ihm etwas passiert?«

»Du hast das Haus und die Versicherung«, erwidert Dario, so als ob es völlig normal wäre, derlei vor mir zu diskutieren.

»Und Marie«, sagt Wanda mit einer seltsamen Betonung, so als wäre ihre Tochter nicht unbedingt der Habenseite zuzurechnen.

»Marie«, wiederholt Dario, er hat noch immer die Schwärmerstimme drauf, womöglich hat er zuviel Maibowle gekippt. »Marie ist mein größter Schatz.«

»Nimmt noch jemand Kuchen?« fragt Wanda. Ich schüttele den Kopf. Dario reagiert nicht. Wanda stapelt die Teller zusammen und wendet sich wieder dem Haus zu. »Ja, Marie ist dein Schatz«, bestätigt sie, »eine halbe Stunde abends und am Wochenende eine ganze Stunde.«

»Sollen wir tauschen, Liebling?« Dario stemmt sich in seinem Sessel vor.

»Gott bewahre!« Wanda geht.

Es bleibt eine Weile sehr still zwischen Dario und mir, dann springt er auf: »Die Musik ist zu Ende, na so was!« Er geht und kommt im Rhythmus von »Ha-ha said the clown« zurück, das kenne ich auch noch, genauso wie den folgenden Song, er scheint jeden einzelnen meiner alten Lieblinge auf Lager zu haben. Ich vergesse Wanda und die kleine Szene eben, es ist wieder wie zuvor, ein himmlischer Sonntagnachmittag.

Die Kinder schrecken uns auf. Sie kommen plötzlich angerannt, vorweg Marie, sie hat mit Benni das T-Shirt getauscht und ruft ungeduldig nach ihrer Mutter. »Wir haben Hunger!«

»Wo ist Wanda eigentlich abgeblieben?« frage ich und rechne zweimal Musikwechseln zurück. Oder dreimal?

»In der Küche«, erwidert Dario und hebt sein Handgelenk, an dem heute eine sehr bunte Swatch sitzt, die farblich exakt zu seiner Sonnenbrille und seinen Bermudas paßt. »Das Essen müßte gleich fertig sein.«

»Wir sind sowieso längst überfällig.« Ich tippe auf meine No-name-Uhr und sehe Benni mit dem autoritärsten Blick, den ich draufhabe, an.

»Es gibt aber Lammkoteletts und frischen Mais und überhaupt alles frisch«, protestiert Benni.

»Benni!« Diesmal versuche ich es mit meiner Stimme.

»Hat Marie gesagt.« Mein Sohn stellt sich auf die Zehenspitzen und legt gönnerhaft einen Arm um Maries Schulter. Seine Finger sind unglaublich dreckig, noch schlimmer als normal.

»Marie hat recht«, bestätigt Dario, »aber wenn Sarah kein Lamm mag, ist das kein Problem, ich habe auch noch Steaks und Lachs.«

»Ich mag Lammkoteletts«, sage ich, »nur…«

Weiter komme ich nicht, denn Dario findet, daß dann ja alles klar sei, und Wanda erscheint, um zu fragen, ob wir drinnen oder draußen essen wollen.

»In unserem Zelt«, ruft Benni.

Wanda sieht irritiert aus.

»Okay, Kids draußen und wir drinnen«, sagt Dario und verdeckt seiner Frau den Ausblick auf das selbstgebaute Zelt aus Bettlaken und einer Lamadecke, unter dem die Füße von einem Wäschereck und ein Blumenkübel hervorschauen. Die Pflanze dient anscheinend als Zeltspitze.

»Ich helfe decken«, schlage ich vor und drängele Wanda noch ein Stück weiter zurück ins Haus.

»Danke«, sagt sie. Auf dem Weg in die Küche fängt Wanda noch einmal von dem Zelt an und meint, daß sie doch gar kein Zelt besitzen, aber diesmal bekomme ich sie mit Leichtigkeit abgelenkt, ich muß nur ihre Kräutersammlung bewundern. Es ist unglaublich, was sich bei ihr in zwei Tonkästen auf der Fensterbank tummelt: Salbei, Borretsch, Liebstöckel, Dill, glatte und krause Petersilie, bei mir kommt so etwas getrocknet aus der Gewürzdose und an Sonn- und Feiertagen aus der Tiefkühltruhe, obwohl ich mich schon lange mit dem Gedanken an eine eigene Kräuterzucht trage. Meine Bewunderung überschlägt sich, als Wanda nach einem Wiegemesser greift und mit unglaublicher Präzision noch eine Extraportion Grünzeug zusammenhackt, »weil du das doch so magst«. Sie ist rührend und obendrein die reinste Küchenfee, alles sieht aus wie geleckt, nichts türmt sich in der Spüle, die gefüllten Pilze, der Salat, die Dips, die Maiskolben und die Pastete sind mit Folie abgedeckt, und aus dem Backofen duftet es köstlich nach gebackenem Käse.

»Du bist wirklich ein Profi, wie?« staune ich.

Während wir zu zweit den Tisch decken, vertraut Wanda mir an, daß sie tatsächlich in der Gastronomie gelernt hat, was ich kaum glauben mag, weil sie so dünn ist und alle mir bekannten Köchinnen und Hauswirtschafterinnen zur Korpulenz neigen. Wanda gesteht, daß auch sie ein Dickerchen war, aber das war vor Dario, den sie auf der »Anuga« kennengelernt hat. Während sie erzählt, zieht Wanda mir sanft die Stoffservietten aus der Hand, fältelt drei davon blitzschnell zu possierlichen Frackoberteilen, läßt den von mir fabrizierten Kümmerling dezent verschwinden, korrigiert rasch die von mir nicht besonders gleichmäßig ausgerichteten Bestecke und findet schließlich, daß wir beide das wirklich gut gemacht hätten und jetzt essen könnten. Ich nicke.

Wir speisen bei Kerzenschein und nostalgischen Songs. Der Rotwein wird von Dario behandelt wie ein liebesbedürftiger Säugling, er wiegt und beschnuppert ihn und bettet ihn schließlich schräg in ein Körbchen. Das Fleisch zergeht mir auf der Zunge, die Salate sind knackig, der Käse auf dem Gratin glänzt goldbraun und duftet würzig. Mein Hosenbund spannt, ich ziehe kurzerhand das T-Shirt drüber und öffne die Metallschließe, jetzt paßt auch noch

74

die Zabaione in mich rein. Solche Sternstunden muß man genießen. Ich genieße sie und habe keinen Schimmer, was köstlicher ist: Wandas Essen, der Wein, die Familienidylle oder Dario. Der Mann Dario...

Während Wanda Essensreste versorgt und ihre Spülmaschine bestückt, bauen Dario und ich das Zelt im Garten ab, falten Wandas Laken wieder ordentlich zusammen, klopfen die gute Lamadecke aus und verpassen der zur Zeltspitze umfunktionierten Yucca-Palme eine belebende Sprühdusche. Dann trägt Dario die schlafende Marie in ihr Bett und meinen schlafenden Sohn in sein Auto. Wanda will partout keine Hilfe, also fahren wir los. Wie eben schluchzt es erinnerungsträchtig »If you're going to San Francisco« aus zig Lautsprechern, Dario wippt, ich wippe, in den Kurven wippen wir sehr eng aneinander. Die Straßen sind um diese Zeit leer, wir können schlecht noch einmal um denselben Block fahren. Vor meiner Haustür räkelt sich Benni und kräht: »Hallo!« Ich könnte ihn umbringen, falls er das Schlafen nur gemimt hat, um zuschauermäßig besser auf seine Kosten zu kommen.

»Die Fahrradkette«, erinnert Dario.

»Oh«, sage ich und suche in meinem Kopf nach dem Bindeglied zwischen Barolo, Maibowle, honiggelber Sonne, einem südländischen Typ und einer Fahrradkette. Der südländische Typ steht direkt neben mir, immerhin scheint er zu wissen, was es mit dem Fahrrad auf sich hat.

Benni wischt sich mit einer Hand wie mit einem Scheibenwischer vor der Stirn hin und her. Ich hoffe, das gilt nicht mir.

Wir steigen also zu dritt die Treppe zu meiner Wohnung hoch. Nachdem mir der Schlüssel zum drittenmal aus dem Schlüsselloch gefallen ist, das während meiner Abwesenheit dramatisch geschrumpft sein muß, übernimmt Dario die Sache, schließt auf und sagt »Telefon«.

»Ah ja«, antworte ich, und plötzlich sind sämtliche abgetauchten Bindeglieder wieder da, auch die, von denen ich im Moment gar nichts wissen will. Natürlich ist der Anrufer Eberhard, der sich seit heute früh immer wieder von Hedwig fortgeschlichen haben dürfte, um seine Geliebte zu erreichen. Die Geliebte bin ich. Er hat sie aber nicht erreichen können, weil die Geliebte, also weil ich in ein honiggelbes Paradies entschwebt bin, mir tüchtig die Nase begossen habe, hormonmäßig schätzungsweise bei Cup D oder Zeltgröße angekommen bin und bei diesem penetranten Summton zu meinem Alltags-Ich zusammenfalle.

»Es klingelt noch immer«, sagt Dario.

»Gleich«, antworte ich, düse in die Küche und komme mit dem Kellerschlüssel zurück, weil Bennis Fahrrad im Keller steht. Dann warte ich, bis die Schritte der beiden nicht mehr zu hören sind. Das Telefon läutet nonstop, diesmal nehme ich ab.

»Hallo«, sage ich, sonst nichts.

Eberhard schiebt mein »Hallo!« beiseite. »Kannst du mir mal sagen, wo du bis jetzt gesteckt hast?«

»Wir waren auf Achse.«

»Das ist mir klar. Ich habe mir die Finger wundgedreht.«

»Du hast Tasten«, erinnere ich ihn.

»Willst du mich provozieren?«

»Wieso?«

»Ich habe dir gesagt, daß ich anrufe.«

»Deine sonntäglichen Anrufe sind mir zu unsicher.«

»Ich habe es sogar bei deiner Freundin probiert.«

»Wir waren bei den Lands.«

»Was wird da gespielt? Willst du mich eifersüchtig machen?«

»Ich war mit Benni eingeladen. Du erinnerst dich, die Familienfotos?«

»Die will ich sehen.«

»Kannst du ruhig.« Das Fotografieren haben wir glatt vergessen.

»Ich versuche seit heute mittag, dir etwas zu sagen. Hedwig wird schon mißtrauisch.«

»Tröste sie!«

»Ist das dein Ernst?«

»Sie ist deine Frau!«

»Sarah, ich liebe dich.«

»Fein. Ich muß jetzt Abendbrot machen.«

»Es ist halb elf.«

»Wir haben's gern südländisch.« Ich lege auf, keine Sekunde zu früh, denn Benni klingelt Sturm. »Alles paletti?« frage ich leicht atemlos.

»Warst du joggen?« fragt mein Sohn zurück. Dario fragt, ob er sich rasch mal die Hände waschen dürfe. Leicht geniert zeige ich ihm das Gäste-WC und entschuldige mich schon vorab für Seifenspritzer, Wasserbomben und was sonst noch so rumfliegt. »Egal«, sagt Dario. Als er wieder herauskommt, verabschiedet er sich. Ich glaube nicht, daß es wegen der Ferkelei auf unserm Klo ist. »Marie wartet auf ihren Gute-Nacht-Kuß«, sagt er.

»Marie schläft«, erinnere ich ihn.

»Sie wacht gleich wieder auf. Ohne Kuß von mir kann sie einfach nicht schlafen. Idiotisch, wie?« So, wie er dieses »Idiotisch« ausspricht, meint er genau das Gegenteil. Maries Kuß scheint ihn so sehr zu beschäftigen, daß er meinen Abschiedskuß darüber vergißt. Er reicht mir nur die Hand und ist plötzlich sehr hölzern, vielleicht ist auch Bennis Anwesenheit schuld. Immerhin hat seine Frau ihn nicht daran gehindert, mich zu kitzeln und anzupusten und überhaupt.

»Okay«, sage ich, »dann gut Kuß und vielen Dank nochmals.« Ich drücke die Korridortür hinter Dario ins Schloß, von hinten sieht er in unserem bieder gekachelten Treppenhaus nicht mehr besonders südländisch aus. Und ich habe Eberhard in die Wüste geschickt!

»Marsch ins Bett, und das Zähneputzen nicht vergessen«, kommandiere ich mit der Hand noch an der Klinke und dem Türblatt vor mir. Es kommt keine Antwort. Ich drehe mich zur Seite, dann zur anderen Seite und einmal um mich selbst. Benni ist entwischt.

»Benni! Wenn du nicht in null Komma nichts deinen Schlafanzug anhast und gewaschen bist...«

Mein Sohn ist schon im Schlafi. »Ich wollte dich überraschen.«

»Hast du dich gewaschen?«

»Klar.«

Die Seife ist feucht, aber die Spuren von Kakao und Gartenerde verpetzen Benni, etwas Rotes muß auch dabeigewesen sein. Ich schnappe mir einen Waschlappen und rubbele, die Schmutzränder unter dem Pyjama lasse ich ihm durchgehen. Bei mir zischt die Luft raus, plötzlich habe ich keine Lust mehr zu fighten. Dafür ist mir nach Schokolade. Mit den letzten Krokanteiern kuschele ich mich auf mein Bett und drücke Kanal fünf auf meiner Fernbedienung, RTL ist auch so 'ne Art Schokolade. Hoffentlich erwischt Benni mich nicht.

»Mom?«

»Wieso schläfst du nicht?« Ich setze mich im Bett auf, die Eier kullern. »Schiet!«

»Lecker. Krokant.«

»Okay. Aber putz dir danach noch mal die Zähne.«

»Jo.« Benni grinst.

»Hat es dir heute gefallen?«

»Mhm«, sagt er und stopft sich die erste Fuhre in den Mund. »Wanda ist aber auch nett.«

»Hab ich etwa behauptet, sie wär nicht nett?«

»Nicht, wenn du mir noch ein Krokantei gibst.«

»Da, du Gierschlund! Morgen bist du verpickelt vor lauter Krokanteiern oder kotzgrün.« Wieso sollte ich Wanda nicht nett finden? Klar ist sie nett. Und eine Küchenfee! Aus mir wird nie 'ne Küchenfee. Hoffentlich nicht!

»Dario hat auch Pickel. Zwei ganz dicke am Kinn. Sind das Pubertätspickel?«

»Quatsch! Wanda hat auch Pickel.«

»Trotz ihrem gesunden Essen, also kommt's nicht auf gesundes Essen an.«

»Es kommt wohl auf gesundes Essen an!«

»Du hast aber gesagt, Pickel kriegt man nur von ungesundem Essen und in der Pubertät.«

»Es gibt auch Streßpickel.«

»Und warum hast du dann keine?«

»Weil ich keinen...«, ich stoppe.

»Siehste!« Mein Sohn grapscht sich das letzte Krokantei. »Und mir wolltest du verklickern, daß du Streß hast.«

78

»Zähne putzen«, knirsche ich.

»Vielleicht stimmt das mit dem Zähneputzen ja auch nicht und ist nur so 'ne Mütterschikane.«

»Fernsehverbot!« brülle ich.

Benni hopst auf mein Bett und brüllt vor Lachen, ich brülle auch vor Lachen, wir wälzen uns lachend über die Matratze und ein Krokantei, das sich heimtückisch versteckt hat. Benni verzieht angewidert das Gesicht und verschwindet flugs zum Zähneputzen, während ich die braune Pampe mit einem Messer abschabe.

Dann dusele ich weg. Eigentlich müßte ich mir auch noch die Zähne putzen. Ich träume, daß mir jemand einen fetten Mitesser ausquetschen will. Über dem Versuch, den Irrtum aufzuklären, weil ja nicht ich die Pickel habe, wache ich auf. Mit eiskalten Füßen. Früher hat Ralf mir die gewärmt. Erst hat er geschimpft, wenn ich ihm meine »Eishaxen« rübergeschoben habe, und dann hat er sie zwischen seine eigenen Füße geklemmt. Manchmal ist auch mehr daraus geworden.

Unser Ehebett habe ich vor zwei Jahren den Emonsbrüdern gestiftet. Die Ära Ehemann ist passé, schließlich heirate ich nicht, um meine Füße gewärmt zu bekommen.

Ich wurschtele meine Zehen durch die Knopfleiste in den Bezug. Eigentlich kein Wunder, daß mir neuerdings ständig die Knöpfe abspringen. Als das auch nicht hilft, stehe ich auf und hole mir ein Paar Wollsocken.

Hedwig braucht wenigstens keine Wollsocken. Wanda auch nicht.

Die Macht der Küchenfee

Jeden Montagabend gehen meine Freundin Vera und ich zusammen zum Frauenturnen. Wir haben uns den Montag ausgesucht, um alle Sünden des Wochenendes auszuschwitzen. Seit Eberhard wäre eigentlich ein neuer Turntag fällig, weil er als Ehemann einer anderen seinen Haupteinsatz bei mir an Werktagen hat. Na ja!

»Alles klar?« fragt Vera im Umkleideraum der Grundschule, wo unser Turnen stattfindet und wo es immer nach Schweiß und Pipi riecht.

Ich halte mir die Nase zu. »Alles klar!«

»Und in dem Ding willst du Trampolin springen?« Sie zeigt auf meine Spitzenhalbschale.

Ich sehe an mir hinab auf mein Dekolleté, das in diesem Büstenhalter unglaublich gut zur Geltung kommt. Fürs Turnen habe ich mir eigentlich einen extra BH gekauft, der alles fest zusammenhält, nur dekorativ ist der nicht. »Glatt vergessen!« schwindele ich, weil ich keine Lust habe, meinen Wollsockenfrust vor einem Dutzend Mitturnerinnen preiszugeben.

»Geht's Eberhard gut?«

»Mhm.« Nur weil die anderen sich hier ungeniert über ihre Eierstöcke und sein Schnarchen auslassen, muß ich noch längst nicht meine Innereien auspacken, oder?

»Deshalb also!« Vera zieht von hinten an meiner Halbschale und läßt mir den Steg in den Rücken flitschen.

»Bist du bescheuert? Das tut weh!« Ich bin so wütend, daß ich mir ernsthaft überlege, ob ich hinterher wie gewohnt mit ihr zu »Mario« gehen soll. Mario ist unser Lieblingsitaliener, er hat seine Pizzeria in dem Laden aufgemacht, in dem ich als Kind Schmierseife gekauft habe. Vera auch, wir waren Nachbarn.

»Schaffst du Mario noch, oder brauchst du Brustwickel?« erkundigt sich meine Freundin zwei Stunden später auf dem Hof der Grundschule.

Ich nehme rasch die Hand von meinen Brüsten und schließe mein Fahrrad auf. »Blöde Frage!«

Montags hält Mario immer unseren Liebblingstisch in der Ecke am Fenster für uns frei. Wie gewohnt begrüßt er Vera mit einem »Buona sera, Signora!«, mich begrüßt er anders, zu mir sagt er »Signorina!«, was meine Freundin wurmt und mich freut. Beim

Anblick der kandierten Rose auf meinem Platz verwinde ich glatt mein Wollsockentrauma. Bei Vera liegen gezuckerte Veilchen.

»Hübsch«, sage ich zu ihren Veilchen und strahle dann Mario an, als wäre er der Traumprinz schlechthin, obwohl er ziemlich kurz geraten und rundlich und dreifacher Familienvater ist. »Mille grazie!«

Mario legt eine Hand aufs Herz, plüscht mit rehbraunen Samtaugen und viel Körpersprache und schiebt endlich ein »Come sempre, Signorina?« nach.

»Wie immer.« Ich nicke. Mein Exmann hat diesen Plüschblick jahrelang geübt, aber bei ihm sah es eher nach Schmalzfaß aus, besonders wenn er fremde Ladys im Visier hatte.

»Bist du fertig mit Schäkern?« erkundigt sich Vera, als Mario auch ihre Bestellung aufgenommen hat und gegangen ist.

»Come sempre.« Ich habe nichts dagegen, auf der Flirtschiene ertappt zu werden. Sie könnte ja auch, wenn sie wollte, hübsch genug ist sie schließlich.

»Na ja.« Vera verzieht den Mund, was sie sehr herb und nicht gerade jünger aussehen läßt. »Nach dem Piano-Flop hast du einmal Schäkern gut. Ich verzeih dir.«

»Was für 'n Flop?«

»Mein Gott, die Variationen auf einen Walzer. Wenn ich geahnt hätte, wie langweilig die sind, hätte ich uns nicht dahin geschleppt.«

»So übel fand ich die gar nicht. Prost!« Ich hebe mein Weinglas hoch.

»Da ist noch nichts drin«, sagt Vera, »sogar die Kritiken waren eher bescheiden.«

»Kritiker!« Ich winke ab. »Nimm doch nur mal Wanda Land, die scheint doch echt Ahnung von Musik zu haben und war hellauf begeistert.«

»Ahnung hat sie bestimmt, fragt sich nur, wovon.«

»Okay, spuck's aus!« Ich kenne diesen Ton an ihr. Den Ich-weiß-alles-kenne-alles-sehe-alles-Ton.

»Sie hat einen Ruf…«

»Als Küchenfee?«

»Die Küche hat sie bestimmt auch nicht ausgelassen. Sie hat so gut wie nichts ausgelassen. Nicht mal Didi.«

Es knackt zwischen meinen Fingern, das ist die kandierte Rose. Vor lauter Schreck habe ich Marios Rose zerbröselt. Meine Freundin Vera ist von der Rolle. Als wenn eine Frau wie Wanda Land sich an Veras Sohn vergriffe, der gerade mal achtundzwanzig ist und außerdem selbst ein Aufreißer par excellence. »Du spinnst!«

»Sie wollte ihm sogar ein Kind anhängen.«

»Marie?« keuche ich entsetzt.

Vera schnaubt verächtlich. »Marie nicht, die stammt schon aus der spießbürgerlichen Periode mit Dario Land. Vorher war Wanda das Messeflittchen.«

»Anuga«, sage ich automatisch und sehe die Fotos vor mir, die Wanda mir gestern gezeigt hat. Wanda als flotte Messe-Maid im Dirndl und im Faltenröckchen. Hostessen sind immer flott, aber das gehört zur Berufskleidung. »Du willst mir doch nicht einreden, Dario hätte ein Flittchen geheiratet?«

»Den hat sie auch eingewickelt. Aber am liebsten war ihr Jungfleisch, sie hat die halbe Obersekunda vom Apostelgymnasium abgegrast, und als von denen keiner auf die Ich-bin-schwanger-Masche reingefallen ist, hat sie ihren verheirateten Chef von Rostbratwürsten en gros zur Kasse gebeten.«

»Und?«

»Er hat sie geschaßt, als der Nachwuchs ausblieb, und Dario hat sie zwei Monate später geheiratet. Er war damals Messefotograf und ein rechtes Greenhorn.«

»Dario ein Greenhorn? Nie!«

»Laß dich nicht von dem Hermès-Design und den aufgesprühten Strähnchen täuschen. Der Typ klemmt.«

»Klar«, sage ich und zermuse die kandierte Rose, jetzt ist sie sowieso hinüber. »Dario ist ein Spießer und Wanda 'ne Nutte. Wenn das stimmt, ist ihnen ein Millionenvertrag bei Metro-Goldwyn-Mayer sicher, denn ich hab noch nie 'ne perfektere Küchenfee als

Wanda und 'nen bunteren Paradiesvogel als Dario Land getroffen.«

»Du bist ein Erzferkel!«

»Wie?« Ich zucke zusammen. Woher weiß sie...?

»Da!« Veras Finger tippt auf die Tischdecke vor mir, über der ich die Zuckerrose zerbröselt und sie in den Stoff einmassiert habe. Der Stengel war mit Schokolade überzogen, die weiße Decke sieht grauslich aus.

»Ach so!« sage ich und lächle erleichtert.

Meine Freundin mustert mich mißtrauisch. »Woher weißt du eigentlich plötzlich so gut über die Lands Bescheid? Du kennst sie doch nur von der Viertelstunde Konzertpause.«

Ich druckse herum, winke schließlich nach Mario, um ein klein wenig Bedenkzeit zu haben. Während Mario herbeieilt und das Tischtuch auswechselt, lege ich mir ein paar propere Sätze zurecht. Ich war zum Fotografieren bei den Lands und noch mal zum Kaffeeklatsch in Familie, das ist eine total harmlose Geschichte.

»Womit Eberhard wohl wieder passé wäre«, resümiert Vera, als ich fertig bin.

»Eberhard ist nicht passé, und Dario ist nicht in. Ich bin frei und kann tun und lassen, was ich will.«

»Und was ist das für ein Gefühl, zwei fremde Ehemänner auf einmal zu bedienen?«

Zack! Bum! Peng! Ich schnappe nach Luft. »Das müßtest du doch am besten wissen. Oder glaubst du, weil du die fremden Ehemänner hinterher selbst geheiratet hast, würd's moralischer?«

In unser Schweigen hinein serviert Mario die Pizza. Wir kratzen mit Messer und Gabel über unsere Teller. Ich schneide den Rand ab und die Mitte heraus, heute ist mir der Spinat zu mächtig, ich habe auch keinen richtigen Appetit, was nach der Völlerei von gestern nicht mal verwunderlich ist.

»Signorina!« Mario ist entsetzt und besorgt, als er meinen fast vollen Teller abräumt. Er ist es nicht gewöhnt, daß ich etwas zurückgehen lasse. Um ihn zu trösten, lasse ich mich heute auf den Grappa auf Kosten des Hauses ein. Das Zeug beißt mir im Hals, dann wird mir warm. Ich nehme noch einen zum Trost.

Vera lehnt ab.

Ich schnüffele an meinem Glas und rücke die Strohblumen in die Mitte, so erspare ich mir wenigstens ihr Mäkelgesicht. Wenn ich es mir recht überlege, nimmt sie sich für eine Freundin verdammt viel heraus. Ich habe mich schließlich nur gewehrt. Und nur, weil sie zehn Jahre älter als ich ist, braucht sie nicht Muhme Oberschlau zu spielen. Womöglich kommt sie schon in die Wechseljahre.

Heute teilen wir uns die Rechnung nicht. Jede bezahlt für sich, und als ich heimradele, überlege ich mir ernsthaft, ob ich den Montagskurs nicht gegen einen anderen Tag auswechseln soll.

Zwei Rosenkavaliere

Ich stehe auf und bin mir noch im Zweifel, wie's um meine Laune steht. Der Wettervoraussage nach zu urteilen, müßte es mir gutgehen, weil tolles Wetter angesagt ist und ich ein Sonnenmensch bin. Allerdings habe ich heute den Reim-dich-gesund-Männerkursus, in dem Oberstudienrat a. D. Meyer sitzt, den ein seinen Schülern gnädiges und mir ungnädiges Schicksal in den vorzeitigen Ruhestand befördert hat, weshalb er auf ausdrücklichen Wunsch seiner Gattin nun dichtet. Leider bei mir, und natürlich reimt er besser als alle anderen Kursteilnehmer und als ich sowieso.

Ich gehe am Eßtisch vorbei und stoppe, diesmal nicht wegen einer Matchboxautoschlange oder eines Legokonstrukts, sondern weil da dieser Busch Rosen auf dem Tisch steht. Rote Rosen. Als ich gestern abend von Mario heimkam, standen sie auch schon dort. Ohne Karte, einfach so, mit langen Stengeln und Blütenköpfen wie gemalt. Dario, habe ich spontan gedacht. Oder Eberhard? Ich habe mich an den Tisch gesetzt und die Blumen wie ein Orakel angestarrt, natürlich haben sie nichts gesagt, und also bin ich irgendwann ins Bett gegangen, wo ich wiederum nicht schlafen konnte, weil ich im Halbdämmer jedes Wort wiedergekäut habe, das zwischen Vera und mir gefallen ist. Eigentlich sind wir ja Freundinnen. Vor rund dreißig Jahren hat sie den schrägen Otto aus meinem Kindergarten verkloppt, weil der meine Glanzbilder in die Pfütze geschmissen hatte. Trotzdem!

Hinter mir tapsen nackte Füße heran.

»Benni«, rufe ich.

»Ist schon gut, ich zieh die Scheißpantoffeln gleich an.«

»Guten Morgen, Liebling! Weißt du, von wem die hübschen Blumen hier sind?«

»Ich bin nicht Liebling.« Benni kratzt sich ausgiebig. »Die hat gestern die Frau aus dem richtig guten Blumenladen gebracht.«

Die Formulierung »richtig gut« bezieht sich auf unsere familieninterne Klassifizierung der drei Blumengeschäfte in unserer unmittelbaren Nähe. Das eine ist eine Art Pflanzen-Aldi und versorgt uns supergünstig mit Erde, Dünger, Tütchensamen. Das mittlere ist Lieferant von hübschen Sträußchen für die Omis und kranke Kindergärtnerinnen. Der richtig gute Laden aber ist der für ganz besondere Anlässe und dementsprechend teuer. Wenn mein Mann mal wieder unseren Hochzeitstag vergessen hatte, kamen die Baccaras von dort. Wenn er rechtzeitig dran dachte, gab es Moosröschen aus dem Oma-Kindergarten-Laden.

»Und von wem?« frage ich weiter. »Ich meine, war kein Kärtchen dabei oder so?«

Benni zieht die Stirn kraus und steckt nachdenklich einen Finger in den Mund. »Nee, glaub nicht.« Dann strahlt er plötzlich, mein Herz hüpft, und mein Sohn verkündet stolz, daß er auch an das Trinkgeld gedacht hat, »vier Fünfer«. In mir kommt prompt die Wut hoch, daß der Blumenbote einem ahnungslosen Kind vier Fünfer, sprich zwanzig Mark abgeluchst hat. »Und was hat der Bote gesagt?« frage ich. »Die Frau hat ›Tausend Dank, kleiner Herr!‹ gesagt«, erklärt Benni stolz, düst an mir vorbei, kommt mit dem Marmeladenglas für Notfälle zurück und hält mir eine Münze hin, »so eine«. Meine Empörung fällt zusammen, denn es handelt sich um ein Fünf-Pfennig-Stück. Ich lächle zufrieden. Schließlich kann keiner von einem Fünfjährigen die korrekte Berechnung eines Trinkgelds erwarten, da zählt ausschließlich der gute Wille, und der ist da und einfach niedlich. Ich bin richtig stolz auf meinen pfiffigen Sohn, nur leider noch kein bißchen schlauer, was den Blumenspender betrifft.

Ich bringe Benni in den Kindergarten und trödele herum, obwohl ich eigentlich schon aus dem Haus sein müßte. Ein guter Lehrkörper ist ein pünktlicher Lehrkörper! Dann klingelt das Telefon, ich stürze ran, es ist Eberhard. Er fragt, ob er die Karten für die Mutter heute abend denn wirklich zurückgeben müsse.

Karten? Mutter? Ich fasse mir an den Kopf, sehe auf die Uhr. Von wem sind die Rosen, verdammt?

»In der Philharmonie«, ergänzt Eberhard.

Ich pfeife auf die Uhr und setze mich hin. »Du meinst Anne-Sophie Mutter?«

»Exakt die.«

»Wow!« Zu Konzertkarten für Anne-Sophie Mutter fällt mir nun mal nichts anderes ein. Abgesehen davon, daß diese Karten ein kleines Vermögen kosten, ist die Frau für mich ein echter Hit, weil sie es schafft, ihre Geige passend zu ihrem tollen Body und ihrem Gesicht und ihrer ganzen irren Aura jubilieren zu lassen. Die Frau ist aus einem Guß und einfach stark. Eben »wow«.

»Also?« hakt Eberhard nach.

Er hat gewonnen. Jetzt weiß ich auch, was er mich am Sonntag fragen wollte. Die Rosen sind auch von ihm, das flicht er bescheiden in einen Nebensatz ein, und in meinem Kopf wirbeln Garderobenfragen, Frisurprobleme und am Rande die Suche nach einer halbwegs glaubwürdigen Entschuldigung für mein verspätetes Eintreffen beim Dichter-Club durcheinander.

An diesem Dienstag bin ich die Größte.

Oberstudienrat a. D. Meyer hat sich krank gemeldet. Ein Kollege möchte dringend mit mir tauschen und übernimmt meine letzte

Unterrichtsstunde, womit mein Friseurtermin klargeht. Mein schwarzes Latexkleid sitzt wie eine zweite Haut, zum Glück habe ich gestern kaum etwas von dem Spinat gegessen und keinen Blähbauch, sogar Benni findet, daß ich »akzeptabel« aussehe. Und Eberhard ist hin und weg von mir. Ich bin hin und weg von Anne-Sophie Mutter und ein bißchen auch von Eberhard. Als er mich hinterher in eine stinkfeine Cocktailbar hoch über den Dächern Kölns mit Blick auf die Domspitzen führt, muß ich sogar ein paarmal an die neue bequeme Couch in Eberhards Praxis denken, die wir noch immer nicht eingeweiht haben. Nur kann ich ihn schlecht als erste fragen, ob er denn nicht…

Nachts schlafe ich schon wieder unruhig, aber diesmal sitzt der Herd für meine Unruhe nicht im Kopf.

Am Mittwoch ruft mein Urologe schon bei uns an, als ich noch bei meinen Dichterlingen festhänge. Das erweist sich als fatal, weil er meinen Sohn fragt, ob die Bilder von Sonntag schon fertig seien. Natürlich sind sie nicht fertig, weil wir ja gar keine gemacht haben, was Benni prompt verrät. Und natürlich fragt er mich, warum ich den »Doktor Eberhard« denn beschwindelt hätte. Instinktiv bin ich sauer auf den Doktor Eberhard, weil der mich beim Lügen ertappt hat. Was gehen ihn meine Familienfotos an, wo er sich doch nicht mal um die abgesprungene Fahrradkette von Benni gekümmert hat. Dementsprechend kühl melde ich mich auch, als er wieder anruft, schlage aber wie tags zuvor stimmungsmäßig rasch zu seinen Gunsten um, weil er meine Notlüge dezent ausklammert und statt dessen vorschlägt, heute doch mal in Familie zu machen und mit Benni in den Königsforst zu fahren, wo er den Bengel mit seiner Nikon fotografieren könne. Was ich ganz schön clever finde und akzeptiere. Es wird ein schöner Nachmittag, an dem ich viel Muße habe und zwei Stücke Käsekuchen nach Hausfrauenart in einem Waldcafé verputze, während die beiden »Männer« im Dikkicht stöbern. Hinterher fahren wir alle zusammen in die Praxis, um die gesammelten Blätter, Blüten und Insekten mikroskopisch zu untersuchen. Mein Sohn ist hellauf begeistert. Die neue Couch bleibt wieder unberührt. Heute abend nehme ich Baldriantropfen gegen die Unruhe.

Als Eberhard am Samstag endlos mit mir am Rhein entlangpromeniert, nachdem ich ihm klargemacht habe, daß Benni leider auch mal zu seinem Vater müsse, und mich hinterher auf den Domterrassen fragt, ob ich schwimmen gehen möchte, reißt mir schließlich die Geduld.

»Ich glaube, wir müßten mal in deine Praxis«, sage ich und sauge mit einem lauten Gurgler die Eiskugel in meinem Eiskaffee an, »ich könnte da nämlich neulich meine Haarspange vergessen haben.«

»Brauchst du sie dringend?« fragt Eberhard und saugt genauso unmanierlich wie ich, was bei ihm jedoch weitaus ernster zu bewerten ist. »Sonst könnte ich ja am Montag mal nachsehen.«

»Sapperlot!« Mein Strohhalm flitscht mir aus dem Mund, versprüht Eis-Kaffee-Nebel, egal. »Bist du so blöd, oder hast du keinen Bock?«

Am Nachbartisch wird es leise. Eberhard wischt sich über sein Hemd, bevor er bedächtig zu seiner Antwort ansetzt: »Ich wäre schon bereit, nur darfst du mir dann hinterher nicht wieder sagen, es ginge mir nur um das eine.«

Am Nachbartisch wird es mucksmäuschenstill.

Ich grinse, stehe auf und ziehe Eberhard mit hoch. Die beiden Köpfe nebenan gehen ebenfalls hoch, wie an zwei unsichtbaren Strippen gezogen. Ich beuge mich leicht zu ihnen hinab und flüstere: »Wir spielen jetzt ›Klammer-Klammer-wo-bist-du‹, alles klar?« Die beiden Köpfe senken sich entrüstet. Eberhard verkneift sich jeden Kommentar, was ich ihm hoch anrechne.

Wir fahren also los, weihen die Couch angemessen ein, und diesmal vergißt Eberhard sogar den Kontrollgang hinterher, vielleicht hat er auch einfach keine Zeit. Wir sind nämlich eine Stunde über der Zeit.

Dann kommt der Sonntag. Sonntag ist tote Hose. Sonntags gibt es für einen Ehemann keine Chance, sich daheim fortzuschleichen.

Benni und ich hängen schon wieder am Rand unseres Sonntagslochs: keine Brötchen, keine Freunde und obendrein noch tolles Wetter.

Bis Wanda anruft und vorschlägt, heute das Fotografieren nachzuholen, weil wir das doch letzte Woche glatt vergessen haben. Ich stimme ihr zu, verschweige die Fotoaktion im Königsforst und entscheide mich für nackte Beine in kurzen Bermudas. Wandas Beine sind sehr weiß und dünn, außerdem hat sie Krampfadern. Plötzlich paßt alles zum Wetter. Dario holt uns wieder ab und fährt uns abends wieder heim, wir wippen zu »If you're going«, es ist alles wie am Sonntag zuvor, nur daß wir diesmal Raclette gegessen haben und Dario wirklich Fotos gemacht hat, aber erst, nachdem Benni von Eberhards Knipserei erzählt hat. Dario hat daraufhin einen Schwarzweißfilm eingelegt und war mindestens eine Stunde zugange, sehr ernsthaft, erst hinterher hat er sich wieder für die Flaumhärchen auf meinen Armen und die kitzeligen Stellen an mir interessiert. Auch diesmal begleitet er uns in unsere Wohnung hoch, schließt für mich auf und übergibt Benni die Playmo-Farm, die Marie ihm geschenkt hat, dann verabschiedet er sich genauso hölzern wie letztes Mal. Komisch! Ich brauche keine Krokanteier zum Einschlafen mehr, dafür begleiten mich ein Asketenkopf mit Flaumhaar und ein dunkler Schopf mit zwei markanten hellen Strähnen in den Schlaf. Ob die wirklich aufgesprüht sind?

In der folgenden Woche sind die Kinderbilder fertig. Eberhard präsentiert mir sehr stolz seine gestochen scharfen Farbfotos, die man glatt bei einem Fotowettbewerb für »Papis kleiner Liebling« einreichen könnte, nur daß er nicht der Papi ist. Ich komme nicht umhin, ihm die Konkurrenzbilder zu gestehen, woraufhin wir am Samstag gemeinsam zu den Lands fahren, zwecks Bildervergleich und auf ein Glas Wein. Beim Anblick von Darios Fotos wird das Gesicht meines Urologen wieder sehr asketenmäßig. Natürlich hat er keine Chancen gegen einen Profi, zumal Dario diesmal einen in künstlerische Fotografie gemacht hat, schwarzweiß mit unglaublichen Lichteffekten, welche die Pausbacken von Benni noch kugeliger und das Elfengesicht von Marie noch zarter erscheinen lassen. »Wow!« sage ich, und Eberhard zieht seine Fototasche vom Tisch. Trotzdem verabreden wir uns für die folgende Woche zum Abendessen im »Goldenen Pflug«, der zum Feinsten gehört, was Köln kulinarisch zu bieten hat. Die Initiative geht seltsamerweise von Eberhard aus, und auf der Heimfahrt erklärt er mir, daß wir uns schließlich für die Mühe revanchieren müßten, die Herr Land sich gemacht hat, da er doch noch nicht einmal etwas fürs Entwickeln der vielen Fotos annehmen wolle. Ich verkneife mir die Frage, was dieses »Uns« soll, schließlich leben Eberhard und ich weder budgetmäßig noch sonstwie zusammen.

Tatsächlich besteht mein Liebhaber am folgenden Freitagabend darauf, die Zeche zu übernehmen, die gigantisch ist. Dario blinzelt mir zu und winkt den Rosenverkäufer heran, sichtet dessen Ware und überreicht mir schließlich eine wunderschöne rote Rose, »dann darf ich dir wenigstens diese Rose schenken«. Ich schnuppere an der Blüte, die nach nichts riecht. Eberhard fährt sich durch sein Flaumhaar und legt sämtliche Geheimratsecken bloß. Wanda zückt eifrig ihr Portemonnaie, das im Format der Geldtasche einer Kassiererin ähnelt. Dario winkt ab: »Die Rose für meine Freundin bezahle ich, Liebling!« Wanda steckt ihre Geldtasche wieder weg. Nachdem wir uns von den Lands verabschiedet und uns gegenseitig mehrfach versichert haben, was für ein überaus gelungener Abend das doch war, »wiederholungsbedürftig!«, eifriges Nicken, setzt Eberhard mir auseinander, warum er diesen finsteren Gestalten mit den Rosenbüschen grundsätzlich nichts abkauft. Die reinste Mafia, die legen die Dinger bei sich zu Hause in der Badewanne auf Eis und verkaufen sie quasi schockgefroren zu Wucherpreisen, ein paar Stunden später machen sie schlapp, eigentlich kann man sie sofort wegwerfen. Ich nicke, lasse mich zum Abschied küssen, mehr ist wegen Hedwig nicht drin, und versorge Darios Rose liebevoll mit Wasser, einem Kupferpfennig und einer Prise Blumenfrisch, falls das Geheimrezept von meiner Oma nicht ausreicht.

Am nächsten Morgen klingelt mich der Blumenbote aus dem Bett und überreicht mir zwanzig fast schwarze Rosen, die sehen geradezu unheimlich aus, aber natürlich sind sie makellos. Darios Rose macht trotzdem nicht schlapp, sie hält sogar zwei Tage länger als der Busch von Eberhard, was an dem Geheimtip meiner Oma liegen mag: Immer einen Kupferpfennig mit ins Blumenwasser geben! Leider hatte ich nur noch einen.

In diesen Wochen verändert sich mein Leben von Grund auf. Zu dem festen Mittwochnachmittag und Samstagvormittag mit Eberhard gesellen sich auch noch zwei Abende. Seitdem ich beiläufig erwähnt habe, daß ich freitags grundsätzlich auf Achse bin, ist mein Urologe stets mit von der Partie. Wie er das mit Hedwig regelt, ist mir zunächst ein Rätsel. Per Zufall erfahre ich von seiner Sprechstundenhilfe, daß er offiziell an einer Wochenendfortbildung teilnimmt. Sonntags ist keine Fortbildung mehr, sonntags steht Hedwig auf dem Programm. Jeden Sonntag pünktlich um zwölf holt Dario Benni und mich ab, dagegen ist Eberhard machtlos, denn schließlich macht er auch anderweitig in Familie. Benni scheint ebenfalls keine Probleme mit diesem neuen Leben zu haben. Er findet Eberhard »okay« und interviewt ihn in allen naturwissenschaftlichen Belangen. Manchmal nehme ich es meinem Geliebten glatt ab, daß er Benni mag, er hat ihm sogar sein altes Mikroskop geschenkt und erklärt ihm stundenlang, wie man Schnitte und Kulturen und weiß der Geier was sonst noch anlegt. Im Moment schwankt Benni, ob er Forscher oder Künstler wie Dario werden soll. Er mag Dario sehr. Ich auch. Neulich hat mein Sohn Maries Vater allerdings in die Hand gebissen, obwohl wir eigentlich alle munter miteinander herumgealbert haben und sehr lustig waren. Ich hatte Dario gefrotzelt, er hat mich durch den Garten gejagt, gefangen und über die Wiese gekugelt, die Kids haben sich an uns gehängt, ab und zu hat Darios Hand sich unter meine Bluse verirrt, beim Rumbalgen kann das passieren. Plötzlich hat Benni zugebissen, einfach so. Mir war das sehr peinlich, Dario hat abgewinkt, und Marie hat mich sehr nachdenklich angesehen, das war mir auch unangenehm. Wanda muß die Szene von der Terrasse aus beobachtet haben, denn sie kam gleich mit ihrem Erste-Hilfe-Koffer angerannt, sauer war sie aber nicht.

Neuerdings fragt sie häufig nach Eberhard. Sie findet, daß er ein »netter Kerl« ist, so »bodenständig und ausgeglichen«. Möglicherweise hat sie sogar recht, jedenfalls ist mein Urologe das genaue Gegenteil von Dario. Es ist nicht übel, zwei Männer zu mögen, die so verschieden sind. Ich mag sie wirklich alle beide. Ich mag ja auch Reibekuchen mit Kaviar dazu. Lecker!

Als Wanda anruft, um zu fragen, ob sie für Eberhard eine Karte zu Maries Ballettaufführung am Sonntag mitbestellen soll, fällt mir so richtig auf, daß er nun irgendwie zu mir gehört. Aber natürlich nicht fest, weil der Sonntagnachmittag nach wie vor Hedwig gehört, was ich Wanda auch klipp und klar sage.

»Schade«, antwortet sie, »dann holt Dario dich und Benni eben wie gewohnt allein ab.«

»Das ist nicht nötig«, sage ich höflich.

»Dario will es so.«

»Und du?« frage ich und bibbere innerlich, weil ich fürchte, Wanda könnte unsere Sonntagsidylle leid sein. Immerhin ist Dario ihr Ehemann.

Wanda lacht, es ist ein merkwürdiges Lachen, was aber auch an der Amtsleitung liegen mag. Die verzerrt Töne. »Wenn du kommst, ist Dario wie ausgewechselt«, sagt sie nach dem Lachen.

»Und wie ist er sonst?«

»Sonst? Sonst ist Dario unleidlich, weil ich alles falsch mache. Er ist natürlich perfekt.«

»Er lobt dich über den grünen Klee.«

»O ja, ich bin die Küchenfee und Liebling, Schatz, Darling.«

»Warum putzt du dich selbst herunter?«

»Mein Therapeut nennt das Autoaggression.«

»Ich find dich nicht aggressiv.«

»Dario sagt, daß ich aggressiv auf Frauen reagiere, die Erfolg haben.«

Meint sie mich? Ich halte vorsichtshalber den Mund. Der Therapeut gibt mir sowieso zu denken. Sie präsentiert ihn mir wie andere Frauen ihren Friseur oder Metzger. Aber Selbstzerstörung ist schließlich keine Dauerwelle oder 'ne Scheibe Wurst, oder?

Wanda redet trotzdem weiter: »Für Dario bist du eine Karriere-frau. Er hat ein Faible für dich.«

»Blödsinn!« Bumbudibum! Mir klopft das Herz bis zum Hals.

»Dann bis morgen. Ich freue mich.« Wanda legt auf.

Also holt Dario Benni und mich wie üblich ab. Ich sitze neben ihm in dem Jeep, den er bei gutem Wetter fährt, lasse mich durchrüt-teln und durchpusten und einlullen: »If you're going...« Benni sitzt hinter uns. Er hat sich die Stöpsel von seinem Walkman in die Ohren gestopft und hört Benjamin Blümchen.

»Schön?« fragt Dario und sieht zu mir herüber. Seine Hand folgt, ganz kurz nur, dann hämmert sie wieder im Takt auf den Lenker. In mir drin hämmert's auch. Dario hat ein Faible für mich, das sagt sogar seine Frau.

»Wunderschön.« Ich dehne mich wohlig, die nächste Bodenwelle schleudert mein Becken hoch und runter, er beobachtet mich. Im Seitenspiegel erwische ich mein Gesicht, mit wild flatternden Haa-ren und Weichzeichner in den Augen, so als säße ich wieder bloß im Hemdchen da.

»Ich könnte dich ewig ansehen«, sagt Dario.

»Sie ist schon vierunddreißig«, ruft Benni von hinten. Er hat sich die Stöpsel aus den Ohren gezogen.

Ich wickle mir eine extra dicke Haarsträhne um den Finger und suckle drauflos.

»Eigentlich sollte sie in dem Alter nicht mehr an den Haaren lut-schen, wie?« Bennis Augen tauchen im Rückspiegel auf.

Dario fährt sich durch die weißen Blocksträhnen in seinem dunk-len Haar, vielleicht sind die doch kein Modegag.

Ich fahre zu Benni herum. »Du neunmalkluger kleiner Schwätzer, kannst du vielleicht mal den Mund halten?«

»Hab ich was Falsches gesagt?« Mein Sohn grinst und sieht wieder Dario an. »Ist Wanda eigentlich jünger als Muddel?«

»Jeder ist so jung, wie er sich fühlt«, antwortet Dario.

»Steht bei meiner Oma auf dem Kalender«, sagt Benni. Diesmal gebe ich ihm recht, inhaltlich, versteht sich.

In der Aula, in der Maries Ballettaufführung stattfindet, geht es turbulent zu. Wanda ist mit Marie schon vorgefahren. Zum Kostümieren, Schminken und Plätzefreihalten. Sie winkt uns aufgeregt aus der ersten Stuhlreihe zu; sie hat rote Flecken vor Aufregung, trotzdem finde ich sie heute sehr hübsch. Dario küßt sie und begrüßt gemeinsame Bekannte. Sein ewiges »Liebling« nervt. Ich will Benni auf den Schoß nehmen, damit er gleich besser sieht, aber er will nicht.

Dann geht der Vorhang auf. Marie tanzt das »Schneewittchen«. Der schmale Körper, der zu Hause über die Holzdielen und die Treppe poltert, »Marie, hör sofort mit dem Getrampel auf!«, wirkt sehr leicht. »Patzer!« murmelt Wanda neben mir, ich sehe erstaunt zu ihr hin, weil mir kein Fehler in Maries Tanz aufgefallen ist. Wanda hat die Hände total komisch verknotet, die Fingerknöchel treten weiß hervor. Sie zuckt noch dreimal zusammen und flüstert »Patzer« und »Das haben wir doch so oft geübt«, aber ich bin sicher, daß niemand außer ihr etwas gemerkt hat.

Es gibt mehrere Vorhänge. Marie verbeugt sich, und Wanda klatscht wie verrückt. Dario klatscht auch. Seine Augen sind feucht. »Meine Tochter«, sagt er, und dann legt er seinen Arm um Wandas Schulter, sie lehnt sich an ihn und verkündet, daß die Plackerei sich nun doch gelohnt habe. Der Stolz platzt ihnen aus allen Knopflöchern. Ich find's übertrieben, schließlich geht es um eine Schüleraufführung und um den Spaß.

Marie kommt im Kostüm und geschminkt aus der Kulisse gelaufen: »Wie war ich?«

»Bis auf die Stelle…« Wanda beugt sich vor und redet leise weiter, vermutlich erläutert sie nun die »Patzer«.

»Du warst Spitze«, sagt Benni und schiebt Wanda ein Stück beiseite.

»Große Klasse«, stimme ich zu.

»Unsere Königin war besser«, findet Marie.

»Ach was.« Benni streckt sein Stippbäuchlein vor, watschelt entenmäßig und ruckt steif mit dem Kopf. »Die war doof, 'ne richtig arrogante Zimtzicke, von wegen ›Schönste im ganzen Land‹.«

»Meine Haare sind aber falsch, im Märchen heißt es schwarz wie
Ebenholz.« Marie hält meinem Sohn eine mittelbraune Haar-
strähne hin, die dieser in die Hand nimmt und fachmännisch be-
gutachtet. »Nee«, sagt er, »du bist ja ein modernes Schneewitt-
chen, Ebenholz ist ein alter Hut.«
»Wirklich?«
»Wirklich«, sagt Benni. Dann toben die beiden davon.
»Göttlich«, findet Dario.
»Hoffentlich paßt Marie auf ihr Kostüm auf«, sorgt sich Wanda.
»Wer von euch beiden ist eigentlich das Tanzgenie?« frage ich ha-
stig dazwischen. »Von einem von euch beiden muß sie das doch
haben.«
»Früher galt ich als sehr begabte Tänzerin«, antwortet Wanda.
»Sie kennt jeden Schritt«, sagt Dario.
»Ja«, stimmt Wanda ihm zu, »nur habe ich keine Chance gegen
einen, der von der Blocksträhne bis zum kleinen Zeh swingt.
Stimmt's, Darling?«
»Man muß Kritik vertragen können, wenn man sich steigern will.«
Dario sieht nun mich an: »Wir gehen nämlich einmal die Woche
im Bürgerzentrum tanzen.«
»Vielleicht hätte Sarah Lust, mitzukommen.« Wanda sieht ihren
Mann an.
»Es ist ein Kurs für Ehepaare«, antwortet Dario unwillig.
»Wir könnten abwechseln«, schlägt Wanda vor, »bestimmt hättest
du mit Sarah keine Probleme«, ihr Blick wechselt zu mir hin: »Du
bist natürlich kein Roboter wie ich.«
»Ich bin 'ne Tanzniete«, wehre ich ab, »und außerdem nicht paa-
rig.« Ich blitze Dario an.
»Du könntest Eberhard mitnehmen«, schlägt Wanda vor.
Dario verzieht spöttisch die Mundwinkel.
»Okay«, sage ich, »ich frag ihn.«

Ich tu's. Ich erzähle von dem Ehepaartanzkurs der Lands und
Wandas Vorschlag, sich mit mir bei Dario abzuwechseln: »Mittwochs kannst du ja sowieso nicht, da habt ihr ja Heimsauna.«

Eberhard findet die Idee mit dem Abwechseln abstrus und will sehen, was sich in puncto Mittwochabend machen läßt. Eine Woche später gehört der Mittwochabend uns. Poor Hedwig! Vielleicht hat Eberhard noch eine zusätzliche Fortbildungsveranstaltung für Urologen entdeckt, aber das ist nicht mein Problem.

Wir beginnen mit einem langsamen Walzer. Das Lied gefällt mir, Bläck Fööss zum Walzerlernen, toll! Ich komme richtig in Schunkellaune und will loslegen, aber Eberhard bremst mich. »Das ist ein langsamer Walzer«, sagt er und zieht das Wort »langsam« in die Länge, als könnte ich nicht bis drei zählen. Er findet noch mehr an mir zu bemängeln. Ich federe nicht genug in den Knien, ich wackele zu sehr mit den Hüften, meine Füße setze ich schlampig auf. Als ich von ihm abrücke, um zu demonstrieren, daß mit meinen Schritten alles okay ist, komme ich prompt aus dem Takt, woraufhin die Tanzlehrerin herbeieilt und mir klarmacht, daß mein Partner das exzellent mache und ich mich doch bitte seiner Führung überlassen möge: »Es führt immer der Herr!« Eberhard lächelt, ich zische: »Beim Tanzen vielleicht!« Als nach fünfundvierzig Minuten endlich Pause ist, bin ich fix und alle.

»Wie war's?« fragt Wanda, die mit mir auf die Toilette geht, während die Herren Getränke besorgen.

»Laut Eberhard mache ich alles falsch.« Ich schiebe den Wasserhebel so heftig hoch, daß es spritzt.

Wanda lächelt. »Das kenne ich. Der normale Paarstreß.«

»Nur daß wir nicht verheiratet sind«, sage ich, »woher nimmt er das Recht?«

»Immerhin ist es ein Ehepaarkurs.« Wanda beugt sich vor und zieht mit sicherer Hand ihren Lidstrich nach, korrigiert die Lippenkontur, pudert, perfekt. »Willst du?« Sie hält mir ihre Puderquaste hin.

»Ich schminke mich nie«, sage ich, sehe mich neben ihr im Spiegel und strecke die Hand aus: »Heute doch.« Mein Gesicht ist rot, an den Schläfen schlägt meine Naturkrause voll durch. Igitt!

»Wir könnten ja tauschen«, schlägt Wanda vor.

Ich bin einverstanden. Nach der Pause trete ich mit Dario an. Ich bin nervös und sage mir leise vor, daß die Hüften ruhig bleiben und die Knie federn müssen und daß immer der Herr führt, das vor allem. Dario legt den Arm um mich. Wieder langsamer Walzer. Langsam, aus den Knien federn, Hüften ruhig halten, und dann ist mein Kopf leicht, ich lehne mich zurück, meine Füße gehorchen wie von selbst, klar führt der Herr, und ich schwebe. Tanzen macht Spaß! Mit dem richtigen Partner!

Als die Tanzstunde zu Ende ist, hat Wanda knallrote Backen, und zum erstenmal erlebe ich, daß ihr knatschblaues Augen-Make-up zerfließt. Die Ärmste!»Toll«, sagt sie, »einfach toll. Dein Eberhard tanzt mit einer Leichtigkeit, ich wußte ja gar nicht, daß er sogar Turnier getanzt hat. So macht Tanzen Spaß.«

Die Wände sind verspiegelt. Ich sehe uns in dem Spiegel gegenüber. Bestimmt sind es billige Spiegel, die verzerren schon mal, denn es gibt überhaupt keinen Grund für Dario und mich, so komisch dreinzusehen. Natürlich ist dieses selige Lächeln der beiden anderen auch überzogen. Ich bin keine Ehefrau mehr!

Der Teufel muß mich geritten haben, hierher zu kommen.

Frauen sind
was Sonderbares

Als ich von meinem Dichterclub heimkomme, klingelt das Telefon. Ich bleibe einen Moment lang stehen, vielleicht hört das Gebimmel ja sofort wieder auf. – Es hört nicht auf.

Ich knalle meine Tasche auf den Marmortisch und nehme den Hörer ab. Es ist Wanda, aber ich verstehe nicht, was sie sagt, weil ihre Worte von Maries Klavierübungen übertönt werden. Marie scheint wieder einmal im Clinch mit ihrer Mutter zu liegen, denn sie haut in die Tasten und tritt aufs Pedal, als ob sie das Instrument mit bloßen Händen und Füßen kleinkriegen wollte.

»Ich versteh nichts«, brülle ich. Als ob es nicht reichte, daß mein Oberstudienrat a. D. Meyer wieder gesundet ist und meine Periode zwei Tage zu früh eingesetzt hat und ich mich mit Papiertaschentüchern pampern mußte, soll ich mir nun obendrein noch via Telefon Wandas Zoff mit Marie reinziehen. Ich habe Wanda beinahe im Verdacht, mich absichtlich zur Zeugin ihres tragischen Schicksals zu machen. Schließlich könnte sie ja auch mal anrufen, wenn Marie in der Schule ist, gerade nichts auf dem Herd anzubrennen droht und Dario nicht auf seine frisch ausgepreßten Vitamine wartet.

Das Klavierhacken pausiert. Ich verstehe: »Hast du nicht Lust, heute abend mit Dario in die Philharmonie zu gehen?« Dann setzt das Klavier wieder ein, diesmal mit dem Flohwalzer, was Wanda erneut einen Wutschrei und Tiraden über den Umgang mit einem hochwertigen Musikinstrument entlockt.

»Es ist Freitag«, brülle ich zurück und ärgere mich schon wieder, weil Wanda genau weiß, daß mein Freitagabend Eberhard gehört.

»Es sind aber ganz tolle Karten«, schreit Wanda zurück. Diesmal zerfetzt sie mir fast das Ohr. Offensichtlich hat Wanda noch nicht mitbekommen, daß der Klavierdeckel zugerumst ist. Ohne Klavierbegleitung übertrifft ihre Schreistimme jede Kreissäge.

»Es ist aber DEIN Mann«, kontere ich und taste nach meinem papiertaschentuchgefütterten Schritt, ob schon etwas durchsickert.

»Wieso gehst DU nicht mit?«

»Ich sterbe«, stöhnt Wanda.

Ich verkneife mir gerade noch ein »Wieder mal«. Seit ich Wanda kenne, »stirbt« sie eigentlich ständig. Immer tut ihr etwas weh, die Mandeln, der Kopf, die Bandscheibe sowieso. Diese Wehwehchen scheinen es auf alle tollen Extras in Wandas Leben abgesehen zu haben. Mitten in einem delikaten Essen krümmt sie sich. Im Theater bekommt sie Schüttelfrost. Sie kann von jetzt auf gleich kalkweiß werden. Wenn sie mit den Zähnen knirscht, könnte ich sie umbringen.

»Dann geh endlich zum Arzt«, sage ich. Wenn ich nicht gleich aufs Klo gehe, bin ich durchgelaufen.

»Dario hält nichts von Ärzten. Er findet, ich soll mich nicht so anstellen.«

Finde ich auch, sage ich aber nicht. »Es ist dein Körper, und wenn du meinst, es geht dir dreckig, dann mußt du verdammt noch mal zum Arzt gehen.«

»Dario bezahlt die Rechnungen. Er bezahlt alles.«

»Ich hab ihn noch nie über Geld jammern hören.«

»Du hörst nicht alles. Er wollte auch nicht, daß ich zu meinem Therapeuten ging. Der hat zweihundertsiebzig Mark die Stunde genommen, weil wir privat versichert sind.«

»Aber du bist hingegangen.«

»Ja. Mein Therapeut war süß.«

»Süß?« Sie hat einen an der Waffel, manchmal glaub ich das wirklich.

»Weißt du, was mein Therapeut gesagt hat?«

»Nee!« Aber daß mein Rock gleich ruiniert ist, weiß ich. Helles Leinen, vorsichtshalber stelle ich mich hin.

»Er hat mir klargemacht, daß ich super bin. So, wie ich bin.«

»Sicher.« Für zweihundertsiebzig Mark die Stunde würde ich sogar meinem Herrn Oberstudienrat a. D. Meyer erzählen, daß er super ist, so wie er ist.

»Ich weiß, du kannst mich natürlich nicht super finden.«

Wieso weiß sie? »Quatsch!« sage ich hastig.

»Kein Quatsch! Es ist verdeckt, hat mein Therapeut gesagt.«

»Ah ja!« Ich will's nicht wissen, ehrlich nicht.

»Er hat mir klargemacht, daß Dario mein Problem ist.«

»Du, Sarah, ich müßte mal ganz dringend…«

»Damals vor acht Jahren hätte ich Dario fast verlassen«, unterbricht sie mich, »Maria war noch ein Baby.«

»Vor acht Jahren«, wiederhole ich erleichtert, »dann ist das ja alles Schnee von gestern.«

»Ich hätte schon mal ein Baby haben können. Ich habe es wegen Dario abtreiben lassen.«

Sie lügt. Es war das Kind von 'nem anderen. Sie war das Messeflittchen. Ich bleibe stumm.

»Glaubst du mir nicht?« fragt sie.

»Es geht mich nichts an«, sage ich.

»Dario wünscht sich noch immer ein Baby.«

»Scheiße!« Ich klemme die Schenkel zusammen, jetzt spüre ich es laufen, klebrig und feucht und eklig.

»Ja«, sagt Wanda, »das finde ich auch.«

»Nee, ich mein was anderes, mir ist gerade 'ne Schweinerei passiert. Ich muß wirklich...«

»Dario findet, daß du eine wunderbare Mutter bist. Er sagt, daß du bestimmt auch mit einem ganzen Dutzend Kinder prima klarkämst.«

»Klar. Fehlt nur der Papi zu den fehlenden elf.«

»Du brauchst keine Ehe. Du nicht!«

»Du bist einfach momentan schlecht drauf, Wanda«, sage ich betont forsch. »Geh zum Arzt, kauf dir 'nen hübschen Fummel, gönn dir was! Du wirst sehen...«, ich brabbele nonstop, vergesse sogar das Geklebe zwischen meinen Beinen und gebe Wanda zuletzt sogar die Telefonnummer von meinem Arzt, mit dem ich seit vielen Jahren befreundet bin. Vielleicht nicht mehr lange. Heinz ist einer von der Sorte »Hosen runter, her mit dem Geschwür!« und verabscheut zickige Weiber. Er wird mich verfluchen, daß ich ihm Wanda auf den Hals hetze.

Wanda bedankt sich überschwenglich. Und ich bin so happy, daß sie endlich mit ihrem seltsamen Gerede aufhört, daß ich ihr auch noch die Adresse von dem Heilpraktiker gebe, bei dem ich mit Benni zur Bachblütendiagnose war.

Dann rase ich ins Bad. Natürlich ist die Ferkelei perfekt, und während ich mich und meine Wäsche wasche, klingelt auch noch Benni, der unten bei Frau Olfe war. Ich mache ihm auf, er mosert herum, warum, weiß ich nicht, und gerade als ich in den voluminösen Baumwollschlüpfer steige, den ich nur an den bewußten Tagen trage, brüllt Benni »Telefon!«.

Wenn es noch einmal Wanda ist, bringe ich sie wirklich um.

Benni hält mir den Hörer entgegen, aber als er mich sieht, nimmt er den Hörer wieder ans Ohr und gluckst »Du solltest sie mal sehen, sie hat eine Unterhose wie 'n Zelt an, sie sieht echt geil aus« hinein.

Ich reiße meinem Sohn den Telefonhörer aus der Hand. Mir schwant, wer dran ist. Ich behalte recht. Eberhard fragt, ob alles mit mir okay ist. Ich empfinde das als dreiste Anspielung auf meine Baumwollunterhose. Die geht ihn nichts an, verdammt. »Ich menstruiere«, antworte ich spitz, »gehörst du vielleicht zu den Männern, die der Meinung sind, daß Frauen in dieser Zeit grundsätzlich nicht okay, sondern labil, befleckt und häßlich sind?«

»Medizinisch betrachtet…«, beginnt Eberhard, weiter kommt er nicht, denn ich falle ihm ins Wort.

»Weißt du, wo du dir deine Medizin hinstecken kannst?« schreie ich.

»In den Hintern«, schreit mein Sohn begeistert und läßt sein Feuerwehrauto mit eingeschalteter Sirene über meinen hochempfindlichen Marmortisch brettern.

»Der Tisch, du Spinner!« Ich grapsche nach Bennis Lieblingsauto, drehe mich um und stelle das Auto hoch oben auf meinen antiken Schrank. Dort kommt Benni nicht einmal mit der Trittleiter dran. Strafe muß sein! Als ich mich wieder umdrehe, steht Benni da mit meiner guten Ledertasche, in der ich die Dichtkunst meiner Schüler und meine Unterrichtsvorbereitungen transportiere, weil ich Aktenkoffer ätzend finde.

»Läßt du wohl meine Schultasche los!« Ich hechte auf ihn zu.

»Die kassier ich«, mein Sohn hält fest, »die hast du nämlich auf den Marmortisch geknallt, und jetzt ist ein dicker Katscher an der Stelle.«

Ich drehe mir eine Haarsträhne um den Finger, wo er recht hat, hat er recht. Also rücke ich die Feuerwehr im Tausch gegen meine Tasche wieder heraus. Als ich am Telefon vorbeikomme, quaken mir seltsame Laute entgegen. Eberhard habe ich glatt vergessen. Behutsam nehme ich den Hörer vom Schreibtisch und lege ihn ganz, ganz leise auf den Apparat zurück. Die Quaklaute verstummen.

»Geil!« sagt Benni.

Ich blitze ihn an.

»Gut, daß es noch kein Bildtelefon bei uns gibt.« Benni grinst meine Baumwollenen an und bückt sich, im nächsten Moment schießt die Feuerwehr auf mich zu, TATÜTATÜ...

»Weißt du, was du bist?« frage ich.

»Dein Sohn«, antwortet Benni, und ich sehe zu, daß ich schleunigst zurück ins Bad komme und wenigstens in der Rückansicht ernst bleibe. Benni ist ein Pfiffikus! Für seine fünf Jahre läuft sein Mundwerk wie geschmiert.

Natürlich verbringe ich den Abend trotzdem gemeinsam mit Eberhard. Er kommt einfach um sieben vorbei, bewaffnet mit einem Strauß Rosen, so als ob es in diesem »richtig guten« Blumenladen keine einzige andere Sorte gäbe. Meinen Anfall am Telefon erwähnt er mit keinem Wort, er klammert auch das Bett aus, statt dessen wedelt er mit Karten für irgendein Gastspiel, die er über einen dankbaren Patienten in letzter Minute organisiert hat. Eigentlich ist mir kein bißchen nach Gastspiel, überhaupt habe ich meinen Urologen im Verdacht, daß er soeben die Schongangnummer für zickige Menstruationsweibchen abzieht. Wenn das zutrifft, würge ich ihm heute abend noch eins rein.

Erst im Parkhaus registriere ich, daß unser Gastspiel in der Philharmonie stattfindet. Ich kichere los, woraufhin Eberhard mir seinen Oberlehrerblick zukommen läßt, dann aber ebenfalls die Mundwinkel hochzieht, meinen Arm ergreift und mir mitteilt, daß er sich freue, mich wieder »wohlauf« zu sehen. Wenn wir nicht in diesem Strom festlich gekleideter Kulturkonsumenten eingekeilt wären, würde ich ihm glatt eins auf seinen Asketenschädel donnern.

An der Garderobe höre ich jemanden meinen Namen rufen. Es ist Darios Stimme. Mein Lächeln wird breit, das von Eberhard schrumpft. Mit Dario hat er bestimmt nicht gerechnet, als er die Scheinchen für unser Gastspiel springen ließ. Ich seit der Tiefgarage schon, obwohl es ein Glückstreffer ist, sich ohne feste Verabredung in einem Konzerthaus dieser Größe zu treffen.

»Hi, das ist aber 'ne tolle Überraschung!« Ich strahle Dario an und begegne meinem eigenen Smilie in der nächsten Spiegelsäule. Ich hätte doch ein bißchen Rouge auflegen sollen, an diesen Tagen bin ich immer so käsig.

»Hinreißend!« tönt Eberhard neben mir, verwirrt sehe ich zu ihm hin. Aber er meint nicht mich, sondern Wanda, die in einem zugegebenermaßen aufregenden Kleid steckt, das von oben bis unten mit Pailletten bestickt ist. Natürlich ist dieses Kleid reichlich übertrieben für ein Konzert.

»Das verdanke ich Sarah.« Wanda lächelt, wie üblich bleckt sie ihr wunderschönes und vermutlich beim teuersten Zahnarzt Kölns überkrontes Gebiß. Ihr Augenblau strahlt azuren wie immer, nur daß es heute zu diesem Glitzerkleid weniger starr wirkt, was aber auch an der schmeichelhaften Beleuchtung liegen mag.

»Quatsch!« sage ich.

»Kein Quatsch!« Sie küßt mich rechts und links und noch einmal rechts, der Duft von teurem Parfüm umweht mich. In der Eile habe ich komplett vergessen, mich einzusprühen. Alles, wonach ich selbst riechen kann, ist Kinderseife vom Aldi und No-name-Handcreme, günstigstenfalls. Ich klappe hastig meine Handtasche auf, um zu kontrollieren, ob ich auch genug Tampons dabeihabe.

»Du bist heute ein Bläßchen«, sagt Dario neben mir, »geht's dir nicht so gut?«

»Wieso soll's mir nicht gutgehen? Frag besser, wie es deiner Frau geht! Der ging es nämlich heute beschissen.«

»Wanda?« Dario sieht sie an, Eberhard sieht sie auch an.

Wanda strahlt: »Mir geht es phantastisch!«

»Heute morgen bist du aber noch gestorben«, erinnere ich sie.

»Heute morgen!« Sie winkt ab, und dann zählt sie uns auf, was sie heute nachmittag alles für sich getan hat, bis hin zu dem Paillettenfummel, den sie trägt. Bei der Kosmetikerin war sie natürlich auch, und »Sarahs Arzt ist wirklich unglaublich süß«. Was ein ausgemachter Blödsinn ist, denn Heinz ist ein bulliger Typ mit Werkzeugkoffer statt Arzttasche und Händen wie Abtrittdeckel. Ich bin froh, als der Gong ertönt und wir unsere Plätze einnehmen müssen.

Zum Glück liegen die weit auseinander. Ich habe heute einfach nicht den Nerv, mir noch mehr über Wandas Blitzheilung anzuhören. Wenn ich keinen Job und einen Ehemann wie Dario hätte, tausend Vitaminpillen in mich reinstopfen und mich im Kosmetikstudio runderneuern lassen würde, sähe ich auch wie das blühende Leben aus, sogar mit Periode.

Im Gegensatz zu Wanda, die todsicher gekniffen und nach Preisgabe ihrer weiblichen Leidensgeschichte auf Heimfahrt gedrängt hätte, willige ich ein, nach dem Konzert noch zusammen etwas trinken zu gehen. Obwohl mir nicht danach ist, wirklich nicht.

Wanda bestellt Rotwein.

»Und dein Sodbrennen?« frage ich anzüglich, weil sie Rotwein grundsätzlich wegen der Bitterstoffe darin nicht verträgt. Ich trinke heute abend Mineralwasser.

»Man muß auch mal was riskieren. Cheers!« Sie hebt ihr Glas, schwenkt es fröhlich, die beiden Männer tun es ihr nach. Männer sind eben immer dabei, wenn eine Zirkusnummer stattfindet.

Zum Schluß verkündet Wanda, sie habe sich einfach »königlich amüsiert« und habe jetzt »einen ganz niedlichen kleinen Schwips«, was wiederum Eberhard veranlaßt, sie gentlemanlike zu stützen. Dario vergißt seinen Einsatz, er stützt mich nicht, sondern sucht leise fluchend nach seinem Parkschein. Toller Abend!

Zum Glück parken wir nicht auch noch auf demselben Deck. Wanda entschwindet, diesmal im Arm von Dario. Sie winkt und ruft, daß ich morgen unbedingt mal vorbeikommen müsse: »Ich muß dir etwas zeigen, wichtig!«

»Mal sehen«, rufe ich zurück. Schließlich habe ich einen Job und einen kleinen Sohn und die rote Pest.

Vor meiner Haustür drückt Eberhard mir sanft eine Schachtel in die Hand: »Rein pflanzlich, das entspannt.« Anscheinend lohnt die Knutscherei mit mir sich momentan nicht, denn er fragt nicht mal, ob er noch mit hochkommen kann.

Ich räuspere mich, mir sitzt ein Frosch im Hals, am liebsten schösse ich ihm den frontal gegen seine Mitleidsaugen. »Weiß du...«, dann kommt schon wieder so ein Krächzer aus meinem

Hals und blockiert meine Empfehlung, sich sein Zartgefühl doch bitte rücklings reinzustecken und abzuzischen. Das Krächzen hört gar nicht mehr auf. Krächz-räusper-krächz! Junge Frau, das ist die Schwindsucht, hat man schon mal, meistens nur einmal.

»Nein, nein.« Eberhard umschließt tröstend meine Hand. »Ich verstehe dich doch. Gute Besserung!«

Ich bin ohnmächtig. Ich nicke und schleiche mich ins Haus. Vielleicht bin ich auch schon achtzig und hab's nur noch nicht richtig mitbekommen.

Anderntags verspüre ich diese Unruhe in mir, die mich sonst nur zwei, drei Tage vor Vollmond plagt. Ich weiß, daß ich gleich eine Erbtasse »echt Meißen« zerschlage oder es mir endgültig mit Benni verderbe, wenn ich nicht mache, daß ich aus der Bude komme. Kurz entschlossen besteige ich mein Rad und Benni seins. Zuerst werden wir die Enten füttern, und vielleicht fahren wir danach kurz bei Wanda vorbei, weil sie quasi um die Ecke vom Entenweiher wohnt und mir so dringend etwas zeigen muß. Wahrscheinlich hat sie sich noch einen zweiten Paillettenfummel gekauft.

Wanda hat schon den Kaffeetisch für uns mitgedeckt. Ganz schön impertinent, uns so einzuplanen, schließlich habe ich nicht fest zugesagt. Aber als sie sich statt Kaffee Kamillentee eingießt und mit gequälter Miene zwei Pillen schluckt, tut sie mir schon wieder leid.

»Der Rotwein?« frage ich mitleidig und schlürfe an meinem Kaffee, der wirklich exzellent und gerade frisch aufgebrüht ist.

»Schlimmer!« Wanda würgt an ihren Tabletten.

»Knatsch mit Dario?« frage ich.

Wanda senkt die Stimme: »Er ist ungenießbar.«

Ich sehe mich um, aber natürlich ist kein Dario in Sicht. »Hat er Probleme mit seinem Lunchpaket, weil du krause statt glatte Petersilie zur Verzierung genommen hast?«

»Er hat Probleme mit dir.« Wanda zeigt auf die Tür.

Automatisch sehe ich auch zur Tür hin. »Spinnst du?«

»Er ist seit Stunden in der Dunkelkammer und experimentiert mit dem neuen Film von dir.«

Ich lehne mich zurück und schlage die Beine übereinander. Ich bin froh, daß ich nicht die ollen Jeans angezogen habe. Meine langen Beine sind entschieden ein Pluspunkt, auf dem Film vom letzten Sonntag müßten sie zart gebräunt inklusive Oberschenkelflaum zu sehen sein, denn Dario hat diesmal auch meinen Body angepeilt.

»Vielleicht braucht Dario ein neues Motiv«, sage ich laut und spüre noch einmal die Männerhand, die meine Shorts hochgekrempelt hat, ganz hoch. Dabei hat er die Innenseite meiner Schenkel gekitzelt, bis die Winzhärchen dort sich aufrichteten.

Puh! Ich knöpfe meine Bluse auf. »Der heiße Kaffee«, sage ich und fächle mir mit der Serviette kühle Luft in den Ausschnitt.

»Das glaubst du doch selbst nicht. Er liebt dich!«

»Was?« Jetzt habe ich mir wirklich den Schlund verbrüht. Ich huste wie verrückt, und Wanda klopft mir freundschaftlich den Rükken. Ich glaube, sie spinnt wirklich. Ich huste und keuche weiter, Wanda holt mir ein Glas Wasser, ich bedanke mich und trinke und verfluche mich, weil ich unbedingt mit Benni zum Entenweiher fahren mußte. Selber schuld!

»Besser?« fragt Wanda teilnahmsvoll.

Ich nicke. Ich bekomme beim besten Willen keinen Huster mehr zustande. »Wolltest du mir nicht was zeigen?« frage ich. »Neue Klamotten oder so?«

»Klar!« Wanda tippt sich gegen die Stirn und springt auf, dann geleitet sie mich in das Eheschlafzimmer. Darios Liebe zu mir ist erst einmal vom Tisch. Ob er mich wirklich...?

»Wie findest du das?« Wanda hat den Falttürenschrank aufgezogen und hält mir etwas dicht vor die Augen.

Das ist nicht normal. Bestimmt nicht. Ich schlucke. »Schick«, antworte ich aufs Geratewohl, ich erkenne nur etwas Helles.

»Wirklich?« Sie tritt ein paar Schritte zurück und hält sich das Helle vor, es ist ein Leinenkostüm im Safari-Look.

»Wirklich.«

Wanda läßt ihr Kostüm auf das Ehebett fallen, wo es als zerknautschtes Häufchen liegenbleibt. Sie tritt erneut an den Schrank, die Bügel ratschen über die Metallstange, sie nimmt eine Bluse und noch eine Bluse und Bermudas heraus, alles passend zu dem Kostüm. In Minutenschnelle verwandelt sich ihr topaufgeräumtes Schlafzimmer in eine chaotische Umkleide, ein Schal fliegt auf die Erde, ein großes Tuch folgt, sie setzt sich eine Art Tropenhut auf den Kopf, stülpt ihn achtlos über eine Vase, greift nach einem winzigen Gebilde mit Schleier: »Oder besser so etwas?« Ich nicke und lobe in einem fort, es sind wirklich schicke Sachen, nur daß ich im Moment nicht in der richtigen Stimmung für eine Modenschau bin. Wanda schon. Ringsum liegen und hängen nun Kleider und Accessoires.

Wanda zieht das Kostüm aus dem Kleiderstapel auf ihrem Bett. »Warte, ich zieh's mal über.«

Ich nicke ergeben. Lieber würde ich »Stop!« rufen.

Wanda steigt mit eckigen Bewegungen aus ihrer Hose und zieht den Pulli über den Kopf. Es ist seltsam, ihr beim Ausziehen zuzusehen. Es hat nichts Erotisches, trotzdem ist mir seltsam zumute. Ich sehe weg und bücke mich nach dem Schal auf der Erde.

»Nun sag schon«, drängt Wanda über mir.

Ich blicke hoch auf topmodisches, kühles Leinen im Safari-Look. Wanda ist der ideale Unterbau für Modisches, weil sie so mager ist. »Spitze!«

»Macht es mich nicht zu dick? Hier.« Wanda pitscht den Stoff über der Hüfte zusammen, Fleisch erwischt sie garantiert nicht.

»Du spinnst. Wo ist denn bei dir etwas dick?«

Ich hätte den Mund halten sollen. Sie schält sich aus ihrem Safari-Look und zeigt mir, was sie meint. Eine Kindfrau in Unterwäsche, die nichts preisgibt, kein Kräuselhaar und keine Mulde zwischen den Brüsten. Alles ist feingekämmte Baumwolle und total brav, trotzdem würde ich es lieber nicht sehen. »Hier.« Wanda zerrt an dem Unterhemd, zwischen Höschenbund und Büstenhalter wird ein Streifen Haut sichtbar. Es ist weiches Fleisch, trotz ihrer Magerkeit. Nicht schrumpelig und auch keine Orangenhaut, aber seltsam weich und so weiß.

»Dick bist du jedenfalls nicht.«

»Aber vermatscht.« Wanda dreht sich zu einer Kommode um und zerrt an der obersten Schublade. »Hier, das wär das Richtige für dich, willst du's?« Ein Stapel Wäsche fliegt aufs Bett. Es sind lauter Dessous, geblümt und gerüscht und vom Feinsten, das erkenne sogar ich.

»Spinnst du?« Ich tue einen Schritt zurück.

»Ernsthaft! Ich ziehe das sowieso nicht mehr an. Manche Sachen habe ich noch nie angehabt.« Wanda hält etwas Seidiges hoch, mit schilfgrünen Phantasieblumen darauf, am Träger baumelt das Preisschildchen einer Topmarke.

Ich entziffere eine Drei, dahinter eine Neun und noch eine Neun links vom Komma. Dreihundertneunundneunzig Mark und noch nie getragen. »Und warum hast du dir das Zeug dann gekauft?«

»Dario hat es gekauft. Willst du?« Sie hält mir die Reizwäsche mit den Phantasieblumen hin.

»Ich mag keine Blumenmuster.« Etwas anderes fällt mir auf die Schnelle nicht ein.

»Dario steht darauf.«

»Meinetwegen. Er steht ja auch auf Bäckerkaros und seinem Lederwams.«

»Du nicht?«

»Nein. Garantiert nicht.«

»Vielleicht ändert er seinen Geschmack. Dir zuliebe.«

»Quatsch! Gehören die Bermudas da auch zu dem Kostüm? Zieh die doch mal über!«

Wanda nickt bereitwillig und wechselt den wadenlangen Leinenrock gegen die kurzen Leinenhosen. Ihre Beine sind unglaublich dünn.

Ich schüttele automatisch den Kopf. »Ich weiß nicht, der Rock stand dir besser.«

»Ich kann eben nicht mit nackten Beinen herumlaufen.«

»Das meine ich nicht.«

»Es stimmt aber. Wegen meiner Krampfadern, nach der Operation ist es nur noch schlimmer geworden.« Wanda streift die

Strumpfhose, die sie über dem Slip trägt, halb nach unten und kehrt mir die Innenseite ihres Schenkels zu: »Sieh dir das an.«

Ich sehe Haut. Haarlos, glatt, ein Netz von bläulichen Adern schimmert durch. Krampfadern sehe ich nicht, keine einzige.

»Fühl mal hier.« Sie greift sich meine Hand und drückt damit auf eine Stelle, die sich kalt und glatt anfühlt. Krampfadern sind knubbelig. Bei Wanda gibt es keine Knubbeln, nur zwei winzige Schnitte.

Trotzdem zucke ich zurück. Ich mag nun mal Männer.

»Du ekelst dich auch«, sagt Wanda und lächelt dazu.

»Quatsch! Du übertreibst maßlos. Da sind zwei Schnitte, mehr nicht.«

»Das sagt Dario auch immer.«

»Dann hat er recht.«

Wanda zieht die Strumpfhose wieder hoch. »Was meinst du, soll ich alles behalten?«

»Es sind todschicke Sachen«, sage ich, »wirklich.« Ich beuge mich aus dem Fenster, das auf der Gartenseite liegt, und rufe Benni zu, daß wir fahren müssen, »jetzt sofort«. Diesmal lasse ich mich nicht auf sein »Noch-fünf-Minuten«-Quengeln ein. Wanda schwindele ich etwas von Korrekturen vor, die ich bis morgen fertig haben müsse. Mir ist nach Weglaufen, Wegjoggen, Wegradeln. Vielleicht ist wirklich bald Vollmond, der plus Periode ist tödlich für meinen Seelenfrieden.

Als Eberhard an diesem Abend wie gewohnt anruft und fragt, ob ich denn nun zu seinem Studiosus-Treff komme, sage ich zu.

Seine Frau weiß Bescheid

Der Studiosus-Treff bei meinem Urologen hat Tradition.
Angefangen hat es einmal mit dem jungenhaften Fernweh von ein
paar Medizinstudenten. Damals sind sie mit ihrem Kochgeschirr,
Rucksack und Zelt losgezogen, heute reisen sie »business class«.
Alle paar Monate trifft sich der harte Kern, der übriggeblieben ist.
Diesmal treffen sie sich bei Eberhard und Hedwig, und so komme
ich ins Spiel.
Eberhard hat mir vor zwei Wochen mit blitzenden Augen von der
für den Herbst geplanten Mexiko-Tour erzählt. Ich war weniger
begeistert und fand seinen Überschwang eher geschmacklos.
»Hoffentlich kriegt Hedi nicht Montezumas Rache?« habe ich ge-
kontert, weil ich von Eberhard weiß, daß seine Frau einen sehr
empfindlichen Magen hat und schon von einem normalen Softeis
den flotten Otto bekommt. »Hedi kommt gar nicht erst mit«, hat
Eberhard mir daraufhin beinahe übermütig verraten und erklärt,
daß die Chancen, mich in diese Reisegruppe einzuschleusen, nicht
schlecht stünden. Seit zwei Wochen schwanke ich zwischen dem
Reiz des Popocatepetl und meinem Stolz. Soll ich etwa als Eberhards Sekretärin auftreten?
Nun habe ich also für das Vorbereitungstreffen zugesagt.
Natürlich kann Eberhard mich nicht abholen, weil er der Gastgeber ist und ich als Kollegin dazustoße, die er flüchtig auf einem
Kongreß kennengelernt hat. Ich trete als Fachfrau für Kinderpsy-
chologie auf, denn nach Eberhards Meinung wird mir dazu als
Mutter und examinierte Lehrerin mit ein paar Studienscheinen in
Psychologie immer etwas Gescheites einfallen. Hoffentlich behält
er recht. Immerhin gefällt mir Kollegin besser als Sekretärin.
Von der Bahnstation aus leiste ich mir ein Taxi, weil ich keine Lust
habe, außer Puste anzukommen. Es ist warm draußen. Ich gehe
durch die Sackgasse, an den viererlei Küchenstores vorbei, und
wische mir Hedwigs Blütenzauber vom Kopf, der wie im Frühjahr
über das Vordach quillt und noch üppiger geworden ist. Ich klin-

gele und höre Absätze trippeln, dann öffnet sich die Tür. Hedwig ist kleiner als ich, sie ist bestimmt einen ganzen Kopf kleiner. In diesem Moment bin ich froh, daß ich soviel größer als sie bin.

»Hallo«, sage ich, »ich bin…«

Weiter komme ich nicht, denn sie tippt mit den Fingerspitzen gegen meine ausgestreckte Hand und spricht für mich weiter: »Sie sind Frau Urban und haben meinen Mann in Garmisch auf dem Kongreß kennengelernt, und einen kleinen Sohn haben Sie auch.«

»Und Sie sind Kunstschmiedin und haben eine Schmuckboutique und auch einen Sohn. Einen erwachsenen Sohn«, erwidere ich, weil ich keine Lust habe, nur brav zu nicken.

»Sie sind gut informiert.« Eberhards Frau tritt zur Seite, ich sehe auf die mit dem Kopf nach unten pendelnden Rosen an der Wendeltreppe und sechs Herren im Hintergrund. Eberhard ist nicht dabei. Ich klappe den Mund auf und wieder zu, weil ich nicht weiß, ob ich nach Eberhard oder Herrn Dr. Reuter fragen soll. Sind wir als Kollegen per du oder nicht?

»Mein Mann holt gerade einen Kollegen ab, der ohne Auto anreist«, erklärt Hedwig. Möglicherweise ist sie Augenleserin. »Und wie sind Sie hergekommen?«

»Mit dem Taxi.«

»Sie wohnen gar nicht in Garmisch?«

»Ich wohne ich Köln.«

»Ach ja! Und Ihr Gatte? Ich meine, ist Ihr Gatte auch vom Fach?«

Mein Gatte! Trara! Soll ich mich als Geschiedene outen? Zum Glück verschafft Penelope mir eine Verschnaufpause. Sie prescht auf mich zu, vielleicht hat sie meine ausgefallenen Nylons wiedererkannt. Ich beuge mich vor und kraule ihr das Fell: »Braves Mädchen! Brave Penelope! Hübsch die Krallen einziehen, okay?«

Über mir erklingt ein Räuspern. »Sie kennen unsere Katze?«

Ich lasse Penelope abrupt los. Sie maunzt. Nichts da! »Natürlich kenne ich Ihre Katze nicht, woher denn auch? Mein Mann ist übrigens Geschäftsmann.«

»In welcher Branche? Wir kennen viele Unternehmer.«

»Elektro. Ist die tolle Brosche, die Sie tragen, aus Ihrer eigenen Werkstatt?«

»Es ist mein eigener Entwurf, ja. Sie verstehen etwas davon?«

»Ich mag schönen Schmuck.« Ich taste nach dem viereckigen Anhänger aus Platin an dem schwarzen Strang. Den Schmuck hat Eberhard mir geschenkt, damit ich den Apfelanhänger von Theo nicht mehr trage. Dieses Ding um meinen Hals sieht auf den ersten Blick nach nichts aus, aber sie als Fachfrau müßte Bescheid wissen.

»Exquisit«, sagt sie, »wir kennen auch einen Juwelier, der in dieser Richtung arbeitet. Sie haben das nicht zufällig bei unserem Freund Edler gekauft?«

»Ich hab's gar nicht gekauft.«

»Natürlich nicht«, erwidert sie, »Ihr Gatte hat Ihnen den ausgefallenen Schmuck geschenkt. Habe ich recht?«

»Sozusagen.« Sozusagen stimmt. Gatte aus zweiter Hand trifft's noch genauer. Hoffentlich kommt der Gatte bald.

»Da kommt er ja.« Hedwig greift an mir vorbei, zieht erneut die Haustür auf, begrüßt Eberhard mit einem »Endlich, Liebling!« und danach den Kollegen, den sie wie zuvor mich direkt bei seinem Namen zu nennen weiß. Das Quiz, das sie mit mir veranstaltet hat, läßt sie allerdings ausfallen. Vielleicht, weil dieser Kollege männlich ist und keinen exquisiten Anhänger aus Platin um den Hals baumeln hat. Falls Eberhard den Schmuck für mich bei dem Haus- und Hofjuwelier seiner Frau gekauft hat, ist er selber schuld, wenn sie ihm später blöde Fragen stellt. Wie sie mich taxiert, tut es mir fast leid, daß ich vor drei Monaten keine Haarnadel in ihrem Bett oder auf ihrer Badematte verloren habe. Außerdem muß ich mal dringend, Aufregung schlägt mir grundsätzlich auf die Blase. Ich nutze ein neues »Hallo!«, um das Klo anzusteuern. Ich bin schon drauf, da fällt mir ein, daß ich eigentlich gar nicht wissen kann, wo hier das Klo ist. Es verbirgt sich hinter einer von sieben Vollholztüren, von denen eine wie die andere aussieht, und ich habe auf Anhieb die richtige Klinke gedrückt. Schiet!

Als ich wieder herauskomme, paßt Eberhard mich ab. »Nun, habt ihr euch schon etwas angefreundet?«

»Deine Frau weiß Bescheid.«

»Unsinn.«

»Sie macht mich an.«

»Das bildest du dir ein. Hedi würde niemals...«

»Ich weiß«, falle ich ihm ins Wort. »Sie ist eine zivilisierte Frau.«

»Du bist zu impulsiv, Sarah.«

»Im Bett magst du's.«

Seine Augen funkeln, er sieht unauffällig zur Seite, niemand schaut her, seine Hand schlüpft mir in den Schritt. »Nachher führe ich dich herum.«

Wenn ich nicht wüßte, wie akkurat es in seinem Kopf zugeht, würde ich glatt glauben, daß ihn die Vorstellung anmacht, daß seine Hedi und ich unter seinem Dach im Small talk vereint sind. Mich macht dieses Bild jedenfalls nicht an, kein bißchen. Vielleicht täte ich es gerne mal im Paternoster oder im Flieger, das kann schon sein, aber seine Ehefrau ist kein Kick für mich. Die hat nämlich das Messer gewetzt, ladylike, hoffentlich merke ich, wenn sie ausholt.

Notgedrungen plaziere ich mich zwischen den acht Herren. Der Platz von Eberhards Frau bleibt meistens leer. Sie kümmert sich um die Getränke, leert Aschenbecher und serviert Appetithäppchen. Mich blenden die Herren bald auch aus. Als ich die oberen drei Knöpfe meiner Bluse öffne, weil es vor der Panoramascheibe zum Garten hin warm wie auf einem Grill wird, bekommen ein paar von ihnen Stielaugen, aber über der Erörterung von Sombreros, Tequila, Hochlandritten und Traumstränden verlieren sie meine Oberweite rasch wieder aus dem Blick. Ihren Akademikerstatus verlieren sie auch, sie verhalten sich schlicht wie in die Jahre gekommene Schulbuben.

Als es auf ein Uhr zugeht, schiebt Eberhards Frau die Ziehharmonikatür zum Eßzimmer hin auf und erklärt das Büfett für eröffnet. Sie muß sich zweimal wiederholen, so vertieft sind die acht in ihren Mexiko-Trip. Während sie Hedwigs Spargelröllchen und Rindermedaillons konsumieren, reden sie ununterbrochen von den Gaumenfreuden, die sie in Mexiko erwarten: knusprige Tortillas, Eintopf aus Ziegenfleisch, gefüllte Chili-Schoten und erst die köstchen Enchiladas mit Käse drin, »nein, noch besser sind sie mit Huhn«. Ich an Hedwigs Stelle würde diesen reizenden Herren empfehlen, sich doch schon mal auf die Suche nach solch einer romantischen Fonda zu machen, von der sie da schwärmen. Soweit ich weiß, ist eine Fonda lediglich eine Imbißbude mit gekachelter Theke in Marktnähe.

»Frau Urban würde sich uns gerne anschließen«, sagt Eberhard, als wir beim Dessert angekommen sind. Über die für meinen Geschmack viel zu mächtige Mousse au chocolat hinweg fliegen mir acht männliche Augenpaare zu. »Junges Blut täte uns nicht schlecht«, sagt einer von ihnen, was allgemeines Kopfnicken und Lachen auslöst: HOHOHO. Hedwig nickt nicht und lacht nicht, sie räumt gerade die schmutzigen Glasschälchen und Silberlöffel zusammen. Ein Löffel rutscht ihr von dem Stapel. Eberhard bückt sich und reicht ihn ihr. »Bitte, mein Liebes.« Sie nimmt den Löffel, nickt knapp, dreht sich um und marschiert hinaus. Eberhard murmelt eine Entschuldigung und trägt ihr die beiden großen Schüsseln nach. Als er zurückkommt, ist das Gespräch an der Tafel versiegt. Zwei Herren lassen bereits den Kopf Richtung Tischtuch sacken und zucken nur noch gelegentlich erschrocken auf: »Wie bitte?« Eberhard schlägt vor, eine Pause einzulegen. Alle stimmen zu, von nebenan klappert es heftig. Hedwig ist in der Küche beschäftigt.

»Wolltest du mir nicht den Garten zeigen?« flüstere ich Eberhard zu, der ebenfalls auf das Klappern aus der Küche lauscht und dabei gedankenverloren Tabakreste und Brotkrümel von der Tischdecke aufstippt.

»O ja.« Eberhard läßt die Krümel auf den Boden fallen und zieht mich Richtung Terrassentür, die er leise aufzieht und wieder hinter uns schließt. Er scheint Angst zu haben, jemand von seinen Kumpeln würde uns folgen wollen. »Komm, ich zeige dir Wulframs altes Reich.« Der Garten ist groß, in der Mitte gibt es einen Teich, und weiter hinten steht, im Schatten von zwei Birken, eine Art Gästehaus.

»Meinst du das?« frage ich.

»Wir haben es für unseren Sohn ausgebaut, als er vierzehn wurde«, erklärt Eberhard. »Genau das Richtige für einen Burschen in dem Alter.«

»Und jetzt?« frage ich. »Dein Sohn ist doch längst erwachsen und studiert außerhalb.«

»Hedi ändert trotzdem nichts daran. Wenn er uns besucht, soll alles wie früher sein.«

Hört sich nach Groschenroman und reichlich veraltet an, finde ich. Aber Hedwig ist ja auch kein flotter Name, Eberhards zärtliches »Hedi« ändert da auch nichts dran. Von mir wird er garantiert nie Spargelröllchen und Rindermedaillons aufgetischt bekommen, so etwas gab es früher bei der Kinderkommunion und ähnlichen Festivitäten. Abgesehen davon habe ich natürlich sowieso nicht vor, Eberhard jemals ein Büfett auszurichten, weil das nicht mein Part ist. Halleluja! Das Geschirrklappern verfolgt uns bis hierher. Vier Gänge für zehn Leute sind kein Pappenstiel.

»Kommst du?« Eberhard hält mir die Tür von dem Knusperhaus auf. Die Decke ist extrem niedrig, beinahe hätte ich mir den Kopf gestoßen. Hier gibt es allen möglichen Schnickschnack, ein Poster von diesem sprechenden Auto, daneben hängt »Momo«, der Rest ist der Raumfahrt gewidmet. Es gibt an die Wand gepinnte Raumfähren und Mondkrater bis zum Abwinken. Seine weiblichen Pin-ups hat der liebe Junge wohl in der Schublade vergraben. Sein Vater präsentiert mich ja auch als Kollegin getarnt.

»Gefällt es dir?« fragt Eberhard mit gerundetem Buckel. Es sieht bescheuert aus, wie er sich ducken muß, um nicht anzustoßen.

»Wie groß ist dein Sohn eigentlich?« frage ich retour.

»Normal«, sagt Eberhard. »Warum?«

»Bißchen lütt hier, wie?« Ich tippe mit dem Kopf gegen die Decke, schon setzt eine Art Rundlaufvibration ein, zuerst sind die Deckenpaneele, dann die Wandpaneele und schließlich dieses Bett neben uns dran.

»Das Bett habe ich selbst geschreinert«, verkündet Eberhard und beugt sich noch weiter vor, um an verschiedenen Knäufen und Griffen ziehen zu können. Das Bett hat nämlich einen Unterbau, einen Überbau und einen Umlauf, und ich soll in jedes verdammte Klappfach und jede Schublade reinsehen.

»Ah ja«, sage ich, »und das hält einen normalen Menschen aus?«

»Sogar zwei! Wetten?« Er drängt meine Kniekehlen gegen den Holzrahmen, schwups, schon knicke ich ein und lasse mich nach hinten gleiten. Eben ist er Hedi mit den Puddingschüsseln hinterhergelaufen, und nun folgt er mir auf die Matratze seines einzigen Sohnes. Schäm dich, Eberhard! Ich sehe es seinen Augen an, daß die dämlichen Schubfächer ringsum ihn plötzlich auch nicht mehr interessieren. Ihn interessiert im Moment ganz etwas anderes. Ich lächele ihn an und ruckele ein bißchen mit den Hüften, obwohl es mehr Show als echte Erregung ist. Die Bilder von Hedi wippen mit. Es ist meine Revanche.

Als ich mich von der handgeschreinerten Bettstatt hochrappele, kriecht eine daumenbreite Laufmasche vom Zwickel meiner Strumpfhose Richtung Ferse. In dem rauchgrau schillernden Gewebe wirkt sie auffälliger als ein Zebrastreifen auf dem Straßenschotter. »Du hast meine Strumpfhose ruiniert!« Anscheinend ist heute sein Jüngling-Revival-Tag. Er hat an meinen Nylons rumgerissen, als ob er vergessen hätte, wie man denen erwachsen zu Leibe rückt. Mist!

»Vielleicht paßt dir eine von meiner Frau«, schlägt Eberhard vor.

»Schlag's dir aus dem Kopf, eher gehe ich splitternackt.« Seine Frau ist einen Kopf kleiner, untenrum wird die Differenz zwischen ihr und mir kaum schrumpfen, und vermutlich würde sie eine Strumpfhose für mich zuvor mit etwas Giftigem präparieren. Ich bin doch nicht lebensmüde. Ich reiße mir kurz entschlossen die fünfzehn Denier vom Leib. Kaputt ist kaputt!

»Was machst du da?« fragt Eberhard entsetzt.

»Ich gehe ohne«, verkünde ich. Das Fetzen meiner Nylons hat sich richtig schön dramatisch angehört. Ganz kurz geht es mir durch den Kopf, wie es wäre, sich mal so wahnsinnig leidenschaftlich zu lieben, daß dabei die textilen Fetzen fliegen. Geil!

Als Eberhard und ich ins Haus zurückkommen, schenkt Hedwig gerade Kaffee aus. Der aromatische Duft von frisch gemahlenen Kaffeebohnen schwebt über dem Porzellan und der Ruhepose der sieben Herren. Wir treten durch die Terrassentür, die Sonne schiebt uns in das abgedunkelte Zimmer, alle sehen auf.

Automatisch sehe ich auf meine nackten Beine und greife dann nach dem nächstbesten Gegenstand auf der Anrichte, einfach um etwas in der Hand zu haben. Zufällig ist es der Silberrahmen, der neben dem Milchgießer und der Zuckerdose steht. »Ist das Wulfram?«

»Das Bild von meinem Sohn lassen Sie gefälligst aus Ihren Fingern!« Hedwigs Hand zuckt vor, nimmt mir den Rahmen ab und stellt das Porträt ihres Sohnes ins Bücherregal hoch. Weil sie so klein ist, geht sie dabei auf die Zehenspitzen. Ich brauchte nur die Hand auszustrecken. Natürlich tue ich nichts dergleichen. Hedwig gießt weiter Kaffee ein. Eberhard reicht die Tassen herum.

Ich rühre in meiner Kaffeetasse, bis ich merke, daß nichts drin ist außer einem Stück Würfelzucker. Hedwig hat meine Tasse zielsicher ausgelassen. Mir reicht's. Ich stehe auf. Der Höflichkeit halber murmele ich etwas von meinem Sohn.

»Ja, Kinder sind überhaupt das Wichtigste im Leben«, sagt Hedwig und sieht Eberhard auffordernd an. Eberhard nickt. Er ist ein Arsch!

Frauen sind Kanaillen

Am Ende der Sackgasse spüre ich etwas Klebriges in der Hand. Ich habe die Hand fest zusammengeballt, als ich sie nun aufklappe, entdecke ich einen Klumpen von Hedwigs Blütenzauber.

Beim Verlassen ihrers Hauses muß ich wohl blind zugegriffen haben. Angeekelt wische ich das Blütenmus an einem Taschentuch ab und laufe weiter. Diesmal benutze ich kein Taxi, sondern gehe zu Fuß bis zur Bahnstation Pulheim. Bei der Vorstellung, den restlichen Sonntagnachmittag ganz allein zu verbringen, werde ich noch einen Schritt langsamer. Was soll ich allein zu Hause?

Ich weiß nicht einmal mehr, wie das ist, am Sonntag allein zu sein. Sonst ist immer Benni bei mir, und seit ein paar Wochen gehören auch die Lands zum Sonntagsprogramm. Heute nicht. Ich habe abgesagt, und meinen Sohn habe ich zu seinem Vater gebracht. Sehr glücklich war der nicht, obwohl er vor zwei Jahren dem Familienrichter mit der Erweiterung seines väterlichen Besuchsrechts in den Ohren gelegen hat. Der Richter besaß zum Glück gesunden Menschenverstand. Er hat Ralf geraten, das doch von Fall zu Fall mit mir abzusprechen, wenn er Benni öfter sehen möchte. Inzwischen sprechen Ralf und ich ab, wann er seinen Sohn überhaupt sehen möchte. Mein geschiedener Mann ist unglaublich erfinderisch, sobald es darum geht, sich Benni in der dem Vater zuerkannten Nacht von Samstag auf Sonntag vom Hals zu halten. Mal wird Ralfs Wohnung frisch gestrichen, mal ist der Lattenrost im Kinderbett zusammengekracht, notfalls mimt Ralf den Bazillenträger. Mittlerweile vertritt er den Standpunkt, daß ein Fünfjähriger vor allem einen ruhigen Pol braucht. Der soll natürlich ich sein. Wenn es darum geht, meine diesbezügliche Eignung zu kontrollieren, hat Ralf plötzlich alle Zeit der Welt und obendrein noch eine Mutter, die ihm eifrig zur Seite steht und Benni aushorcht.

Als ich meine Wohnungstür aufschließe, bilde ich mir einen Moment lang tatsächlich ein, Super-Mario, den Gameboy-Helden, dudeln zu hören. Anscheinend leide ich schon an Wahnvorstellungen. Oder Benni spielt sich bei seinem Vater die Finger wund, und meine feinen Antennen empfangen die Alarmsignale meines an irgendein Level gefesselten Sohnes. Ich kippele in meinen hochhackigen Schuhen auf das Telefon zu. Schließlich trage ich als alleinerziehende Mutter die Verantwortung. Ich wähle Ralfs

Nummer, nach dem zwölften Läuten wird endlich abgenommen. Ich habe es ja geahnt. Ich setze schon zum Reden an, als ich ein Keuchen höre, das männlich und sehr eindeutig und mir aus zahlreichen Ehejahren hinreichend bekannt ist. Der Keucher ist Ralf. Ein girrendes Lachen mischt sich dazwischen, das Lachen ist eindeutig weiblich. Ich bin auf hundertachtzig. Mein geschiedener Mann ist mit irgendeiner Tussi zugange, während sein Sohn bei ihm ist.

»Du Schwein«, brülle ich, »du Hurenbock!« Als ob ich da etwas unglaublich Amüsantes von mir gegeben hätte, schwillt das Girren am anderen Ende der Leitung an, und die Frauenstimme verkündet zwischen zwei Heiterkeitsausbrüchen, daß die Anruferin, also ich, mit dem Hurenbock wohl nur ihn, also Ralf, meinen könne. Ralf übernimmt den Hörer, und ich mache ihm in Sekundenschnelle klar, was ich alles mit ihm anstellen werde: »Du verantwortungsloses Subjekt, ist es dir eigentlich schnurzpiepegal, wenn dein eigener Sohn einen Schaden fürs Leben davonträgt, weil du irgendeine billige Tussi pimpern mußt?«

Protestlaute in einer unangenehm hohen Frequenz dringen an mein Ohr, die müssen von der Tussi kommen. Ralf reagiert für seine Verhältnisse sehr wortkarg, sonst fällt ihm meistens auf Anhieb eine Ausrede ein. Im Moment fällt ihm rein gar nichts ein. In das Schweigen meines geschiedenen Mannes gellt eine Sirene, TATÜTATÜ, ich bekomme einen Mordsschreck. Wenn Benni etwas passiert ist, bringe ich Ralf um, ich schwör's. Etwas Knallrotes knallt gegen meinen großen Zeh, der aus den schicken Riemchenschuhen hervorlugt, etwas Metallenes mit einer scharfen Kante. Ich schreie auf und hüpfe auf einem Bein im Kreis. Als ich wieder halbwegs ruhig stehenbleibe, identifiziere ich das knallige Rot als Bennis rote Feuerwehr. Benni folgt zwei Meter hinter seinem Spielzeug und will wissen, wieso ich denn schon zurück bin.

»Spinnt ihr eigentlich alle?« Ich reibe mir den Zeh.

»Du hast gesagt, du kämst erst gegen fünf heim.«

»Du bist gar nicht da. Nicht hier, meine ich.«

»Klar bin ich da. Hier.«

»Ich habe dich zu deinem Vater gebracht.«

»Und er hat mich wieder hergebracht, weil er plötzlich 'nen Wasserrohrbruch hatte.«

»Im Schlafzimmer?«

»Was ist Pimpern?«

»Wenn du dieses Wort noch ein einziges Mal benutzt, passiert was. Wer bringt dir solche Sauereien bei?«

»Du.«

Mir fällt's wieder ein. Ralf fällt mir wieder ein. Er soll sich auf etwas gefaßt machen. Ich nehme den Telefonhörer hoch, verheiße meinem Ex dicken Ärger und beschließe gleichzeitig, meinem armen Sohn jetzt ganz intensiv noch ein paar Stunden zu widmen. »Was willst du spielen?« frage ich. »Such's dir aus.« Hoffentlich nimmt er nicht Autoquartett, denke ich.

»Super-Mario«, antwortet Benni wie aus der Pistole geschossen. »Paps hat mir eben Super-Mario Zwei für meinen Gameboy geschenkt, echt geil.«

»Ich meine, was du mit mir spielen willst? Nur du und ich. Such dir aus, was du am liebsten magst.«

»Super-Mario«, wiederholt mein Sohn, läßt die Feuerwehr zu meinen Füßen stehen und macht kehrt. Kurz darauf ertönt wieder das typische Gedudel aus dem Gameboy. Ich hatte doch keine Halluzinationen, als ich die Tür aufschloß. Die Wut packt mich, ich laufe Benni ins Kinderzimmer nach und schnappe mir diese jaulende Plastikbox. »Ich habe zusammen spielen gesagt, capito?« Mein Sohn zieht einen Flunsch und teilt mir mit, daß ich ja noch nicht mal »Labyrinth« könne, mit mir spiele er jedenfalls nicht, basta. Ich teile ihm nunmehr mit, daß ich ganz toll »Labyrinth« spiele, nur anders als er, und wenn er null Bock zum vernünftigen Spielen habe, ginge ich eben in die Badewanne, basta. Im Hinausgehen denke ich, daß die Idee mit der Wanne gar nicht so übel ist. Mir ist nach abschrubben, einweichen, einbalsamieren. Am allerliebsten wäre mir eine neue Haut. Benni blökt hinter mir her, ob ich mir etwa in die Hose gepischert hätte. »Heiße ich Benjamin Urban?« blöke ich zurück. Mein Sohn war in seinem ganzen Leben vielleicht ein dutzendmal am hellichten Tag in der Wanne, und das auch nur, weil ihm was in die Hose gegangen war.

Während das Wasser einläuft, überlege ich mir, was ich tun soll, wenn Eberhard anruft. Mir ist kein bißchen nach Eberhard. Ich reiße die Badezimmertür auf und brülle in Richtung Kinderzimmer, daß ich gestorben sei, falls jemand anrufe.

»Und wenn der Jemand wieder Rosen schickt?« ruft Benni zurück.

»Dann bin ich auch gestorben.« Ich knalle die Tür zu und steige in das Schaumgebirge. Heute prasse ich. Als das Telefon zum erstenmal läutet, zucke ich noch zusammen. Benni nimmt ab. Ich stelle mir vor, wie er Eberhard mitteilt, daß ich gestorben bin. Nicht übel! Das Telefon klingelt noch öfter. Ich kenne meinen Sohn, er wird Hedwigs Puddingschüsselträger schön häppchenweise verklickern, daß ich sehr partiell und eigentlich nur für Eberhard gestorben bin. Ich schätze, daß mein Urologe trotz Vorfreude auf Mexiko keinen sehr vergnüglichen Nachmittag mehr haben wird. Amen.

Ich bin gerade damit beschäftigt, mit einem alten Rasiermesser von Ralf die Kräusel von meinen Unterschenkeln, in den Kniekehlen, in der Leiste und ein paar einsame Härchen rund um meinen Bauchnabel abzuschaben, als Benni gegen die Tür bummert und wissen will, ob ich für Dario auch gestorben bin.

»Nee! Komme sofort!« Das Rasiermesser stürzt mitsamt Pinsel und Schaum ins Waschbecken ab, ich drücke mir einen Wattebausch gegen meinen Nabel, an dem ich gerade zugange war, und renne zum Telefon.

»Da kommt sie«, sagt Benni in den Hörer, »sie blutet aus dem Bauchnabel, sonst blutet sie immer…«

Ich reiße meinem Sohn den Hörer weg, strafe ihn mit einem vernichtenden Mutterblick und erkäre Dario, daß alles okay ist. Ja, mit meinem Nabel ist auch alles okay. Nein, Benni ist nur ein bißchen verquer. Sicher geht es mir gut, warum soll's mir auch nicht gutgehen? Als Dario mir seinerseits erzählt, wie fad der Sonntag ohne uns war, geht es mir wirklich gut, und ich schlage spontan vor, noch auf ein Stündchen vorbeizukommen, mit dem Rad, weil mir dringend nach etwas Bewegung ist. Ich lege den Hörer auf und könnte »juchhu« oder irgendeinen anderen Blödsinn schreien, einfach so.

»Fährst du noch weg?« fragt Benni und bedenkt mich mit seinem mißtrauischsten Sohnblick.

»Nur zu den Lands und nur auf ein Stündchen. Ich sage Frau Olfe Bescheid, okay?«

»Ist Wanda nicht zu so 'nem Schlitzaugen-Treffen gegangen?« Benni zieht sich die Augen seitlich hoch, was urkomisch aussieht. Ich lasse ihm großzügig die »Schlitzaugen« durchgehen und korrigiere nur nachsichtig in »Asia Meeting«. Wanda erlernt seit neuestem asiatische Eßkultur, heute abend ist ihre erste Ost-West-Gala. Die Lehrer sind echt, die Seminarteilnehmer sind deutsch.

Ich weiß auch schon, was ich anziehe. Fünf Minuten später bin ich fertig, und weil die Aussicht auf eine abendliche Spritztour mit dem Rad mich regelrecht ausgelassen stimmt, erlaube ich Benni sogar noch ein halbes Stündchen Super-Mario vor dem Schlafengehen: »Aber keine Sekunde länger, versprochen?«

»Bist du dann wieder da?« fragt er zurück.

»So ungefähr«, antworte ich, gebe ihm einen Schmatzer auf den Mund, woraufhin er schreiend zum Spiegel rennt, weil mein Lippenstift abfärbt. Ich düse laut lachend treppab. Es ist noch herrlich mild draußen. Nur mit meinem Minirock habe ich leichte Probleme, sitzen geht nicht, weil ich dann gleich im Slip losradeln könnte. Ich trete also stehend in die Pedale, ernte etliche Pfiffe und biege rosig glühend in die Straße ein, in der die Lands wohnen. Im Schutz einer dicken Kastanie ziehe ich mir blitzschnell das Seidentop unter der Bolerojacke aus und stopfe es mir in die Tasche. Die Jacke hat nur einen einzigen dicken Knopf über der Brust, aber solange der zu ist, sieht man nichts. Fröhlich summend bewältige ich die letzten Meter.

Dario hat die Haustür angelehnt, was bedeutet, daß er gerade Marie ihre Gutenachtgeschichte vorliest. Ich schlüpfe ins Haus, kontrolliere mein Outfit und drapiere mich in seinem Lieblingssessel. Es ist komisch, meinen eigenen Herzschlag zu hören. Dieses Pochen ist unglaublich laut.

Endlich quietscht die Treppe. Dario kommt. Er ist im T-Shirt, es ist olivgrün mit etwas in Pink darauf. Als er sich über mich beugt, um mir meinen Begrüßungskuß zu geben, rechts und links und noch einmal links, beim zweitenmal links trifft er meinen Mundwinkel, entziffere ich die Schrift auf seinem Hemd. Dort steht »I think pink«.

»Ich auch«, kichere ich.

»Wie?« Dario richtet sich auf. Seine muskulösen Arme pendeln nackt neben der Lehne, vor und zurück, vor und zurück.

»I think pink!« Ich tippe gegen die Großlettern auf seiner Brust.

»Ach so.« Er sieht an sich hinab und dann wieder zu mir hin. »Du siehst so schick aus. Warst du so bei Eberhard?«

»Bestimmt nicht.« Ich gleite aus Darios Sessel und stelle mich in Positur, fehlt nur noch der Tusch. Es geht auch ohne Tusch. Dario läßt mich nicht aus den Augen. Ich öffne den einzigen Knopf an meinem Bolero, die Jacke springt auf, meine nackten Brüste springen vor.

»Sarah, tu das nicht!«

»Warum?« Ich lasse die Jacke auf den Boden gleiten und starre auf das Stoffhäufchen, das sich über meine Pumps legt. Ansehen kann ich ihn nicht. Mein Mund ist trocken. Nachts, im Halbschlaf, war es leichter, ihn zu verführen.

»Ich kann nicht, Sarah.«

»Gefalle ich dir nicht?«

»Du bist...« Seine Stimme verstummt. Nun sehe ich ihn doch an. O ja, er will.

»Ich bin«, sage ich und höre ein Lachen. Das Lachen kommt von mir selbst. Ich ziehe meinen Rock und dann meinen Slip aus, diesmal sehe ich ihn an, unentwegt, und er sieht mich an. Ich werde sehr nackt.

»Du«, sagt er. Er ist blaß, oder liegt das nur an diesen schreienden Popfarben auf seinem Hemd?

Ich sage nichts auf sein »Du«. Mir ist kalt. Hoffentlich kriege ich keine Gänsehaut. Gänsehaut ist kein bißchen erotisch. Ich klappe die Augendeckel zu, bestimmt tun Kälber das auch, wenn sie zur Schlachtbank geführt werden. Mich schlachtet keiner ab, im Gegenteil, ich bin freiwillig hier und habe den aktiven Part. Ich kann nicht...

»Du.« Er sagt es noch einmal, aber jetzt ist es eine Melodie, weil seine Arme mich endlich umschließen und an sich pressen. Ich bin nicht mehr nackt. Wir rühren uns nicht von der Stelle. Es gibt keine Couch und kein Bett. Er beginnt, mich zu malen, mit Fingerspitzen und Lippen, er gleitet über mich, und ich vergesse, daß auch er einen Körper hat. Ich wollte ihn verführen, aber es gibt ihn nicht mehr. Er zelebriert etwas, ich weiß nicht, was.

»Deine Haut. Davon habe ich geträumt.« Er flüstert.

Meine Haut? Sie ist trocken, wie verbrannt. Und matt, sie gehorcht seinem Schmirgeln, das ist körnig und fein, ein ewiges Auf und Ab. Es rauht mich auf, darunter bin ich mit meiner Sehnsucht. Und er? Wo ist er?

»Dario, ich will dich auch spüren.«

»Es geht nicht.«

»Ich will aber.«

»Du bist ein Kind.«

Ich richte mich auf, die Mattigkeit fällt ab, und ich dränge mich an ihn. Da ist der dünne Stoff von seinem T-Shirt und darunter der grobe Stoff von seinen Jeans, ich ertaste kräftige Muskeln, mehr nicht. Ich lasse meine suchende Hand auf ihm liegen. »Wieso?«

»Vielleicht darf man Träume nicht leben.« Es tropft aus seinen Augen, leise und sanft, und er fängt an, von seiner Traumfabrik zu erzählen. Ich glaube, er lebt in diesem Traum, begonnen hat der in der Traumfabrik Amerika. Dieses Lebensgefühl, er beschreibt es in den Farben Kaliforniens, lichtdurchtränkt, zart und schroff, und mit den Augen des Jünglings, der er damals war. Bilder aus einer fernen Wirklichkeit, tausendmal beschworen und blankpoliert. Es gibt kein flaches Lachen darin, kein Reihenhaus, an dem er abzahlt, es gibt nicht einmal Marie. Die gehört zu dem Leben hier. Dafür erkenne ich seine Songs, das Lederwams und den Jeep mit dem satten Sound wieder, sogar seine heißgeliebte Nikon kommt vor. All das ist aus dem Traum kopiert, den er vor mir lebendig werden läßt. So lebendig war er noch nie.

»Bei uns zu Hause war es eng«, erzählt er. »Wenn ich meinen Teller mittags nicht leergegessen hatte, bekam ich ihn abends wieder vorgesetzt. Meine Mutter hat an mir gerochen, jeden Tag, geküßt hat sie mich nur, solange ich klein war. Zigarettenqualm, Sperma und Alkohol, diese Spuren hat sie gejagt. Dann mußte mein Vater ein ernstes Wort mit mir reden. Mit achtzehn durfte ich endlich nach Kalifornien aufs College, für ein Jahr. Alles, was ich geworden bin, ist dort entstanden.«

»Der kleine Tellerwäscher Dario?«

»So ungefähr. Hier meinen sie oft, es ist nur die Jagd nach Geld. Das ist falsch. Drüben werden Träume gemacht, man kann sie riechen und greifen und wachsen sehen, sie haben Kraft.«

»Und du hast deinen Traum wahr gemacht?« frage ich. Ich hätte das wohl nicht fragen sollen.

Sein Gesicht verschließt sich. »Ich fotografiere tote Technik. Das weißt du.«

»Du hast Visionen. Die leben.«

»Ja. Manchmal.« Er schaut mich an. »Du bist unglaublich schön. Deine Haut ist ein Traum.« Wieder beginnen seine Hände, mich nachzuzeichnen.

»Ich bin nicht dein Tellerwäschertraum«, sage ich und schiebe seine Hände weg.

»Nein, du bist ganz du. Ganz Frau, soviel Frau, und ich kann dich noch nicht einmal mit meiner Kamera einholen.«

»Laß deine blöde Nikon aus dem Spiel. Ich bin keine Fata Morgana. Ich bin hier, vor dir.« Ich packe seine Hände und hole sie zurück zu mir, presse diese dummen Streichelhände so fest auf mich, daß es weh tut. Er soll zupacken, verdammt! Er ist ein Mann, und ich bin eine Frau, also?

»Ich kann nicht.« Seine Hände werden wieder schlapp.

»Versuch es!«

»Kennst du die ›Needles‹?«

Needle? Nadel? »Nein, willst du jetzt zu stopfen anfangen?«

Er reagiert nicht. Ich bekomme ihn nicht von seiner Traumwolke herunter. Er gleitet schon wieder die Pazifikküste entlang. Ich hole ihn nicht ein, nicht mit meinem Striptease und nicht mit meiner Traumhaut, weil ich hier bin und nicht auf seinen gottverlassenen Needles. Bis dahin käme ich nicht mal über die Golden Gate Bridge.

»Die ›Needles‹ sind zwei Felsen«, fährt er fort. »Sie ragen aus dem Meer, unendlich schön und einsam, ich habe oft dort gesessen und sie angeschaut. So sind wir. Jeder hat seinen Platz.«

»Bin ich ein Felsklotz?« Ich springe auf. Der Klotz ist er. Er hängt da träge auf seinem Designer-Sofa und flirtet mit einem Mühlstein, den er seit über zwanzig Jahren mit sich herumschleppt.

»Mir ist kalt.« Ich schlüpfe in meine Kleider zurück.

»Schade«, sagt er leise.

Schade? Herzflimmern! Wieder raus aus den Klamotten! Ich hab die eisernen Ketten gesprengt, ich bin die Märchenfee! Dann sehe ich ihn an. Er sieht mich nicht mal, seine Augen sind ganz weit weg. »Du meinst nicht mich.« Ich knöpfe den dicken Knopf von meinem Bolero wieder zu.

Es macht Dario nichts aus, daß ich alles wieder wegpacke. Wahrscheinlich merkt er es nicht mal. Er erzählt mir weiter von der Weite und dem Abenteuer. Ich komme mir vor wie in der »Camel«-Werbung. Auf der Kinoleinwand finde ich die toll, aber doch nicht in echt. Überhaupt bin ich Nichtraucherin. Darios Sprache rundet sich. Ich lenke ihn ja auch nicht mehr mit meinem nackten Body und meinen Gelüsten ab. Zur Belohnung läßt er üppige Bilder an mir vorbeiziehen. Eine Welt der Gegensätze spult vor mir ab, rosagelbes Licht über einem Kaskadengebirge und die triefende Nässe des Regenwaldes, die Skyline von Downtown Seattle und die »Grand Tetons«. Bei der Schilderung der »Großen Brüste« in der wilden Bergwelt der Rocky Mountains greife ich automatisch unter meine Jacke. Meine Brüste sind warm und weich. Was will er mit Steintitten? Vielleicht sind Männerphantasien so. Ich bin eine Frau. Ich habe andere Visionen.

Der Deal

Benni prustet.

»Was ist so lustig am Brötchenholen?« Ich stehe in der Küche, vor mir die übliche Palette Nußnougatcreme, Kräuterkäse und Wurst. Das Messer halte ich streichbereit in der Hand, ich habe nur noch auf die frischen Brötchen gewartet.

»Gar nichts.« Benni fegt mir die Papiertüte vom Bäcker auf die Arbeitsplatte. »Aber dein Verknallter tickt nicht sauber.«

»Wieso?« Falsche Reaktion! Ich müßte meinem Sohn den »Verknallten« vorhalten, aber jetzt ist mein »Wieso?« schon draußen. Ob Benni Eberhard meint? Ich schüttele den Kopf, unmöglich! Mit Eberhard bin ich im Clinch.

»Guck mal aus dem Fenster, Mom.«

»Moment!« Ich streiche zuerst. Aus Prinzip. Die Butter reicht nicht bis ganz an den Rand, und das Nutella kleckst auch in der Mitte. Egal. Betont langsam folge ich meinem Sohn zum Fenster.

Auf meinem Balkon, der zur Straße hin liegt, steht ein Maibaum. Wenigstens sieht er aus wie einer, nur feingemacht, so als hätte unser »richtig guter« Blumenladen ihn herausgeputzt.

»Wow!« Ich checke hastig durch, wer als Maibaumspender in Frage käme: Mein Exmann? Nee, bestimmt nicht, der würde mir eher einen Kratzbaum verehren. Theo auch nicht, der hat ein Lineal im Kopf und würde niemals im Juni an einen Maibaum denken. Bei einem amerikanischen Gehölz würde ich auf Dario tippen, falls er den Mut dazu hätte. Aber es ist eine Birke, und die Bänder sind aus Stoff und geknotet, ein haltbar gemachter Liebesgruß. Mir fällt partout niemand ein, zu dem so etwas Verrücktes paßt. Wer?

Keine Stunde später habe ich Eberhard an der Strippe. Benni ist glücklicherweise schon im Kindergarten. Mein Sohn muß nicht unbedingt mitbekommen, wie ich Eberhard seine Gattenrolle heimzahle. Wer mutig genug ist, als Gatterich außer Haus zu knuspern, muß auch souverän damit umgehen können. Mein Liebhaber war so souverän wie die Puddingschüsseln, die er seiner »Hedi« nachgetragen hat. Seit fünf Tagen zeige ich ihm deshalb die kalte Schulter und sonst gar nichts, den letzten Mittwoch habe ich auch gestrichen. Benni hat schon gefragt, ob Eberhard irgendwann »nachsitzen« müsse. Ich habe »shut up« gebrüllt und das rasch mit »Sei bitte still!« übersetzt. Es ist wirklich schwierig, sich ständig dieses kleinen Lauschohrs bewußt zu sein. Heute ist Donnerstag, der Fortbildungsfreigang meines Urologen steht vor der Tür, möglicherweise plagt ihn schon sein Lustdefizit. Aber so eine bin ich nicht. Was für ein Glück, daß Benni nicht da ist.

Ich will gerade loslegen, da bittet Eberhard mich, doch mal einen Blick aus dem Fenster zu werfen.

»Du warst das?« frage ich fassungslos.

»Ich war das. Gefällt er dir?«

»Weiß nicht«, nuschele ich. Okay, er hatte eine pfiffige Idee! Na und? »Ich hab gedacht, Maibäume gibt's nur im Mai und auf dem Dorf.«

»Und ich habe gedacht, die große Liebe gibt es nur mit zwanzig und auf dem Standesamt.«

»Claro. Mit zwanzig die große Liebe und mit fünfundvierzig ein Reihenhaus und ein Numerus-clausus-Kind. Du bist doch fünfundvierzig?«

»Ich bin fünfundvierzig.«

»Na, dann ist ja alles klar.« Natürlich weiß ich, wie alt er ist, wie er heißt und wo er kitzlig ist. Sonst weiß ich nicht viel von ihm. Ich glaube, es wäre besser gewesen, die Idylle in Pulheim gar nicht erst zu beschnuppern. Ich glaube, ich bekomme ein Puddingschüssel-Trauma!

»Und wenn einer mit fünfundvierzig auf sein Reihenhaus und seine Numerus-clausus-Vaterrolle pfeift, was ist dann?«

»Nichts ist dann«, antworte ich heftig, »weil das nämlich keiner tut.«

»Doch«, sagt Eberhard.

»Quatsch«, sage ich.

»Kennst du die Lindgasse?«

»Das muß irgendwo am Alten Markt sein.«

»Vom Fenster kann man den Rhein sehen, und bis zum Dom sind es keine drei Minuten. Nummer fünf, gleich über der Kneipe, ich warte ab fünf Uhr auf dich.« Eberhard legt auf.

Ich stehe da, den Hörer in der Hand, sehr intelligent sehe ich bestimmt nicht aus. Dieses »Doch« und dann die Adresse hauen mich um, dagegen ist der Maibaum auf meinem Balkon ein Klacks. Stop, noch einmal von vorn, weil das alles gar nicht wahr sein kann. Eberhard ist eine feige Socke! Dario ist auch eine feige Socke, der klemmt in seiner Traumfabrik. Alle Männer sind feige Socken, und ich bin's leid, dem einen seine Steintitten in den Rocky Mountains und dem anderen die ewigen Spargelröllchen aufzupeppen.

Nicht mit mir!

Warum ich dann trotzdem um vier Uhr anfange, mich anzuhübschen, und meinen protestierenden Sohn zu Frau Olfe rüberbringe, »die riecht so nach Veilchenpastillen, ich will nicht«, weiß ich selbst nicht so genau. Mein Spiegel zeigt mich in klassischen Naturtönen, dezent geschminkt, der Rock knieumspielend und um den Hals die exquisite Kette mit dem Platinanhänger, deren Wert sich nur dem Kenner erschließt. Ich sehe mich an: Hallo, Mrs. Eberhard! Ich könnte glatt als Ehefrau durchgehen, als seine Ehefrau, wenn er nicht schon eine hätte. So, wie ich mich aufgezäumt habe, erfülle ich alle Anforderungen, die er an eine echte Lady stellt. Ich pfeife drauf, für ihn die Lady zu mimen! Blitzschnell steige ich wieder aus meinem Wollsiegelkostüm, vertausche den exquisiten Schmuck gegen den Apfelanhänger und wähle bewußt einen Hosenrock aus, weil Eberhard Hosenröcke entsetzlich unweiblich findet. Als ich endlich in die Lindgasse einbiege, ist es halb sechs.

Die Kneipe mit den Butzenscheiben sehe ich auf Anhieb. Der übliche Touristenstrom schiebt sich an mir vorbei. Nur von Eberhard ist nichts zu sehen. Er ist ein Pünktlichkeitsfanatiker. Auch gut! Wer nicht mal eine halbe Stunde auf mich warten kann, hat's nicht besser verdient. Ich will kehrtmachen, aber irgendwie hänge ich mit einem Absatz in diesem vermaledeiten Kopfsteinpflaster fest.

»Sarah!«

Ich höre auf, mit meinem Absatz in der Fuge zwischen den runden Holpersteinen zu ruckeln, und sehe nach rechts, nichts, dann nach links, auch nichts. Gegenüber von mir feixt einer mit Kamera um den Hals und stippt den Daumen in die Luft. Ich folge dem Stippdaumen mit den Augen zu dem Fenster über dem Schild »Lindenhof«. Eberhard winkt. »Ich komme runter.«

Ich nicke und bücke mich blitzschnell, um meinen Schuh per Hand zu befreien. Natürlich bin ich nicht fix genug und komme genau in dem Moment hoch, als Eberhard aus dem Hauseingang neben der Kneipe tritt.

»Fehlt dir etwas?« fragt er.

»Ihr Schuh«, grinst der Typ mit der Kamera um den Hals.

»Halten Sie sich da gefälligst raus«, fauche ich und klopfe mir so energisch mit der Sohle meines befreiten Pumps auf den Handteller, daß kleine Dreckbrocken zu rieseln beginnen. »Ist heute zufällig auch noch der Dreizehnte?« frage ich.

»Freitag ist erst morgen, und übermorgen ist der erste.« Eberhard hält einen Schlüssel hoch. Einen Moment lang bekomme ich Angst, er hat mich schon einmal in ein Stundenhotel schleppen wollen, hier in der Altstadt gibt es genug davon. Aber der Schlüssel sieht nicht wie ein Hotelschlüssel aus, und Hotels vermieten gewöhnlich auch nicht speziell zum Monatsersten. Es ist ein ganz normaler Wohnungsschlüssel.

Eberhard hat sich eine Wohnung gemietet. Zwei Zimmer, eins mit Rheinblick, das andere mit Blick auf die Lindgasse; das Bad ist winzig und ganz ohne Fenster; die Küche ist nicht größer als eine Hundehütte. Ich hab noch nie im Leben in so einer kleinen Küche gestanden. Hier bekäme ich nicht mal ein Spiegelei hin, glaube ich. Muß ich ja auch nicht! Ich verbiete mir energisch diese dämliche Spinnerei und zeige auf den Keramikbecher, auf dem in goldener Schnörkelschrift »Er« steht: »Durftest du den mitnehmen?« Diese

Dinger gibt es praktisch in jeder Ehe, die bekommt man zur Hochzeit oder zum Hochzeitstag geschenkt, natürlich paarig. Der »Sie«-Becher gehört zu Hedwig. Ich hatte auch mal einen zu Hause, aber der ist kaputt.

»Wir haben uns ausgesprochen«, antwortet Eberhard.

Fast wäre mir das Keramikding aus der Hand gefallen. »Du meinst...?« Ich zeige auf mich und dann auf ihn.

»Exakt«, sagt er.

»Sie hat dich rausgeschmissen?« Ich sehe die Szene vor mir. Ich habe ja gewußt, daß sie Lunte gerochen hat. Zuerst Penelope und mein Schmuck von Hedwigs Hofjuwelier, in Garmisch wohne ich auch nicht, dann die Sache mit der Klotür und der Verlust meiner Strumpfhosen in ihrem Kinderhaus, wo Kinder doch das Größte sind. Sie hat ihn rausgeworfen, ganz klar!

»Im Gegenteil. Hedi war sehr verständnisvoll.« Eberhard serviert mir eine Story, die mir eine Gänsehaut über den Rücken schießen läßt. Hedwig schluckt seine Knuspergelüste, die ohnehin nicht ihr Ding sind. Im Gegenzug steht Eberhard ihr für offizielle Anlässe, Familienfeiern und für die gemeinsame Einkommensteuererklärung zur Verfügung. Es ist ein Deal.

»Sie ist nicht dumm, deine Frau«, sage ich langsam.

»Freust du dich nicht?« Er dreht an seinem Goldring. Nach einem Vierteljahrhundert hat der Ähnlichkeit mit einem Gardinenring.

»Worüber?« frage ich und drehe mir ersatzweise ein paar Haare um den Finger.

»Ich liebe dich.«

»Klar«, sage ich. Er liebt mich, meine Titten und meine Traumhaut. Nee, die Traumhaut streiche ich wieder, die liebt Dario. Dario ist ein verdammter Traumtänzer, da ist mir Eberhard schon lieber. Der schafft es wenigstens ab und zu, mir meinen eigenen kleinen Himmel zu bescheren. Ohne Anfassen geht das nun mal nicht, Herr Land! Sorry! »Wie wär's mit Schampus?« Ich sehe Eberhard herausfordernd an.

Er nickt, verschwindet kurz in der Küche, die ein Witz ist, und kommt mit einer perfekt temperierten Flasche »Heidsieck« zurück. Ich mag echten Champagner, der gibt mir so ein Gefühl.

»Mach schon auf«, sage ich und sehe mich um, »gibt's hier auch was zum Sitzen?«

Eberhard zeigt auf ein Sofa. Wir setzen uns nebeneinander auf das Sofa, die Flasche kommt vor uns in einen Kühler. Ich verkneife mir die Frage, ob es den im Haushalt der Reuters doppelt gab oder wie sonst die Aufteilungsmodalitäten waren: du die Topflappen und ich den Korkenzieher. Im Zweifelsfall kennt Frau sich besser im Hausrat aus. Ich habe Ralf auch die olle Blümchenwäsche und das angeschlagene Geschirr untergejubelt. Die beiden Sektkelche, die Eberhard auf den Couchtisch vor uns stellt, sind allerdings vom Feinsten. Die Möbel nicht, die wirken zusammengestoppelt. Der Couchtisch könnte mit seinen Spreizbeinchen glatt aus den Fünfzigern stammen. Der Ohrensessel aus grünem Leder mit Messingnieten dort neben dem Gummibaum in der Ecke erinnert an Old England, im Realkauf in Frechen gibt es so etwas fast umsonst. Dieses Interieur ist ein Alptraum, vielleicht trinke ich deshalb so hastig. Eberhard entkorkt eine zweite Flasche, und jetzt verlieren sogar die scheußlichen Seidenkissen in Orange ihren Schrecken. Ich lehne mich zurück. Zufällig ist dort Eberhards Arm. Es ist kein unangenehmes Gefühl, und sein kleiner Finger beginnt sehr zart über die bloße Haut an meinem Arm zu streicheln, erst außen entlang und dann innen hoch, ein bißchen kitzelt es auch. Ich kiekse. Er kitzelt heftiger. Ich kiekse lauter. Er stoppt und sieht mich fragend an: »Bin ich dir zu wild?« Sofort schießt mir die Szene mit Dario durch den Kopf, bei ihm war nichts wild und alles nur pflaumenweich, dementsprechend heftig schüttele ich den Kopf. »Ich mag's wild, kann man hier eigentlich nur sitzen?«

»Mitnichten!« Eberhard springt auf, zieht mich mit hoch, geht in die Hocke und betätigt einen Griff, der die Couch vorschießen läßt.

Ich überfliege die Distanz von der Kante, die gegen mein Knie drückt, bis zur Wand hin. Maximal einsfünfzig, so klein ist nicht mal Hedwig, und in die Breite gerechnet mißt dieses Ding auch nicht mehr. »Bißchen lütt, wie?«

»Das haben wir sofort.« Eberhard beugt sich vor, klappt das untere Polster hoch, legt solcherart eine Holzleiste frei, an der er zieht und unsere Liegefläche auf satte zwei Meter verlängert. Unsere Lustwiese ist perfekt.

»Das neueste Modell von der Messe in Mailand«, erkärt Eberhard stolz und fängt an, ordentlich ein Unterbett, ein Bettuch, eine Daunendecke und ein Gesundheitskopfkissen aufzulegen.

»So richtig südländisch und vor allem so spontan«, sage ich, »ich wollt schon immer mal…«

Weiter rede ich nicht, weil Eberhard mir gerade ein zweites Kopfkissen hinhält. »Das ist deins, aber wenn du lieber auch so ein orthopädisches wie ich haben möchtest, kaufe ich dir morgen eins.«

»Nee danke.« Ich schniefe und schlucke, und alles nur wegen dieses blöden Kissens. Dann steige ich aus meinem Hosenrock, den Eberhard unweiblich findet, obwohl er heute nichts dazu gesagt hat. Ich lege meine Wäsche ordentlich über einen Stuhl, meinen Slip ziehe ich erst im Bett aus. Ich bin schon ziemlich kippelig, das kommt von dem Schampus.

Irgendwann sehe ich auf den Reisewecker neben unserem Couchbett und bekomme einen Schreck. »Ich muß los.« Ich will aufstehen, aber ich rutsche immer wieder zurück.

»Du hast einen Schwips.« Eberhard legt seinen Arm um mich. »Einen niedlichen kleinen Schwips. Warum schläfst du nicht hier? Jetzt geht das doch!«

»Jetzt geht das noch lange nicht. Ich hab zufällig noch einen niedlichen kleinen Sohn.«

»Aber bald«, drängt Eberhard. »Versprich mir, daß du bald eine ganze Nacht bleibst. Für Benni besorgen wir einen Babysitter.«

Wir? Ich nicke, das liegt bloß an diesem »Wir«. Es ist ein kuscheliges Wort, aber gelogen ist es trotzdem, weil ich nun mal eine alleinerziehende Mutter und Solistin aus Überzeugung bin. Basta!

Vor meiner Haustür drückt Eberhard mir etwas Kaltes in die Finger. »Der ist für dich. Verlier ihn nicht.« Metall klimpert in meiner Handmulde. Es ist der Schlüssel zu dieser Wohnung mit Blick auf den Rhein und nur drei Minuten vom Dom entfernt. Der Schlüssel hängt an einem Anhänger aus Silber. Ein silberner Löwe mit einem Schlüsselring dran.

»Weil du Löwe bist«, sagt Eberhard.

»Ja«, sage ich, »danke.« Mein Sternzeichen ist »Löwe«, das stimmt.

»Sonst nichts?« Sein Gesicht kommt näher. Er hat Bettelaugen.

Ich rucke kurz vor und gebe ihm einen Kuß. Der Kuß verrutscht auf seinen Mundwinkel, bestimmt ist der viele Schampus schuld.

»Du bist lieb«, flüstere ich und mache die Augen zu, weil er mich noch immer mit diesen Bettelaugen ansieht. Ich mag's nun mal bunt und wild.

»Ist das alles?« Seine Augen betteln weiter.

»Du bist süß.« Ich küsse ihn, seine Haut riecht noch immer nach diesem Desinfektionszeug. Dario riecht anders, ganz anders.

Ein Hauch von Flucht

Freitags gehe ich immer auf den Markt, und zwar zwischen zwei Reim-dich-fit-Kursen. Am nächsten ist der Apostelmarkt, wo mich die Marktleute bestens kennen. Die Obst-/Gemüsefrau packt mir immer umsonst eine Banane für Benni dazu, weil er als Winzling so niedlich »Nane« gebettelt hat und dabei in seinem Wagen herumgehopst ist. Einmal ist er sogar mitsamt Eiern umgekippt, weshalb der Eiermann jedesmal »Rührei oder Ei im Stück?« fragt.

Ich befestige also meinen Einkaufskorb auf dem Fahrradständer und schließe den Sicherheitsbügel auf. Heute klimpert ein Schlüssel mehr in meiner Tasche, ganz kurz umschließt meine Hand den kleinen Silberlöwen, dann fahre ich los. Hinter dem Aachener Weiher fällt mir auf, daß ich falsch gefahren bin. Das ist die Strecke zu den Lands. Natürlich gibt es in Deckstein auch einen Markt und sogar einen Stand nur für Tees. Benni wird happy sein, wenn ich ihm den Pfirsichblütentee mitbringe, den es sonst nur bei Wanda gibt und der wie die fröhlich-fruchtigen Kaubonbons riecht, die ich ihm wegen seiner Zähne verbiete.

Im Vorbeifahren klingele ich kurz bei Wanda. Sie findet meine Idee ebenfalls toll und holt auch ihr Fahrrad aus der Garage, und dann stellt sie mich ihrem Eiermann und ihrer Obst-/Gemüsefrau als ihre beste Freundin vor. Ich kaufe viel mehr als sonst, sogar Früchte, deren Namen ich nicht mal kenne. Hoffentlich weiß Benni das teure Exotenobst zu schätzen, ich selbst esse lieber knakkige Äpfel aus der Eifel. Als ich mein Portemonnaie aus der Tasche ziehe, stoße ich wieder an den Löwen-Anhänger. Es ist wirklich ein hübscher kleiner Silberlöwe. Während ich auf mein Rückgeld warte, lasse ich den Löwen an der Kette, die ihn mit dem Schlüsselring verbindet, durch die Luft sausen.

»Hübsch«, sagt Wanda, »laß mal sehen.«

Ich lasse meinen Löwen ausschwingen und halte ihr das Schlüsselbund hin.

»Der Schlüssel sieht so neu aus.« Wanda reibt über das glänzende Metall.

»Er ist neu«, sage ich.

»Wieso hast du einen neuen Schlüssel?«

»Es ist nicht meiner. Es ist der von Eberhard. Danke!« Das »Danke« gilt der Marktfrau, die mir den schweren Einkaufkorb persönlich auf den Fahrradständer gewuchtet hat.

»Ah ja!« Wanda zahlt auch und nimmt ihren eigenen Korb entgegen, dann fragt sie mit gesenkter Stimme: »Und seine Frau?«

»Ist in Pulheim. Dieser Schlüssel gehört natürlich nicht zu dem Haus in Pulheim.«

»Eberhard ist ausgezogen?« Fast wäre ihr Exotenobst losgekullert.

»Na ja«, mein Silberlöwe saust erneut durch die Luft, neben mir reibt sich jemand den Ellbogen, ich entschuldige mich. »Er hat jetzt eine eigene Wohnung«, füge ich hinzu.

»Und du hast einen Schlüssel.«

»Zwei Schlüssel«, sage ich, »meinen und seinen. Oder glaubst du, ich bin so blöd und geb meine Freiheit auf?«

»Und ich dachte schon, du wärst jetzt die Löwin an der Kette.«

»Quatsch!« Ich stopfe Eberhards Schlüsselanhänger hastig in meine Tasche zurück. Vielleicht war es doch keine so gute Idee, auf den Decksteiner Markt zu kommen. Ich muß sowieso los, weil bald mein nächster Kurs beginnt.

Als ich später zu Hause meine Einkäufe auspacke, stelle ich fest, daß ich glatt Bennis Früchtetee vergessen habe. Ich knalle Eberhards Schlüsselbund so wütend auf die Tischplatte, daß eine Kratzspur auf dem empfindlichen Marmor zurückbleibt. Es fehlt nicht viel, und ich werfe das Ding mitsamt Löwen in den Müll.

Als ich Benni von seinem Kindergarten abhole, erinnert er mich daran, daß er heute bei Marie schläft und pünktlich da sein muß, weil Dario ihm Baseball erklären will. »Kannst du Baseball?«

»Ist ein Männersport und amerikanisch.« Natürlich amerikanisch, denke ich. Mir geht die Tellerwäscherstory von Poor Little Dario nicht aus dem Kopf.

»Kann Eberhard Baseball?«

»Glaub ich nicht.« Hoffentlich nicht! Ein Traumtänzer langt.

»Hab ich mir fast gedacht.« Dann rennt Benni los, um seinen Rucksack zu packen. Mir fällt ein, daß ich noch Eberhard verständigen muß, daß ich gleich bei den Lands bin. Das Wesen am Telefon ist neu und weigert sich, mich durchzustellen, weil die Sprechstunde schon vorbei ist. Sie verbindet mich erst mit Eberhard, als ich ihr mitteile, daß dieser Anruf rein persönlich und dem Herrn Doktor durchaus willkommen ist.

»Spinnst du eigentlich?« begrüßt mich mein Urologe. »Willst du meinen seriösen Ruf ruinieren?«

»Ich denke, du hast mit deiner Frau gesprochen? Und 'ne eigene Wohnung hast du auch.«

»Es gibt Spielregeln. Offiziell bin ich ein verheirateter Mann.«

»Gut zu wissen.« Ich sollte seinen Silberlöwen doch beerdigen.

»Bitte...«

»Danke!« Ich lege auf und kümmere mich nicht um das Gebimmel, das wenig später einsetzt. Ich habe zu tun! Lippen schminken, »Lolita« aufsprühen, fertig!

»Wir können«, brülle ich.

»Da will einer was von dir.« Benni zeigt Richtung Telefon.

»Falsch verbunden«, antworte ich, »komm endlich!« Während ich mich bücke, um meine Schuhe zuzuschnüren, verliere ich Benni einen Moment lang aus den Augen. Er huscht in die Wohnung zurück, das Telefonläuten endet abrupt, dafür höre ich meinen Sohn »Falsch verbunden!« sagen und dann ein Peng. Aufgelegt.

»Bist du eigentlich bescheuert?« frage ich.

»Du hast es mir selbst vorgesagt.« Benni schlüpft in seine Schuhe, wie üblich, ohne den Klettverschluß zu öffnen.

»Es gibt schließlich gewisse Spielregeln«, sage ich. »Du bist bald alt genug, um das zu begreifen.«

»Muß man immer lügen, wenn man so alt ist wie du?«

»Rotzlöffel!« Ich kontrolliere den Schacht, der mir die Sicht durchs Treppenhaus freigibt, und als niemand zu sehen ist, setze ich mich auf den Handlauf des Treppengeländers und sause hinab. Wir haben noch einen von diesen wunderschönen alten Handläufen aus Holz, das geht wie geschmiert. Natürlich rutscht Benni auch, er saust in einem Affenzahn auf mich zu, und ich schirme ihn gegen die Haustür ab, die sich gerade öffnet.

»Guten Morgen!« begrüßen wir beide artig und leicht außer Puste unsere Hauswirtin. Auf dem Weg in den Fahrradkeller läßt Benni mich wissen, daß ich für mein Alter doch noch ganz okay bin. Was mich prompt veranlaßt, beim Eismann zu halten und uns ein Megaeis zu spendieren. Jetzt bin ich nicht nur okay, sondern megacool.

Meine Laune steigt.

Beim Anblick von Wanda steigt sie noch ein bißchen höher, obwohl das eigentlich genau umgekehrt sein müßte. Denn Wanda wirkt im Gegensatz zu heute vormittag reichlich miesepetrig. Sie kauert in ihrem Sessel und hat die Arme vor der Brust gekreuzt, so als ob sie fröre. Dabei scheint die Abendsonne ins Zimmer.

»Ist Dario etwa schon da?« frage ich.

Wanda lächelt mit den Lippen und kocht mit den Augen, was total unheimlich aussieht. »Er hat mich eben angerufen und mir mitgeteilt, daß er sich nach Kalifornien abzuseilen gedenkt.«

Herrjemine! Stimmt nicht! Stimmt doch! Herzliches Beileid paßt nicht, schließlich ist keiner gestorben. Eher sieht's nach Wiedergeburt aus. Mir schießen die Steintitten in den Rocky Mountains, diese beiden gottverlassenen Needles und der Pazifik durch den Kopf. Dario seilt sich ab! Und ich? Ich nehme Wanda in den Arm. Eigentlich müßte mich jemand trösten. Immerhin hat sie das Haus und die Lebensversicherung und ist auch sonst gut versorgt.

»Fünf Tage«, sagt sie dicht an meinem Hals. »Fünf Tage skippern, saufen, Pionier spielen.«

»Nur fünf Tage?« Ich schiebe sie von mir weg, ihr Haarfächer kitzelt mich. Sie hat eine verdammt komische Art, sich auszudrükken.

»Sagt er auch!« Wanda verstellt die Stimme, »nur fünf Tage«, Pause, dann spuckt sie ein »Und ich?« hinterher.

»Fahr auch weg«, schlage ich vor.

»Fährst du mit?« fragt sie zurück.

»Ich arbeite zufällig.«

»DU arbeitest natürlich. Ich bin wirklich zu dumm, eben eine typische Nur-Hausfrau!«

»Natürlich arbeitest du genauso«, verbessere ich mich hastig.

»Ja, aber bei dir kommt Dichtkunst raus und bei mir bestenfalls eine gelungene Pastete. Magst du Wildpastete?«

»Nee, laß mal, ich muß sowieso gleich wieder los.«

»Du versäumst etwas«, sagt Dario dazwischen. Ich habe ihn nicht einmal kommen hören.

»Er meint nicht mich«, ergänzt Wanda anzüglich, »nur meine Pastete.« Sie sieht ihren Mann an und fügt hinzu: »Ich kann dir ja ein Stück für den Flug einpacken.«

Dario schüttelt den Kopf. »Die Einfuhr von Fleischprodukten in die Staaten ist leider verboten, Darling.«

»Das heißt, du fliegst?«

»Ich fliege.« Dario zieht ein Ticket aus der Sakkotasche. »Frisch gebucht.«

»Schiff ahoi!« Ich stehe stramm und tippe gegen eine nicht vorhandene Kapitänsmütze.

Dario mustert Wanda. »Du warst aber fix, Darling. Ich meine nicht die Pastete.«

Wanda zuckt mit den Schultern. »Sarah hat auch News.« Sie hält ihm seine gewohnte Heimkomm-Bechertasse Kakao hin.

»So?« Dario rührt und setzt den Becher an die Lippen.

»Ihr Eberhard hat sich eine eigene Wohnung genommen. Ist das nicht herrlich?«

»Du hast den Zucker vergessen.« Dario verzieht angewidert das Gesicht, dann sieht er von Wanda zu mir hinüber: »Stimmt das?«

»Schon«, sage ich.

»Gratuliere!« Er wischt sich über den Mund.

»So ist es auch wieder nicht.«

»Sondern?«

»Eberhard hat einen zweiten Wohnsitz, das ist alles.«

»Schade!« Dario trinkt, plötzlich scheint ihm sein Kakao nicht mehr zu bitter zu sein.

»Gar nicht schade«, protestiere ich.

»Dann ist doch alles bestens.« Dario hält Wanda seine leere Tasse hin. »Das hat gutgetan, Darling.«

Wanda stellt die Tasse auf die Anrichte und nimmt dafür mit einer silbernen Zange zwei Stücke Würfelzucker aus der Zuckerdose, die sie Dario hinhält: »Möchtest du den Zucker heute separat?«

»Ist sie nicht witzig?« Dario sieht mich an.

»An dich reicht keiner ran!«

Ich sehe weg. Da spiel ich nicht mit! Diese Nummer ist mies, schlicht mies! Als ich nichts höre und wieder hochsehe, ist Dario verschwunden.

»Sauer?« frage ich zu Wanda hin. Geschieht ihm recht, denke ich.

»Schampus«, erwidert Wanda und behält recht, denn Dario kommt wenig später mit einer Flasche Champagner zurück, die er fröhlich entkorkt, um mit uns auf »alles, was uns froh macht« anzustoßen. »Hört! Hört« sagt Wanda, aber Dario reagiert nicht darauf, sondern füllt drei Gläser, verteilt sie und prostet mir zu: »Auf dich, Sarah!«

»Auf deine Reise ins Tellerwäscherparadies«, sage ich.

»Auf Eberhard«, fügt Wanda hinzu und will wissen, ob Eberhard Wildpastete mag, da er doch bestimmt gleich kommt. Ich muß eingestehen, daß Eberhard nicht einmal weiß, daß Benni und ich hier sind. Und ob er Wildpastete mag, weiß ich auch nicht.

»Ich kläre das.« Wanda springt auf. Ich rühre mich nicht. Dario legt ein Video ein. Ich sehe auf den Pazifik, auf sanft gewellte Dünen und ein Licht, violett und rosig, endlos weit, bis es in Seen eintaucht, die schneebedeckte Gipfel und dunkle Baumriesen widerspiegeln. Dann reißt der Himmel auf und zeichnet Konturen in gleißendem Blau. Eine ganze Welt im Brennglas. Dschungelgrün und karge Mondlandschaften, Bisonherden mit ihren Jungtieren, der blubbernde Hexenkessel eines Geysirs, Erdtöne und Farben, die in den Augen brennen. Ein unwirkliches Land, es hat auch die »Stadt der Engel« hervorgebracht, wo Träume echter werden als das Leben.

»Sieh es dir an, Sarah.« Darios Augen haften an dem Bildschirm, während er mir seine Hand hinstreckt. Eigentlich will ich nicht hinsehen. Seine Begeisterung ähnelt dem Schwärmen eines Backfischs. Aber es fängt mich ein, grobkörnig und zweidimensional aus diesem Kasten. In der Realität muß es traumhaft sein.

Wir sitzen stumm nebeneinander, bis nur noch Namen über das Bild laufen, die von der Regie und der Kamera und dem Schnitt, von denen, die dieses Wunder sichtbar gemacht haben.

»Gib es zu, Sarah. Es ist ein Traum.« Dario preßt meine Hand.

»Okay«, sage ich. »Es ist ein Traum. Nimm Wanda mit!«

»Sie haßt es.«

»Blödsinn!«

»Arrogant und versoffen«, tönt es aus der Küche. Man kann Wanda nicht sehen, weil eine halbschräg in den Raum gezogene Wand sie abschirmt.

»Du weißt, daß es nicht stimmt.« Dario herrscht die Wand an, hinter der Wanda hantiert.

Ich höre nur Wandas Lachen. Es bringt Dario in Harnisch. »Sie will es so sehen«, sagt er, »sie will es mir kaputtmachen.«

»Sag es ihr schon!« Wanda erscheint in dem Durchgang.

»Sei still!« Die Knöchel an Darios Hand, welche die Hülle der Videokassette umschließt, treten weiß hervor. »Laß meine Eltern in Ruhe!«

»Eltern?« frage ich verwirrt, weil Dario mir doch selbst erzählt hat, wie bescheiden sein Zuhause war und daß er froh war, mit achtzehn dort herauszukommen und drüben aufs College gehen zu dürfen.

»Er nennt die Adams Eltern, weil er sich einbildet, sie hätten ihn damals auf die Erfolgsschiene bugsiert«, sagt Wanda.

»In deiner College-Zeit?« Ich sehe Dario an, aber er ist damit beschäftigt, die Videokassette sorgfältig in die Hülle zurückzustecken.

»Vor fünfundzwanzig Jahren«, bestätigt Wanda an seiner Stelle. »Seine Gasteltern hatten natürlich schon damals einen eigenen Flieger, zig Häuser, Boote und soviel Millionen wie normale Menschen Hemden. Wenn du sie fragst, wieviel Millionen es im Moment sind, haben sie echte Probleme. Sonst haben sie keine Probleme, höchstens mit mir.«

»Sie sind wunderbare Menschen und kein bißchen überheblich.« Dario faltet die Hände über der Videohülle. Es sieht albern aus, wie in der Kirche.

»Mit einer Million Dollar im Jahr ist jeder Arsch wunderbar«, erwidert Wanda.

Ich zucke zusammen. Ich sage auch schon mal »Arsch«, aber bei Wanda klingt es obszön.

»Meine Gastmutter hatte keine Köchin und keinen Gärtner, nur eine Zugehfrau. Manchmal hat sie abends ganz allein zwanzig Leute bewirtet.«

»Genau das ist versnobt. Sie könnte sich locker ein halbes Dutzend Köchinnen und Gärtner leisten und tut es nicht.« Wanda stellt ihre Wildpastete auf den Tisch. »Ich habe Eberhard übrigens auf Band gesprochen. Nehmt ihr Chutney zur Pastete?«

Dario zerrt Wanda die Chutneyflasche aus der Hand und holt aus. Ich kneife die Augen zu und sehe schon die Sprenkel ringsum, tausend orangerote Chutneypünktchen, aber es klirrt und spritzt nichts. Die Flasche steht wieder auf dem Tisch, und Dario verschwindet gerade im Garten, das Video hat er noch in der Hand. Eine Minute später dröhnt der Rasenmäher.

Ich sehe Wanda an. »Du hast ihn verletzt.«

»Kann man das? Er ist der Größte. Alle lieben und bewundern ihn.«

»Wär's dir lieber, du wärst mit einem Mickerling verheiratet?«

»Wieso wäre?« Ihre Lippen stülpen sich vor, sie lächelt, sie sieht fast glücklich aus. »Ohne seinen Glamour ist er ein Mickerling.«

Ich sage nichts darauf. Ich gehe auch in den Garten und neben Dario her, der noch immer den Rasen mäht, eine Bahn und noch eine, von der Terrasse bis zur Schaukel und wieder zurück.

»So ist das!« Er sieht mich nicht an.

»Vielleicht ist sie eifersüchtig«, sage ich.

»Kennst du eine eifersüchtige Registrierkasse?« fragt Dario. »Wanda denkt in Mark und Dollars und Lebensversicherungspolicen und Immobilien. Für meine Eltern drüben war Geld im Grunde unwichtig.«

»Klar!« Ich nicke. Ist doch klar, daß Geld unwichtig wird, sobald man's in rauhen Mengen hat.

»Für dich ist das klar. Wanda begreift das nicht. Was zählte, war dieses unglaubliche Lebensgefühl.« Dario packt Bilderfetzen für mich aus, wie er und Young Adam die Küste entlanggeskippert sind. Die erste Männerfreundschaft, mit unzähligen Dosen Bier begossen, hinterher wären sie fast gekentert. Und die erste Romanze mit einem Cheer-up-girl, das Dario für den größten Base-

ball-Helden aller Zeiten hielt und von dem er nur noch die Pony-
fransen, die Außenrolle und pfundweise Eyeliner erinnert: »Irgendwie sahen sie alle gleich aus, sogar die Kleider. Mein Gott,
war ich verknallt!«

»Komisch!« Ich hatte beim erstenmal ein geblümtes Frotteekleid
mit Reißverschluß an, plötzlich sehe ich dieses Blümchenmuster
wieder vor mir und wie mein erster an dem Zippverschluß gezogen und ihn mir fast kaputtgemacht hat. Wie der Junge aussah,
habe ich vergessen. Seinen Rollkragenpulli habe ich behalten und
daß er komisch roch.

»Das Mädel war okay. Sie kam aus dem richtigen Stall und ging
aufs richtige College, mehr als Petting lief nicht, vielleicht hätte
ich so eine heiraten sollen. Eine aus der ersten Garnitur.«

»Hört sich irre abenteuerlich an.« Mein erster roch nach ver-
branntem Frittenfett, weil sein Vater eine Imbißbude hatte, jetzt
hab ich's wieder. Sehr treu war er auch nicht, aber dafür hat er
himmlisch gefummelt. Ich hätte ihn nicht gegen zehn Erste-Gar-
nitur-Tanzstundenbubis eingetauscht. Ich wäre ja verrückt gewesen.

»Es ist das Feeling, verstehst du?« Dario greift mir mit der freien
Hand unter das Kinn und holt mich näher zu sich heran. »Mit
dem Besten bin ich der Beste und schlage mich aus diesem Mit-
telmaß heraus, beim Baseball nennen wir das die ›homebase
schaffen‹. Verstehst du?«

»Ich versteh nichts von Baseball.« Ich befreie mein Kinn aus seinem Griff. Seine Baseball-Philosophie tötet mir den Nerv. Ich kapier ja noch nicht mal Fußball. Muß ich auch nicht. Ich hätte
Lust, Dario die Schweizer Präzision an seinem Handgelenk zu
zertrümmern und ein Loch in seinen Hosenstall zu schneiden, wo
dieses affige »closed«-Schildchen sitzt. Wenn einer das auf der
Hose stehen haben muß, um zu wissen, ob sein Hosenstall klafft
oder nicht, und dafür einen Hunderter mehr zahlt, stimmt etwas
mit dem Mann in der Hose nicht. So ist das nämlich!

»Ist etwas?« fragt Dario und ruckt an seinem »closed«-Schild-
chen.

»Paß auf, daß dir bei deinem Törn nichts fliegen geht«, erwidere ich.

Wanda winkt mir von der Terrassentür aus zu. Ich bin froh, wieder hineingehen zu können. Vielleicht hat Eberhard inzwischen zurückgerufen.

»Eberhard?« frage ich.

»Er kommt gleich. Er hat eine Überraschung für dich, soll ich dir sagen.«

»Hoffentlich nicht schon wieder ein Maibaum«, murmele ich.

»Ende Juni doch nicht«, sagt Wanda.

»Eberhard bringt das glatt«, sage ich und bin froh, daß sie ihn für mich angerufen hat. Ich hätte ihn ums Verrecken nicht selbst angerufen. Das mit dem Maibaum war stark.

Natürlich überrascht Eberhard mich diesmal nicht mit einem Maibaum, in der Wiederholung wäre das ja auch langweilig. Statt dessen überrascht er mich mit Urlaubsplänen und läßt mir nicht einmal die Chance, zickig zu sein, weil er mich vorher überhaupt nicht gefragt hat, ob ich überhaupt mit ihm zusammen verreisen möchte. Er setzt sich einfach an den Tisch, läßt sich von Wanda einen Teller mit ihrer köstlichen Wildpastete geben, probiert, sagt anerkennend »Köstlich!« und sieht dann wieder mich an: »Zurück zu unserem Urlaub! Was hältst du von der Cinderella?«

»Spinn nicht rum«, sage ich wütend und auch ein bißchen sehnsüchtig, weil die »Cinderella« nach drei Jahren Seeurlaub an der belgischen Küste für Benni und mich so etwas wie das Knusperhäuschen im Märchen geworden ist. Allerdings gibt es die »Cinderella« schon in echt, nur daß die Besitzer nicht im Traum daran dächten, ihr Traumhaus zu vermieten. Und falls sie es doch täten, könnten wir uns solch ein Feriendomizil niemals leisten. Eberhard kennt die Fotos von der »Cinderella«, die Lands kennen sie natürlich auch, und sogar in Polaroid kommt etwas von dem Märchenzauber der Villa mit dem tiefgezogenen Walmdach, den Sprossenfenstern und den Dünen ringsum rüber.

»Ich habe eben mit Monsieur Tavernier telefoniert.« Eberhard sieht mich mit seinem »Bitte-loben-Blick« an. Als ich nicht reagiere, fügt er hinzu, daß es sich bei Monsieur um einen sehr renommierten Notar in De Haan handelt.

»Ich wollte kein Testament in De Haan machen, sondern Urlaub«, erwidere ich und finde, daß zwei Spinner an einem einzigen Tag eine Zumutung sind.

»Monsieur Tavernier betreut zufällig auch die Immobilie ›Cinderella‹, deren Besitzer gelegentlich an gute Freunde vermieten. Zum Freundschaftspreis. Ist dir die erste Julihälfte recht?«

»Du spinnst«, wiederhole ich und kneife mich verstohlen ins Bein, weil es ja sein könnte, daß ich irgendwie weggeduselt und in einen Tagtraum gerutscht bin.

»DIE Cinderella?« fragt Wanda.

»DIE Cinderella«, bestätigt Eberhard.

»Was ist mit unserer Cinderella?« will Benni wissen. Eigentlich sieht er gerade mit Marie Kinderstunde.

»Eberhard hat für zwei Wochen die Cinderella gemietet«, erklärt Wanda und sieht meinen Urologen an, als ob er ihr eben das Geheimrezept für eine neue Pastete verraten hätte.

»Super!« Benni dreht sich zu Marie um: »Die Cinderella ist riesig, da passen wir alle zusammen rein, das wird echt geil!«

»Geil«, wiederholt Marie.

»Also eigentlich wäre das gar keine so üble Idee«, findet Wanda und vergißt glatt, ihre Tochter wegen des »Geil« zu rügen. Sie rechnet, bezogen auf Eberhards Freundschaftspreis, vor, was wir alles sparen könnten, wenn die Kosten geteilt würden.

Das Ende vom Lied ist, daß wir beschließen, alle zusammen an die Nordsee nach De Haan in die »Cinderella« zu fahren. Was sollen Eberhard, Benni und ich auch allein mit fünf Schlafzimmern anfangen?

Unsere Männer sind einverstanden, obwohl ich mir sicher bin, daß Eberhard das anders geplant hatte. Darios Begeisterung hält sich ebenfalls in Grenzen, vielleicht weil nicht er es war, der meine Traumvilla an Land gezogen hat. Dafür sind die Kinder restlos begeistert. Sie verteilen schon die Schlafplätze, werktags wollen sie sich ein Zimmer teilen, und am Wochenende wollen sie bei uns

Großen schlafen, reihum. »Ihr könnt ja auch untereinander tauschen«, schlägt Marie vor. Sie sieht ihre Eltern an und dann mich.

»Nein, wir tauschen nicht.« Ich peile Dario an. Er guckt weg. Feige Socke!

»Warum nicht?« fragt Marie.

Ich bleibe ihr die Antwort schuldig. Soll ich jetzt etwa anfangen, ihr einen Vortrag über Sitte und Anstand zu halten? Ich doch nicht!

Benni schaltet sich ein, er hat auch nachgedacht: »Meine Mutter kann Schnarchen nicht ausstehen. Schnarcht dein Vater?«

»Es reicht!« sage ich und lege sicherheitshalber auch noch den Mutterblick auf.

»Bist du empfindlich.« Mein Sohn verzieht sich mit Marie im Schlepptau. Im Treppenhaus hören wir die beiden kichern. Dario beginnt, von den phantastischen Lichtverhältnissen dort an der belgischen Küste und vom kulturellen Reichtum des Hinterlands zu schwärmen. Wanda schwärmt von dem Fisch, den sie in Ostende auf dem Markt gesehen hat, und beschreibt jede Fischschuppe einzeln.

»Hast du eigentlich immer nur deine gottverdammte Kocherei im Kopf?« herrscht Dario sie an.

Wanda steht auf. »Tja, mein Niveau...«, sie beugt sich vor und greift nach dem Brotkorb, »möchtet ihr lieber Baguette oder Zwiebelbrot?«

»Zwiebelbrot«, sage ich aufs Geratewohl, woraufhin Wanda in ihrer Küche verschwindet und Dario im Keller, um wie üblich den richtigen Wein zum Essen hochzuholen.

»Freust du dich?« fragt Eberhard leise und faßt nach meiner Hand.

»Schon«, sage ich, »und deine Frau?«

»Laß Hedwig nur meine Sorge sein.«

Ich registriere das »Hedwig«, sonst nennt er sie immer »Hedi«. Ganz kurz lehne ich meinen Kopf an seine Schulter. Urlaub in der Cinderella, ich glaub's noch immer nicht. Cinderella ist die ameri-

146

kanische Version vom Aschenputtel, aber so wie es aussieht, komme ich um die Küchenarbeit herum. Die Küche ist Wandas Domäne. Wetten, daß sie gleich schon ihre besten Fischrezepte heraussucht?

Pisserus-pissera-pisserum

Es gibt Menschen, die können ihren Lieblingstyp beschreiben wie ein Phantombild. Haarfarbe, Größe, Alter, einfach alles, wie maßgeschneidert. Die Palette, die ich zusammenbringe, ergibt sich eher willkürlich. Ich verknalle mich in einen, und erst hinterher entdecke ich: Aha, wieder ein Schwarzgelockter und wieder ein Mediziner. Eberhard ist schon der zweite Liebhaber aus dieser Zunft. Natürlich fehlen ihm die schwarzen Locken.
Pino war mein erster Medizinmann. Schwarze Locken hat er auch, dazu den typischen dunklen Teint des Südländers. Trotzdem war es mit uns beiden nicht das Wahre. Im Februar war Schluß, ausgerechnet im Karneval. Mittlerweile sind wir die besten Freunde geworden, ohne Durchhänger und mit einem weiten Herzen. Ich war regelrecht happy, als er sich vor drei Monaten Hulda an Land zog. Er hat sie im Flieger kennengelernt und mich hinterher sofort angerufen. Laut Pinos Beschreibung ist diese Hulda unglaublich intelligent, attraktiv sowieso und vom Typ her ein bißchen wie ich, nur zehn Jahre jünger. Pino steht sexuell unglaublich auf Pfirsichhaut. Heute abend gibt er eine Party, zu der ich natürlich eingeladen bin. Dort werde ich endlich Hulda kennenlernen. Und Pino wird Eberhardt kennenlernen. Übrigens hat Pino mir in seiner Rolle als Gynäkologe die Überweisung zum Urologen ausgeschrieben. Fachlich hält er sehr viel von Eberhard. Mal sehen, wie er ihn privatissime als seinen Nachfolger einschätzt?
Es ist schon nach vier, als Pino anruft: »Sarah, du mußt mir helfen. Ich schaffe es nicht allein.«

»Und deine Hulda?« frage ich.

»Sie ist noch in ihrer Galerie.«

»Weil du es bist. In 'ner halben Stunde bin ich bei dir.«

»Du bist ein Schatz.«

Bevor ich ins Taxi steige, läute ich Eberhard an, der in seiner Wohnung auf mich wartet. »Komm um acht gleich zu Pino. Ich gehe vor, er braucht Hilfe.«

»Ich denke, dein Pino hat eine feste Freundin?«

»Die kann nicht so früh.«

»Du auch nicht. Du bist mit mir zum Kaffee verabredet.«

»Pino ist ein guter alter Freund.«

»Eben. Die Sache ist völlig unangemessen.«

»Wird dein Apfelkuchen kalt?« Allein für dieses Wort »unangemessen« gehört Eberhard geköpft.

»Käsesahne«, verbessert er.

»Schick sie Hedwig! Ciao!« Ich knalle den Hörer auf und ziehe meinen Glitzermini an, den Eberhard aufdringlich findet. Das Wort »aufdringlich« gehört in die gleiche Schublade wie »unangemessen«. Er kann mich mal!

Pino empfängt mich mit einem warmen Plüschblick aus seinen braunen Augen und einem Glas Champagner. »Bellissima!« Ich bekomme ein paar Küsse, den letzten auf den Mund und etwas länger, dieser Kuß ist sozusagen in memoriam. Küssen hat mit Pino immer irren Spaß gemacht. Wir haben wie die Weltmeister geknutscht. Es macht noch immer Spaß, und es dauert eine Weile, bis ich mich auf meine Ersatz-Hausfrauenrolle besinne und Pino um eine Schürze bitte. Er nickt, geht an seinen Wäscheschrank und reicht mir ein sauber gefaltetes Päckchen. Weißer Grund mit lauter roten Herzen drauf, wir haben die Schürze damals zusammen gekauft, und Pino hat sie aufbewahrt. Dafür bekommt er noch einen extra Kuß.

»Und was soll es geben?« frage ich.

Pino rasselt mir die Speisenfolge herunter: »Vitello Tonnato, Langostinos, Panzerotti, Tiramisu.«

Ich lupfe die Alufolie, die sich in zwei langen Bahnen über die

Arbeitsplatte in der Küche zieht: Vitello Tonnato, Langostinos, Panzerotti, Tiramisu. »Und was fehlt?«

»Der Käse. Brot. Vielleicht noch ein paar Früchte der Saison.«

»Hoffentlich schaffen wir das alles in drei Stunden!«

»Du weißt, daß ich ein Perfektionist bin.«

Ich sage nichts darauf und wickle mir die Schürze stramm um die Hüften. Er soll mir vom Leib bleiben, und was seinen Perfektionsdrang angeht, so habe ich davon nie etwas mitbekommen. Zu meiner Zeit war er eine wilde Hummel, und die Füllung vom Kühlschrank war das letzte, woran er gedacht hätte. »Der Käse, prego!« Ich strecke die Hand aus.

Er führt meine ausgestreckte Hand an die Lippen und küßt sie. Er fängt bei den Fingerspitzen an und arbeitet sich langsam hoch. Ich spüre es schon in den Zehen und überall. Dreimal habe ich ihn mit einer anderen erwischt. Dreimal zuviel. »Der Käse«, wiederhole ich.

»Alles«, sagt er und zieht, ohne mich loszulassen, eine Käseglocke näher heran. »Alles, was du willst.« Er schnuppert. »Du benutzt noch immer mein Parfüm.«

Dieses Schnuppern an mir macht mich verrückt. Ich hebe die Plexiglashaube hoch, der Geruch von Käse macht sich breit und überlagert mein »Gaultier«. Im Badezimmer ist mir zufällig dieser verrückte Flakon in die Hände gefallen, den Pino mir immer geschenkt hat. Parfüm in einem weiblichen Glastorso. Das Auffälligste sind die Glasbrüste, es sind sehr schöne Brüste, und während ich noch in Gedanken bei dem Flakon bin, spüre ich Pinos Hände um mich herumgreifen und nach meinen lebendigen Gegenstücken tasten. Aber ich will nicht. »Finger weg!« Ein paar Minuten lang hantiere ich schweigend mit Ziegenkäse, Blauschimmelkäse, Mozzarella. Etwas stimmt nicht.

»Pino?« frage ich.

»Madonna?«

»Was ist los?«

Er nimmt mir den Mozzarella aus der Hand und rückt mich an sich. Seine Männerhand greift nach dem Goldkreuz, das ich heute unter dem Schmuck von Eberhard trage. Es ist von Pinos Mutter, Pino hat es mir zur Halbjahresfeier unserer Liebe geschenkt. Viel weiter sind wir auch nicht gekommen, denn wenig später habe ich ihn mit Nummer drei erwischt, und bei mir war der Ofen aus. Pinos Kopf kommt immer näher, seine Locken streicheln meine Brüste, und mit den Lippen berührt er das Kreuz dazwischen.

»Ich muß dir etwas gestehen«, murmelt er.

»Ich hab's geahnt. Also?«

»Ich habe Schluß gemacht. Heute früh.«

»Ich glaub's nicht.«

»Doch. Hulda wollte diese Schürze anziehen, damit ging es los.« Pino zeigt auf meine Herzchenschürze.

»Das ist meine«, sage ich automatisch.

»Eben! Ich hab's mir vorgestellt, sie an deiner Stelle, das geht nicht.« Die Handbewegung, mit der er seine Wohnung und sich und mich umreißt, ist großartig. Bühnenreif! Bühnenreif gelogen! Bei mir ging's nämlich auch nicht, drei Seitensprünge mit Frischfleisch kommen nicht von ungefähr. Pino kneift, sobald es ernst wird. Immer.

»Du bist verrückt«, sage ich.

»Nicht nach ihr.« Pino preßt sich noch immer an dieses Kreuzchen. Das Metall auf meiner Haut ist warm geworden.

»Spinner!« Ich wuschele ihm durch diese dunklen Kringellocken auf seinem Kopf.

»Hulda kommt übrigens trotzdem. Rein freundschaftlich.«

»Dein Glück!«

»Aber du hilfst mir? Wie früher.« Pinos Kopf ruckt hoch. Wir sehen uns an. Ich kann nichts dafür. In memoriam…

»Löwin du!«

»Spinner du!«

Es klingelt. Wir fahren auseinander. Ertappt.

»Kann sie das sein?« frage ich.

»Nie.« Er geht an die Sprechanlage. »Prego?« Dann dreht er sich zu mir um. »Es ist für dich.«

Eberhard kommt die Treppe hoch. Die Sache hat ihm keine Ruhe gelassen. Er kommt über eine Stunde zu früh und fragt, ob er auch helfen kann. Dabei huschen seine Augen über die Platten, die der Hausservice von »Tulio« geliefert hat. Seine Augen bleiben an mir hängen. Ich werde nervös. Die Herzchenschürze liegt auf dem Boden. Meine Pumps müssen auch irgendwo sein. Mein Lippenstift ist ab, und an Pino haften Spuren davon, im Mundwinkel und an der Wange, bis hoch zum Ohr. Wahrscheinlich hält Eberhard sich jetzt für wahnsinnig clever.

»Für drei ist es hier drin zu eng.« Ich wische mir über den Mund, das passiert ganz automatisch. Hinterher ärgert es mich.

»Sie können solange nebenan Platz nehmen«, schlägt Pino vor. Der Standard-Arzt-Spruch, hier nimmt er sich komisch aus, wir sind schließlich nicht in Pinos Praxis. Eberhards Gesicht wird sehr asketisch.

Pino und ich widmen uns dem Käse und tragen dann Teller, Gläser und Besteck in die Eßecke, die ein Rundbogen mit dem Wohnzimmer verbindet, wo Eberhard in einem Sessel Platz genommen hat. Er sitzt vorn auf der Kante und beobachtet uns mit Argusaugen. Einmal versucht er, mich anzufassen.

»Laß das!« sage ich scharf.

»Wieso?« Eberhard hält mein Handgelenk fest. »Darf er nicht wissen, wie wir zueinander stehen?«

»Du bist geschmacklos.« Ich reiße mich los.

»Ich?«

»Willst du mir eine Szene machen? Dann geh lieber gleich!«

»Das würde deinem Italiener gefallen, wie?«

»Hör auf!«

»Also doch!«

»Seine Freundin kommt gleich. Zufrieden?«

»Stimmt das?«

»Es stimmt. Ich geh mich kurz restaurieren.« Ich greife nach meiner Handtasche.

»Zieh das Kreuz aus. Es paßt nicht.«

Ich drehe ihm den Rücken zu.

»Bitte«, sagt er hinter mir.

Ich tue so, als ob ich nichts gehört hätte, und verschwinde in Pinos Bad. Pinos in die Wand eingelassener Spiegelschrank enthält ein halbes Dutzend originalverpackte Zahnbürsten, Kondome in allen Farben und Sorten und etliche Spielereien für große Kinder. Ich klappe den Schrank heftig wieder zu – soviel zum Thema »Mein Freund Pino« – und betrachte mich im Spiegel. Dieses Goldkreuzchen sieht wirklich beknackt zu einem Platinanhänger aus.

Ich lasse Pinos Kreuz wieder unter Eberhards Schmuck verschwinden, ummale meine Augen mit Kajalstift und tupfe mir reichlich Lip gloss auf die Lippen. Frauen, die ihre Lippen betonen, wollen auf ihre Venusmuschel aufmerksam machen, habe ich neulich gelesen. Quatsch! Schon dieses Wort: Venusmuschel!

Diese Hulda kommt übrigens spät. Wir sind gerade beim Dessert. Sie sieht wirklich gut aus. Es ist eine Mischung aus Anstrengung und Natur, für ihren Auftritt war mehr nötig als ein Kajalstift und ein Tupfer Lip gloss. Ich glaube, sie hat geweint, denn ihre theatralisch geschminkten Augen sind innen rot geädert. Hulda setzt sich zu uns an den großen Eßtisch, und Pino steht auf.

»Espresso? Cappuccino? Kaffee?« fragt er. Er ist total locker. Männer!

Hulda sitzt wie festgeklebt. Also stehe ich auf, jemand muß Pino schließlich helfen. Unser Handfilter ist verschwunden. Als ich noch mit Pino zusammen war, haben wir unseren Kaffee immer von Hand gefiltert. Nur für den Espresso hatten wir eine Maschine.

»Pino, wo ist der schwarze Kaffeefilter abgeblieben?« rufe ich. Der schwarze ist für große Mengen, bei zwei Tassen haben wir immer den weißen benutzt.

»Auf der Fensterbank steht meine Kaffemaschine.« Ich kenne die Stimme nicht, die das ruft, aber ich kann mir denken, wer es ist: Hulda, meine Nachfolgerin, aber sie ist auch schon ex.

»Könnten Sie dann vielleicht den Kaffee machen?« rufe ich zurück.

Hulda erscheint in der Küche und bedient wortlos ihre Kaffeemaschine. Ich gehe wieder nach drinnen. Hulda räumt jetzt auch ab und spült, leert die Aschenbecher und wischt die Kränze von Flaschen und Gläsern auf der Tischplatte mit einem feuchten Tuch ab. Pino setzt sich links neben mich.

»Sie ist wirklich reizend«, sage ich. Ziemlich laut, schon wegen Eberhard, der rechts von mir sitzt.

»Ja, ja.« Pino lügt, ich kenne diesen Tonfall an ihm. Hulda macht ihn nur noch nervös.

Ich lehne mich zurück. Gesprächsfetzen kommen bei mir an. Eigentlich wird mir erst jetzt klar, daß ich auf einer Party bin. Wir haben gut gegessen und getrunken, eigentlich könnten wir jetzt tanzen. Ich bin in der Stimmung dazu. Pino weiß noch nicht, daß ich seit neuestem jede Woche tanzen gehe: eins, zwei, Cha-Cha-Cha. Die CD, die Pino aufgelegt hat, spielt keine klassische Tanzmusik. Man könnte höchstens einen langsamen Walzer danach tanzen. Mein Knie wippt im Takt, meine Lurexstrumpfhose und mein Glitzermini wippen mit, links von mir wippt Pino, nur rechts von mir wippt nichts. Eberhard schiebt sich vor und drückt seine Hand auf mein Wippknie: »Langsamer Walzer, l-a-n-g-s-a-m.«

Ich schiebe Eberhards Hand weg, seine Schulmeisterei ist das Letzte. »Wie wär's mit Eros Ramazotti? Der ist g-a-n-z langsam.« Dabei sehe ich aber Pino an. Der Italiener mit der rauchigen Stimme war einmal unser gemeinsamer Star.

»Komm!« Pino springt auf und zieht mich mit. Eine Minute später schwofen wir nebenan zu »Amore Contro« über den Teppich. Pino singt mit, ich auch, zuletzt singen und tanzen die anderen ebenfalls mit. Dieses Italienisch hat etwas, besonders bei einem Liebeslied. Es klingt mit Rachenlauten und Schmelz, dagegen ist niemand immun.

Als ich mich erhitzt aus Pinos Arm löse, ist der Eßtisch bis auf zwei Gestalten leer. Ich schnappe »Ureter« und »Urethra« auf. Eberhard und Hulda diskutieren ernsthaft über Harnleiter und Harnröhren.

»Ah ja!« Ich grinse Pino an. »Deine Hulda ist wirklich helle. Oder hast du ihr den lateinischen Schnickschnack beigebracht?«

»Privat beschäftige ich mich mit ganz anderen Sachen.« Pino zieht mich an sich, unser Eros Ramazotti singt jetzt »Dolce Barbara«. Natürlich macht Pino aus der »Barbara« eine »Saaarah«, überhaupt scheint es ihm sehr wichtig zu sein, mir klarzumachen, womit er sich privat vorzugsweise beschäftigt. Immer, wenn ich zwischen zwei Liedern zu Eberhard hinübersehe, sieht er weg und redet weiter auf diese Hulda ein, die an einem Kettchen spielt, das mir vage bekannt vorkommt. Pino hat mir einmal die Schmuckschatulle gezeigt, die er von seiner Großmutter geerbt hat. Mein Kreuz lag auch in dieser Schatulle.

»Hast du Hulda das Ding um ihren Hals geschenkt?« wispere ich.

»Hat Eberhard dir das Ding um deinen Hals geschenkt?« wispert er zurück.

»Platin«, sage ich.

»Familienschmuck«, sagt Pino.

»Kaufst du den bei Gold-Krämer nach?«

»Möchtest du Nachschub?«

»Danke nein, ich bin bestens versorgt, wie du siehst.«

»Und hörst!« Pino hält sich demonstrativ eine Hand hinter die Ohrmuschel, was total überflüssig ist, weil mein Urologe immer sehr deutlich akzentuiert spricht. Mittlerweile ist er zu Bakterienkulturen übergewechselt. Er macht mich lächerlich.

Eine Rothaarige in Lederklamotten schiebt mich zur Seite und catcht sich Pino. Sie will auch mal mit dem Gastgeber tanzen. Anscheinend will der auch mit ihr. Pino unternimmt jedenfalls nichts, um sich von dem Klammergriff des roten Gifts zu befreien. Warum auch? Er hat bestimmt noch genug Kettchen in petto.

»Ich gehe«, sage ich laut, aber gegen Eros Ramazotti und die Bakterienkulturen meines Liebhabers und den Klammerblues meines Davor-Liebhabers komme ich nicht an. Keiner hält mich zurück. Unten stehe ich eine geschlagene Viertelstunde vor der Auslage der Zoohandlung, bis das Licht im Treppenhaus angeht und ich in die Mitte vom Bürgersteig schwenke. Niemand soll sich einbilden, ich hätte die ganze Zeit auf das Verdunklungsrollo vor den Käfigen von ein paar Hamstern gestarrt. Ich hasse Hamster.

Eberhard denkt nicht daran, sich bei mir zu entschuldigen. Statt dessen macht er mir Vorhaltungen. Erstens und zweitens und drittens, aber ich höre ihm gar nicht zu.

»Was sagst du?« fragt er zuletzt, wohl weil er annimmt, daß ich sein Erstens, Zweitens, Drittens ernst nähme.

»Urinculus-urincula-urinculum«, sage ich dazu.

»Diese lateinischen Formen gibt es nicht, Sarah. Bist du auch noch betrunken?«

»Pisserus-pissera-pisserum.«

»Du bist wirklich betrunken.«

»Kinder und Betrunkene…«, sage ich, besser gesagt, will ich sagen, denn bei dem Wort »Betrunkene« muß ich mehrmals ansetzen, es ist kein einfaches Wort. Es muß auch etwas mit der frischen Nachtluft zu tun haben, die bekommt dem Wein und dem Grappa in mir drin nicht. Ich hätte einen Ramazotti trinken sollen. Bei dem Gedanken, daß ausgerechnet dieser Troubadour mit der rauchigen Stimme und ein Magenbitter denselben Namen haben, muß ich kichern. Das Kichern hört gar nicht mehr auf, es schwappt in mir hoch, zusammen mit Vitello Tonnato, Langostinos, Panzerotti und Tiramisu.

Eberhard hält mich an den Schultern über den Bordstein und denkt sogar daran, seinen Platinanhänger aus der Schwapplinie zu bringen. Danach wischt er mir mit einem sauberen Batisttaschentuch den Mund sauber und findet, daß man wirklich auf mich aufpassen müsse.

»Pisserus-pissera-pisserum«, murmele ich noch einmal, aber nur ganz leise. Erstens, weil ich total schlapp bin. Zweitens, weil es stimmt. Und drittens, weil es auch wieder nicht stimmt: Mich hat nämlich noch nie einer so liebevoll und zugleich fachmännisch beim Reihern gestützt. Wirklich noch nie!

Pisserus-pissera-pisserum!

Oberehe gibt es wirklich

Eberhard ist seit drei Tagen in Berlin, mit Sohn und Ehefrau. Seine Schwiegereltern haben ein Haus in Wannsee, und mein Liebhaber hat um das Doppelbett in deren Gästezimmer herumgeredet, bis es peinlich wurde.

»Okay, du schläfst dort zusammen mit deiner Frau«, habe ich ihm auf die Sprünge geholfen. »Was soll's?«

»Nebeneinander«, hat er mich korrigiert.

»Dann eben nebeneinander.«

»Es scheint dich nicht sehr zu interessieren?«

»Tut es auch nicht.«

»Jede normale Frau wäre eifersüchtig.«

»Ich nicht.«

»Wenn ich weg bin, kannst du deinem Italiener beim Aufräumen helfen.«

»Eine prima Idee«, habe ich gesagt. Das war wie gesagt vor drei Tagen, und jetzt stelle ich fest, daß es komisch ist, nur den Löwenanhänger mit Eberhards Schlüssel in meiner Tasche zu haben und sonst nichts. Eberhard bleibt eine ganze Woche lang in Berlin und macht in family, das gehört zu seinem Deal mit Hedwig.

Wanda scheint sich ebenfalls über Eberhards Aufenthalt in Berlin-Wannsee Gedanken zu machen. Sie hat mich sogar gefragt, ob Benni und ich die Woche über bei ihr schlafen wollen, so als ob sie vergessen hätte, daß ich an das Alleinleben gewöhnt bin. Außerdem hat sie meinen Sohn und mich fest in ihren Speiseplan eingebaut, sie läßt keine Ausrede gelten, und für das kommende Wochenende hat sie uns ebenfalls eingeplant. Wir fahren zusammen in die Eifel. Genauer gesagt nach Oberehe, wo Dario einen Fototermin hat und außerdem einen Bauernhof kennt, der Zimmer vermietet. Genau das Richtige für die Kinder. Dario war selbst als Junge dort.

Also auf nach Oberehe!

Ich sitze vorne neben Dario, weil Wanda von sich selbst sagt, daß sie Dario beim Autofahren nur nervös macht. Das stimmt. Wanda reagiert hysterisch, wenn vor ihrer Nase jemand ausschert, wenn ihr Mann einhändig chauffiert oder ein Stau durchgegeben wird, auch wenn der noch hundert Kilometer weit weg ist. Bei lauter Musik im Auto flippt sie ebenfalls aus. Dario hat sich sage und schreibe sechzehn Boxen einbauen lassen. Er ist ein Hi-Fi-Freak. Also ist Wanda nach hinten zu den beiden Kids gestiegen.

»Oberehe ist gut, was?« Dario stemmt die Arme durch und sieht kurz zu mir hinüber. Seine Augen bleiben dunkel, er trägt eine Sonnenbrille. Ich weiß trotzdem, daß er gut drauf ist. Er sieht auch gut aus, besser als je zuvor. Die fünf Tage Skippern, Saufen, Pionierspielen haben ihm gutgetan. Er ist braungebrannt und riecht nach Sonne, überhaupt sieht er aus wie die personifizierte »Ich gehe meilenweit für...«-Werbung. Ich habe alle Mühe, mir ins Gedächtnis zurückzuholen, daß er nicht echt ist. So, wie er da neben mir sitzt, wirkt er verflucht echt.

»Gibt es auch ein Unterehe?« frage ich zurück und lege mich mit Dario in die Linkskurve. Meine Schulter berührt ihn.

»Bestimmt.«

»Da müßte ich eigentlich absteigen.«

»Wieso?«

»Ich schlüpfe unter euren braven Ehen durch, deshalb.«

»Du fliegst oben drüber. Du bist upper class.«

Eine Rockband, die ich nicht kenne, röhrt. Volle Pulle, Dario hat die Lautstärke hochgedreht.

Wir fahren die letzten Meter, ohne ein Wort zu sagen, nur das Radio dröhnt weiter. Soll ich etwa dagegen protestieren, Oberklasse zu sein?

Darios Bauernhof ist sehr bieder. Richtig bewirtschaftet wird der Hof auch nicht mehr. Es gibt noch ein paar Hühner, das letzte Schwein ist letzten Herbst geschlachtet worden. Mutter Schmotz betreut ihre Hausgäste und eine Pflegetochter. Ihr Mann sitzt in der Küche und redet. Für uns ist schon in der guten Stube gedeckt.

»Den Bienenstich hat sie extra für eure Kinder gebacken.« Der Mann ist von seinem Küchentisch aufgestanden und uns nachgekommen. Er schiebt sich neben Dario auf die Eckbank in der guten Stube: »So, Jung, nun erzähl mal!« Dario lächelt verkrampft und fängt an, von der Baustelle zu erzählen, die wir eben passiert haben. »Die reinste Marterstrecke«, sagt er. Ich verschlucke mich fast an den klebrig-süßen Mandeln, weil ich besser weiß, was ihn durchgerüttelt hat. Mit Lehmbrocken hatte das relativ wenig zu tun. Natürlich kann Dario das keinem erzählen, der in ihm noch den vierzehnjährigen Buben sieht. Damals wußte Dario selbst noch nichts von seinem Upper-class-Traum.

Ich drücke leicht angewidert mit meiner Kuchengabel auf die Mandelkruste meines Bienenstichs, dicker Pudding quillt hervor. Ich bin jetzt schon pappsatt, und Benni und Marie haben die Hefeschnitten auf ihren Tellern nicht einmal angerührt. Sie mögen keine Mandeln.

»Schmeckt es euch nicht?« Das Gesicht der Frau ist besorgt. Sie bleibt neben dem Tisch stehen.

»Alle Kinder lieben Bienenstich«, sagt ihr Mann. Er ist der Hausherr. »Stimmt's, Junge?«

Ich merke, daß Dario dieses ewige »Junge!« peinlich ist. Aber er sagt nichts. Er nickt nur und läßt sich nachlegen.

»Wann hast du deinen Termin?« frage ich ihn.

»O ja!« Dario sieht auf die Uhr. »Es wird Zeit für mich. Um vier.«

»Und wann kommt Ihr eigener Mann?« fragt der Hausherr mich.

»Wegen dem Abendbrot«, hängt seine Frau dran. »Mögen Sie Bratkartoffeln?«

»Ja«, antworte ich, »besonders mein Sohn mag Bratkartoffeln. Und mein Mann kommt gar nicht, weil ich nämlich keinen habe.«

Einen Moment lang bleibt es still. Die Frau nimmt die Kuchenplatte auf und trägt sie in die Küche. Der Hausherr stellt die Bierflasche, die er sich geholt hat, wieder ab. »Und das Kind?«

»Ist nicht vom Klapperstorch«, beruhige ich ihn.

»Natürlich gab es einen Herrn Urban«, ergänzt Dario. »Frau Urban ist nur geschieden.«

»Einen Herrn Urban gab es nie«, widerspreche ich. »Wenigstens nicht bei mir.«

»Dann war es doch der Klapperstorch«, ruft Marie.

»Ich bin nicht vom Klapperstorch«, protestiert mein Sohn.

»Bestimmt nicht«, kichert Wanda, »mit so einem Federvieh gäbe Sarah sich nie zufrieden.«

»Wir spaßen schon mal gerne«, erklärt Dario, »den Herrn Urban gab es natürlich doch, nur hieß der anders...?« Dario sieht mich hilfesuchend an.

»Mein geschiedener Mann heißt Büscher. Braucht ihr auch noch die Adresse?«

»Schrecklich«, seufzt Frau Schmotz mitleidig und streichelt Marie über den Kopf. »Deshalb ist das arme Hascherl so dünn.«

»Das arme dünne Hascherl gehört zu den Lands«, erkläre ich, »zu mir gehört der Kraftbrocken daneben.«

»Soso«, sagt der Hausherr.

»Wir spielen Ball«, schlägt Marie vor. Benni nickt. Plötzlich interessieren wir uns alle sehr fürs Ballspielen.

»Die Kinder dürfen nicht gegen die Hauswand titschen.« Der Hausherr sieht mich an, nur mich. »Und nicht auf den Rasen im Vorgarten gehen.«

»Mein Mann ist so eigen mit dem Haus«, sagt Frau Schmotz und wischt über das Tischtuch.

»Ich habe mir alles hart erarbeitet«, sagt Herr Schmotz. Sein Gesicht ist sehr rot geworden. »Das macht mir keiner kaputt.«

»Das will ja auch keiner, Heinrich.« Seine Frau legt ihre Hand, die rot und voll dicker Adern ist, auf seinen Arm. »Aber die Kinder müssen spielen.«

»Meine Söhne waren gut erzogen.« Er schiebt die Hand seiner Frau weg.

»Liegt nicht hier in der Nähe diese berühmte Kadettenanstalt?« frage ich.

»Kadetten!« Das Gesicht von Heinrich Schmotz leuchtet auf.

»Ich würde mich gern noch kurz frisch machen«, wirft Dario hastig ein.

Frau Schmotz nickt eifrig. »Kommen Sie, ich zeige Ihnen rasch Ihre Zimmer. Sie werden Ihnen gefallen. Es sind gute Zimmer. Und das Bad ist ganz neu.«

Also gehen wir hinter der Frau durch den Vorraum, von dem ein langer Flur abgeht. Sie öffnet die erste Tür links, »Das ist eigentlich unser Schlafzimmer«, dann öffnet sie die gegenüberliegende Tür zu einem Raum, der deutlich kleiner ist. Sonst kann ich keinen großen Unterschied erkennen. Hier wie da ein Doppelbett, dazu die Nachttische und ein Kleiderschrank, in der Nische hinter der Tür ist jeweils ein Waschbecken installiert. Auf den Betten liegen Tagesdecken, das abgesteppte Nylon flutscht mir zwischen den Fingern durch. Aus diesem Material gab es früher Morgenröcke. Nur die Kopfwand über dem orangefarbenen und im zweiten Raum grasgrünen Nylon ist verschieden. In dem ersten Zimmer hängt ein wuchtiger Goldrahmen mit einer süßlich lächelnden Muttergottes, und im zweiten hängt ein Kruzifix. Es verschlägt uns die Sprache. Wir bleiben stumm, woraufhin Frau Schmotz uns auch noch das Badezimmer zeigt, das ganz neu und sogar mit einem Bidet bestückt ist. Frau Schmotz zeigt auf das Bidet: »Das ist das Bidet!« Wir nicken brav. Es ist zugegebenermaßen ein sehr großes Bad mit moderner Installationstechnik und tipptopp sauber. Man muß nur Blumenranken auf den Kacheln, Plüsch auf dem WC-Sitz und Häkelmützen auf dem Klopapier mögen. Zuletzt klappt Frau Schmotz einen Alibert-Schrank auf: »Das Schaumbad dürfen Sie auch benutzen!« Wir bedanken uns überschwenglich, bei dem neutral gestylten Badezusatz fällt uns das nicht besonders schwer.

»Wirklich eine Idylle«, sage ich zu Dario, als von Frau Schmotz nichts mehr zu sehen ist.

»Vor dreißig Jahren…«, Dario zuckt verlegen die modisch wattierten Schultern.

»Klar«, sage ich, »das war ja vor deinem Tellerwäschertraum.«

»Tellerwäschertraum ist gut«, findet Wanda.

Dario findet das anscheinend nicht, wenigstens fällt sein Lächeln sehr dünn aus. Dann folgt der geschäftige Blick auf seine Superuhr: »Ich muß wirklich los! Wo kann ich mir nun die Hände waschen?«

»Okay. Ich nehme das Kruzifix«, sage ich, weil Benni und ich nur zu zweit sind und das Zimmer mit dem Kreuz über dem Bett kleiner ist.

»Die Madonna würde auch nicht zu dir passen.« Wanda lächelt.

»Und den Jesus kannst du ja rumdrehen«, ergänzt Dario.

»Warum sollte ich den rumdrehen?« frage ich.

»Damit er nicht blind wird«, erklärt Dario.

»Bei Sarah dreht sich kein Mann rum. Auch kein Gekreuzigter.«

»Da ist etwas dran.« Dario und Wanda lachen, sie scheinen sich in der Einschätzung meiner Person total einig zu sein. Ich bin bestimmt nicht prüde, aber dieses schlüpfrige Gerede geht mir auf den Keks. Wer hat schon beim Anblick einer verkitschten Madonna oder einer nicht weniger verkitschten Kreuzigungsszene erotische Bilder im Kopf? Ich jedenfalls nicht. Außerdem werde ich allein in diesem Ehebett liegen. Diese Nacht beißt mich höchstens das Knatschgrün der Nylondecke. Eigentlich könnte ich Eberhard wenigstens eine Nachricht in seiner Mailbox hinterlassen. Er weiß nicht einmal, daß ich in Oberehe bin.

Vielleicht rufe ich ihn von unterwegs an. Wanda und ich wollen gleich mit den Kindern einen Spaziergang machen. Ich wasche mir ebenfalls die Hände, dann geht es los. Wanda hat sogar an einen Rucksack gedacht, was sich als sehr nützlich erweist, denn wir entdecken einen Hochstand, auf dessen Plattform sich zwei Klappstühle, eine Miniholzbank und ein zum Tisch umfunktionierter Baumstumpf befinden. Wir genießen unser Hochsitz-Picknick, Benni und Marie fallen über die Müslikekse und das frische Obst her, und dann klettern wir vorsichtig wieder die wacklige Leiter hinab und folgen dem Trampelpfad über die steil abfallende Wiese hinab ins Dorf.

Dario wartet schon auf uns. »Wie war's?« fragt er mit einem Blick auf seine Armbanduhr.

»Super«, kreischen die Kinder und erzählen aufgeregt von unserem Hochstand, der laut Benni mindestens so hoch wie der Kölner Dom war. Dario tätschelt Wanda über die Schulter, nennt sie »Poor Wanda!« und fragt, ob es sehr schlimm war. Wanda schüttelt den Kopf und erklärt, daß sie ihre Höhenangst glatt vergessen habe. »Komisch, wie?« Ich halte mich heraus, weil ich nicht einmal wußte, daß Wanda unter solchen Ängsten leidet. Eine Viertelstunde später weiß ich alles darüber. Wanda mag nicht einmal allein über eine leere Straße gehen, geschweige denn eine freischwingende Treppe hinab. Überall, wo viel freier Platz um sie herum ist, überfällt sie diese Angst. Nur auf der wackligen Holzleiter zu diesem Hochstand nicht. Wirklich komisch!

Mittlerweile riecht es kräftig nach Gebratenem. Wanda schickt Marie zum Händewaschen, ich schicke Benni hinterdrein. Als Marie zurückkommt, will Wanda einen Sauberkeits-Check durchführen, aber Marie versteckt beide Hände hinter dem Rücken: »Ich hab sie mir gründlich gewaschen.« Was stimmt, denn ich stehe hinter Marie und sehe auf deren sauber geschrubbte Hände, sogar die Nägel sind sauber. »Wenn du deine Hände nicht vorzeigst, ißt du mit Handschuhen«, droht Wanda. Eine Weile lang geht es zwischen Mutter und Tochter so hin und her, bis mein Sohn mit Handschuhen ankommt. Ein Paar hat er sich selbst schon übergestreift, das zweite Paar hält er Marie hin. Marie kichert, und die beiden sind nicht mehr davon abzubringen, heute mit Handschuhen zu essen.

»Ist das bei euch immer so?« fragt Herr Schmotz und zeigt auf die behandschuhten Kinderhände.

Benni und Marie nicken eifrig, ich füge ein »Wegen der Hygiene« hinzu, woraufhin der Hausherr seine Bierflasche nimmt und in die Küche umzieht. Anscheinend geht es ihm bei uns zu vornehm zu. Halleluja!

Die Bratkartoffeln dampfen. Sie sind mit Zwiebelstückchen und Speck zubereitet, die gußeiserne Pfanne steht in der Mitte vom Tisch. Das Brot ist dick geschnitten, die Wurst auch, und die Butter glänzt in einem Topf aus Steingut.

»Die schmecken viel besser als die Rösti zu Hause.« Marie hält mir ihren Teller hin. Ich lege ihr schon die dritte Portion Bratkartoffeln nach.

»Das wird eine lausige Nacht.« Wanda kaut noch immer an ihrer ersten Schnitte Brot, die sie hauchdünn mit Butter bestrichen hat. Sonst ißt sie nichts.

»Wieso?« frage ich.

»Marie verträgt nichts kroß Gebratenes und kein Fett.«

»Beschwör's doch nicht gleich«, sage ich.

»Du wirst es ja sehen«, sagt sie.

»Wir sind gegen alles gewappnet«, wirft Dario ein. »Wanda hat die halbe Hausapotheke mitgeschleppt.«

»Deshalb hatte euer Auto wohl Tiefgang?« frage ich.

»Einer muß sich ja kümmern«, verteidigt Wanda ihre Vorsorge. »Dario hätte sogar fast die Geburt von Marie verschlafen.«

»Bei mir waren die Preßwehen so schwach«, grinst Dario und nimmt sich ebenfalls Bratkartoffeln nach.

»Du hättest eben öfter mit Wanda zur Schwangerschaftsgymnastik gehen sollen«, witzele ich. »Bei mir waren tatsächlich zwei Ehemänner im Kurs, die bei der großen Bauchatmung mitgemacht und gepreßt haben.«

»Dario hätte das nie getan«, sagt Wanda ernsthaft. Anscheinend hat sie nicht mitbekommen, daß ich die Story witzig gemeint habe. »Am liebsten hätte Dario sich sogar vor der Geburt gedrückt. Ist dein Mann mitgegangen?«

»Zur Geburt schon. Zum Pressen nein.« Ich hätte Ralf auch etwas geflötet. Ich verliebe mich doch nicht in einen Mann, damit er hinterher Frau spielt.

»Schmeckt es?« Die Holzklappe der Durchreiche schwingt auf. Hinter der besorgt lächelnden Frau sehe ich ihren Mann sitzen.

»Es war super.« Ich reiche ihr die schwere Kasserolle an. Sie ist leer, und die Frau strahlt. Wanda fängt an, die Teller zusammenzustapeln, und dann bringen wir die Kinder zu Bett. Benni ist schon auf der Bank eingeschlafen, und Marie suckelt an ihrem Schlaftier.

Als ich zurückkomme, sitzt der Alte wieder bei uns am Tisch. Breitbeinig auf der Eckbank neben Wanda, die auch schon zurück ist, sogar mit frischem Blau auf den Lidern. Innerlich will ich sie schon bedauern, als sie fröhlich lächelnd auf eine Parade von Bierflaschen zeigt: »Herr Schmotz lädt uns ein. Du trinkst doch auch ein Bier?«

Ich starre Wanda an. Was soll der Scheiß? Überhaupt trinke ich nie Bier. »Nein, danke.«

»Ich hole dir einen Wein.« Dario steht auf.

»Bleib ruhig sitzen, Junge! Bei mir gibt es gutes Bier, und wer damit nicht klarkommt, trinkt Kranenberger. Wein is nich!« Heinrich Schmotz lacht dröhnend. Toller Witz, ha-ha!

Ich überlege gerade, ob ich nicht besser gleich ins Bett gehe, als Frau Schmotz in dem offenen Viereck der Durchreiche auftaucht und eine Weinflasche herausreicht. Es ist meine Sorte. Ich sehe zu Dario hin.

Dario lächelt mir zu. »Ich habe zwei Flaschen aus Köln mitgebracht, Prinzessin.«

»Kölle alaaf, Prinz!« Toll finde ich es aber doch, und kaltgestellt hat Dario meinen Wein auch. Das muß gleich nach unserer Ankunft passiert sein.

»Wie besorgt er um dich ist.« Wanda lächelt mich mit viel Gebiß an.

»Trink doch auch ein Glas«, schlage ich vor.

»Das wäre nicht dasselbe. Er hat ihn extra für dich mitgebracht.«

Darauf fällt mir nichts ein. Ich halte den Mund und trinke. Ich trinke zuviel. Es liegt an dem Gerede. Wanda nervt mich, und Dario ist besetzt von diesem Menschen mit seinen Bierflaschen und dem »Junge!«, das ist dessen Standardanrede für Dario.

Wanda ist wieder in dieser eigentümlichen Stimmung. Sie spickt ihre Sätze mit Anzüglichkeiten, heute nachmittag war sie anders. Da waren wir zwei ganz normale Frauen. Also trinke ich, ein Glas und noch eins, der Grauburgunder schmeckt wenigstens wie immer. Fetzen aus dem Leben des Herrn Schmotz schwappen herüber, seine Stimme wird mit jedem Bier lauter. Als er auch noch die »Gastarbeiter« verhackstückt, langt es mir.

»Bei uns im Dorf gibt es die nicht. Keinen einzigen«, verkündet er gerade stolz.

»Und das finden Sie gut?« frage ich.

»Das ist gut. Bei euch in der Stadt ist man ja seines Lebens nicht mehr sicher.« Schon geht es los, Herr Schmotz läßt sich über unser Leben in der Großstadt aus. Er berichtet von Messerstechereien, arbeitsscheuem Gesindel und davon, wie sie anständige Frauen schänden. Es blubbert aus ihm heraus. Die Faust schlägt auf den Tisch. Bier schwappt auf die Decke.

»In Köln ist letzte Woche wieder eine junge Türkin vergewaltigt worden. Von zwei Deutschen«, sage ich.

»Die Weiber legen es drauf an. Hier...«, Herr Schmotz reibt Daumen und Zeigefinger aneinander, »und unsere Jungs sollen hinterher für so ein Flittchen blechen.«

»Meine Großmutter war beim Zirkus«, schwindele ich. »Mögen Sie Zirkus?«

»Zigeuner!« Peng! Seine Hand knallt wieder auf die Tischplatte.

»Es gibt überall solche und solche«, sagt seine Frau beschwichtigend. Sie steht vor dem Geschirrschrank und räumt Teller ein. Jetzt setzt sie den Stapel ab und geht zwei Schritte auf ihren Mann zu. Sie legt ihre Hand auf seine Schulter. »Denk nur an den netten Türken, der uns das Elektrisch neu gelegt hat. So höflich.«

»Ein Heuchler war der.« Schon gibt Herr Schmotz zum besten, wie er diesen »Ali« hereingelegt hat, der großartig getönt hat, daß er kein Schweinefleisch ißt, und sich dann abends ein dickes Schnitzel reinzog. »Allah ist weit weg. So sind sie, Schlitzohren, alle miteinander.«

»Aber er hat nicht gewußt, daß es Schwein war«, widerspricht Frau Schmotz. »Du hast ihm doch gesagt...« Weiter kommt sie nicht, weil ihr Mann schon wieder die Tischplatte malträtiert und ihr ins Wort fällt: »Schwein riecht man!«

Wo er recht hat, hat er recht. Ich stehe auf, mein Stuhl kippelt. »Ich dreh 'ne Runde!«

Dario schnappt meinen Stuhl. »Draußen ist es stockfinster.«

»Egal. Dann denke ich an Aladin mit der Wunderlampe. Der hatte nicht mal einen deutschen Schäferhund.«

»Ich komme mit dir.« Dario steht auch auf. Er holt unsere Jacken. Zwei Jacken.

»Und Wanda?« frage ich.

»Sie muß ihre Übungen machen.«

Wanda nickt. Sie macht jeden Morgen und jeden Abend ihre Übungen, dann meditiert und stretcht sie, außerdem schluckt sie Enzyme und benutzt Zahnseide. Den Gekreuzigten über der Matratze würde sie natürlich auch nie schocken. Sie trinkt brav das Bier von diesem Arsch, für den ich schätzungsweise noch schlimmer bin als ein echter Ali, weil ich mein Deutschtum verschleudere.

»Dann üb mal schön.« Ich düse ab, Dario hinter mir her. Die Straße mündet in einer Sackgasse, rechts eine Weide und links Wald, es ist wirklich rabenschwarz, und der Mann neben mir hat absolut nichts von einem Aladin an sich. Eine Wunderlampe hat er auch nicht.

»Laß uns wieder reingehen«, schlage ich vor.

»Gut.« Und ein paar Sekunden später: »Bist du sauer, Sarah?«

»Ach was. Solche Typen machen mich nur ab.«

»Ich bin ein Arsch, was?«

»Quatsch! Ich kenne das. Du bist hier noch immer irgendwie der kleine Junge.«

»Nicht nur hier.« Seine Stimme geht mir durch und durch. Ich taste nach seiner Hand. »Da ist was dran. Aber ich mag dich trotzdem.«

Vor meiner Zimmertür küßt er mich, wallonisch oder bretonisch, jedenfalls viermal.

»Paß auf! Wenn der Alte uns erwischt«, flüstere ich.

»Soll er doch. Dann bin ich Ali Baba.«

Das gefällt mir. »Träum süß, du Held!«

»Von dir?«

»Meinetwegen.« Ich schlüpfe in mein Zimmer mit dem grünen

Nylon und dem Jesus. Benni schnorchelt leise. Ich knipse das Licht über dem Waschbecken an und ziehe mich aus. Mir ist nach einer heißen Dusche. Ich husche über den Flur. Besetzt.

Eine Viertelstunde später ist das Bad frei. Ich schäume mich von Kopf bis Fuß ein und male seltsame Zeichen auf meine Schaumhaut. Abrakadabra! Hinterher habe ich Mühe, die Schaumberge von mir abzuspülen. Das Wasser vergluckert im Abfluß, ins Glukkern hinein ertönt das Klopfen.

»Ja?« rufe ich. Gedämpft, weil ich keinen wecken will.

»Bist du da drin, Sarah?«

»Ja.«

»Ich wollte mir nur die Zähne putzen. Wanda schläft schon.«

»Komm rein!« Ich drapiere das Handtuch um mich. Im Spiegel sehe ich mich rosig und dampfend. Abrakadabra! Ich mache Dario auf.

»Störe ich dich nicht?« fragt er.

»Nein, gar nicht.«

Er hat Boxershorts an, sonst nichts. Seinen Kulturbeutel trägt er vor sich her. Er dreht den Wasserhahn auf und gurgelt wie ein Weltmeister. Ich genauso, es gibt zwei Becken, wir stehen nebeneinander, und der durchgehende Spiegel wirft ein Bild der Vertrautheit zurück. Zwei Zahnbürsten, zweimal Zahnpasta, zwei vorgebeugte Köpfe und doppeltes Schaumlächeln, meins mit Pfefferminzaroma, seins riecht herber. Ich mag herbe Düfte... Eigentlich creme ich mich nach dem Duschen immer ein. Es gibt ein starkes Bild in meinem Kopf, wie die Lotion auf meinen Körper tropft und meine Fingerspitzen sie verteilen, sanft rotierend, das Bild wackelt. Ich werfe den Kopf zurück. Nichts da! Noch einmal gurgeln und ab ins Bett! Ich schwinge nach vorn, spucke pfefferminzfrisch, eine Haarsträhne fällt mir in die Stirn. Ich komme wieder hoch und sehe mein Gesicht im Spiegel und dahinter Dario. Er steht nun hinter mir.

»Deine Haut...« Seine Hände tasten über mich.

»Das hast du schon mal gesagt.«

»Ja. Ich habe von dir geträumt.«

»Du träumst reichlich oft.« Dann löst dieses Stück Frottee sich. Die Keramik an meinem Bauch ist sehr kühl. Mein Rücken wird warm unter seinem Streicheln, die Wärme fließt in meinen Bauch. Er umschließt meine Hüften, gleitet nach vorn und tiefer. Eine Sekunde lang kneife ich mich zusammen, er öffnet mich. Ein sanftes Reiben, jetzt will ich, daß er mich findet. Da entgleitet seine Hand mir wieder.

»Nicht«, protestiere ich.

»Warte.« Seine Stimme ist rauh.

Ich blinzele hoch in den Spiegel. Die zwei Finger, die gerade in mir waren, berühren seine Lippen, schlüpfen in seinen Mund und machen ein saugendes Geräusch, dann kehren sie zurück zu mir. Das ist unglaublich schön.

Ich keuche leise. Er auch. Die »Stadt der Engel« ist in uns beiden, sonst nirgends.

»Willst du?« fragt er.

»Ja.« Ich drehe mich zu ihm um. Seine Shorts beulen, und seine Augen glänzen mich an, als ob ich seine Needles und die Freiheitsstatue und der ganze verdammte Pazifik in einem wäre. Und ob ich will...

»Dario? Bist du da drin?« ruft eine Stimme von draußen.

Es fällt zusammen. Eine Sekunde, und alles ist kaputt. Draußen steht Wanda vor der Tür.

»Ja«, antwortet Dario.

»Marie muß aufs Klo. Sie hat Durchfall.«

Ich schlüpfe an Dario vorbei in die Dusche, und er öffnet die Tür zum Korridor einen Spalt weit. Ich weiß nicht, ob Marie mich sieht. Ich quetsche mich in die hinterste Ecke, die Kacheln sind naß und kalt, vor mir ist durchsichtiges Glas. Die beiden gehen an mir vorbei, die Klospülung rauscht, ich fühle mich schäbig. Nur schäbig, der Graben hat sich wieder aufgetan und unseren Himmel verschluckt.

Am nächsten Morgen gehe ich noch vor dem Frühstück in den Ort zur nächsten öffentlichen Telefonzelle und wähle die Mailbox von

Eberhards Handy an. Ich hinterlasse, daß ich das Wochenende mit den Lands in Oberehe verbringe, und dann spreche ich sehr langsam und deutlich die vollständige Adresse, sicherheitshalber wiederhole ich sie noch einmal. Wanda erzähle ich nur, daß ich etwas frische Luft schnappen war. Das ist ihr Stichwort, um von ihrer fürchterlichen Nacht zu berichten. Natürlich hatte Marie Krämpfe und mußte mitten in der Nacht aufs Klo. Das arme Kind! Und als Marie endlich schlief, fingen die Krämpfe bei Wanda selbst an, bis in den frühen Morgen hinein, und jetzt hat sie Kopfschmerzen.

»Du hast doch gar keine Bratkartoffeln gegessen«, sage ich.

»Die Aufregung«, erwidert sie.

Ich köpfe blitzschnell mein Frühstücksei und bin die nächsten zwei Minuten vollauf mit dem spritzenden Eidotter, dem Salzstreuer und dem Gebröckel der Eischale beschäftigt. Am Ende kommt Wanda noch auf die Idee, die Ursachen für ihre Aufregung auszuwalzen. Ich glaube, mir wird auch übel.

Nach dem Frühstück wandern wir zusammen. Als wir um halb eins wieder in die Straße einbiegen, wo das Haus der Familie Schmotz steht, erwartet der Hausherr uns schon an der Ecke. Mittagessen gibt es immer pünktlich um zwölf, wie das denn bei uns daheim ist?

»Anders«, sage ich.

Wanda entschuldigt sich mit Nichtwissen. Das läßt Herr Schmotz ihr allerdings nicht durchgehen, weil in der guten Stube seine Hausordnung aushängt, die wir offensichtlich alle nicht gelesen haben. Er treibt uns also Richtung Bratengeruch, fragt nach unseren Hausschuhen, zeigt auf unsere bereits aufgefüllten Suppenteller und verläßt uns zur Strafe mitsamt Bierflasche. »Mahlzeit miteinander!« Heute trinkt er sein Bier ausnahmsweise in der Küche.

Wir fünf sehen uns erleichtert an und sagen unisono: »Mahlzeit miteinander!« Dann lachen wir so laut, daß Frau Schmotz besorgt den Kopf aus ihrer Durchreiche streckt und fragt, ob etwas mit ihrer Rinderbouillon nicht stimme. Wir beruhigen sie und tauchen unsere Löffel in die lauwarme Brühe. Die Fettaugen schmiegen sich um das Metall. Leider steht im Zimmer nur ein einziger Gummibaum. Nach der Suppe folgt ein Schweinebraten mit viel Tunke, deren Fettaugen zur Abwechslung dunkelbraun sind. Die Soße über dem Blumenkohl hat keine Fettaugen, weil die mit Mehl zugeschweißt sind. Die Kartoffeln fischen wir aus einem goldgelben Buttersud. Wortlos beginnen wir einer nach dem anderen mit Messer und Gabel zu schaben, bis etwas Fleisch und Gemüse und Kartoffel pur freiliegen. Zum Glück machen sich die Kinder über den Grießpudding her, weshalb wir als Endnote mit einem »Na ja!« davonkommen. Ich höre Herrn Schmotz nebenan in der Küche tönen, daß die dummen Städter noch nicht mal ordentlich ihre Soße aufstippen können.

Wir dummen Städter sind froh, als wir wieder draußen sind. Die Landschaft hier ist wirklich schön. Wir beschließen, heute sofort nach dem Abendessen Scrabble zu spielen. Es ist nicht sehr wahrscheinlich, daß unser Wirt sich am Austüfteln von passenden Wörtern zum Anlegen beteiligt. Seine kernige Sprache kommt in keinem Wörterbuch vor. Notfalls lassen wir englische Ausdrücke zu, denn auf seinen Fremdenhaß ist Verlaß.

Mit diesem Vorsatz machen wir uns also kurz nach sechs auf den Heimweg. Wie schon am Mittag kommt uns Herr Schmotz entgegen. Womöglich werden die Bratkartoffeln schon um fünf aufgetischt. Herr Schmotz steuert geradewegs auf mich zu. Ich überlege blitzschnell, wie ich ihm mit einer Attacke auf seine Hausordnung zuvorkommen könnte, da öffnen sich seine Lippen und zeigen Zähne und Tabakkrümel. Wenn ich es nicht besser wüßte, könnte man das, was er dort produziert, für ein Lächeln halten. »Schönes Wetter heute! Gute Luft!« Er zeigt auf mein Gesicht: »Die roten Backen stehen Ihnen gut!« Worauf mir nichts einfällt, absolut nichts. Sicherheitshalber kontrolliere ich noch einmal seine Blickrichtung, ob er nicht doch Wanda meint. Aber er meint mich. Heinrich Schmotz lobt meine roten Backen. Entweder er hat einen an der Waffel, oder ich habe Halluzinationen.

»Ich glaub, ich muß mal ganz dringend«, murmele ich. Wanda

versetzt mir mit ihrem spitzen Ellbogen einen Stoß in die Rippen. Also ringe ich mir noch ein »Danke!« ab und strebe dann eilig Richtung Haus. Die anderen können kaum Schritt halten. Von der Diele kann ich auf den fertig gedeckten Abendbrottisch sehen. Etwas ist anders. Ich sehe genauer hin und stelle fest, daß ein Erwachsenengedeck mehr aufliegt. Blitzschnell verknüpfe ich das zusätzliche Gedeck mit der Freundlichkeit von Herrn Schmotz und komme zu dem Schluß, daß er seinen ärgsten Feind eingeladen hat, um mich mit dem zu verkuppeln.

»Wir möchten aber für uns allein essen«, sage ich zu Frau Schmotz, die gerade mit einem Plastikkorb voller Bierflaschen die Kellertreppe hochkommt. »In Familie!«

»Natürlich!« Sie lächelt breit.

»Natürlich«, wiederholt Herr Schmotz, der nun ebenfalls die Diele betritt, und lächelt noch breiter als seine Frau. »Sie sind mir ja eine ganz Schlimme!«

»Ich?« frage ich.

»Sie!« Er hebt seinen knubbeligen Zeigefinger hoch und wedelt mir damit ein paarmal vor der Nase hin und her. »Sie haben mich ganz schön angeschwindelt, aber der Herr Doktor hat die Sache klargestellt. Sie haben da einen Mann mit viel Humor, und als Stadtarzt verdient er bestimmt schönes Geld, was?«

»Aber Heinrich!« Seine Frau zupft am Ärmel der Strickweste.

»Geld ist nichts Schändliches! Stimmt's?« Diesmal sieht er über meine Schulter hinweg. Ich drehe mich um. Eberhard ist angekommen. Meine Mailbox-Nachricht hat ihn erreicht. Möglicherweise ist das Tohuwabohu der letzten vierundzwanzig Stunden dran schuld, daß ich ihm geradezu überschwenglich in die Arme falle. Vielleicht ist es aber auch ein ganz klein bißchen der Stolz, den echten Doktor vorzeigen zu können, den ich mir als alleinerziehende Mutter an Land gezogen habe. Hedwig wird totgeschwiegen, basta! Außerdem ist es rührend, wie fix er mir nachgereist ist.

»Mit der Familie alles okay?« tönt Dario mitten hinein in unsere Umarmung.

»Mit den Eltern ist alles bestens«, erwidert Eberhard, »nur diese Baustelle vor Oberehe, ich sage euch…«

»Und mit Hedwig?« bohrt Dario. »Hat sie dich nicht für eine ganze Woche gebucht?«

»Ich weiß, wo ich hingehöre.« Eberhard faßt nach meiner Hand, ganz kurz fühle ich mich wie die Heldin in einem Heimatroman, letztes Sternchen-Kapitel, aber dann kommt Frau Schmotz zum Glück mit den Bratkartoffeln. Diesmal esse ich so viel davon, daß Eberhard mich besorgt fragt, ob mir das wohl auch bekommt. Wanda nickt eifrig Zustimmung, und dann fragt sie übergangslos, ob Eberhard denn wohl schon die giftgrüne Nylondecke auf unserem Bett und das Kruzifix darüber gesichtet habe.

»Nachts ist es zum Glück dunkel«, erwidert Eberhard.

»Dunkel ist es auch viel romantischer«, ergänzt Dario. Es ist bestimmt nicht die erste Flasche Bier, die er da kippt. Überhaupt habe ich ihn noch nie aus der Flasche trinken sehen. Ich trinke den Rotwein, den Eberhard mitgebracht hat. Die beiden Flaschen Barolo veranlassen Wanda dazu, sich über die Fürsorglichkeit der beiden anwesenden Herren auszulassen. Dario und Eberhard fixieren sich. »Prost!« sagt Wanda fröhlich und hebt ihr Glas, von dem Rotwein trinkt sie auch etwas. Es ist ein schwerer Wein, der später sogar die giftgrüne Tagesdecke pastellig aussehen läßt. Alles um mich herum wird pastellig und weich. Ich habe das Gefühl, ganz laut brüllen zu müssen, damit Eberhard mich versteht. Er legt mir rasch seine Hand vor die Lippen: »Pssst, sonst wacht am Ende noch Benni auf!« Ich beiße ihn ein bißchen, weil ich nicht mag, wenn jemand mir den Mund zuhält. Eberhard nennt mich »Biest« und packt woanders kräftiger zu, was ich wiederum mag. Pflaumenweiche Liebkosungen sind heute nicht mein Ding. Ich will es wild und ungestüm, Marke Pazifik. Nee, den Pazifik streiche ich wieder, der hängt mir zu dicht an den Needles und den Steintitten in den Rockys dran. Sicherheitshalber beiße ich Eberhard auch noch ein bißchen in die Schultern. Die fünf Tage Wannsee haben ihm gutgetan, denn der Desinfektionsgeruch ist weg.

Eberhard knabbert zurück. Hhhm! Sonst erinnere ich mich eigentlich nur noch an sein »pssst!«, das er noch mehrmals losläßt. Aber nicht mehr sehr ernsthaft, glaube ich.

Am nächsten Morgen bin ich müde und ausgehungert. Die frischen Semmeln sind glücklicherweise fettaugenfrei, die Marmelade ist okay, und die Eier sind legefrisch. Sogar der Kaffee schmeckt köstlich.

»Habt ihr ihn wenigstens herumgedreht?« fragt Wanda. Sie scheint heute früh nicht mal eine trockene Semmel verzehren zu wollen. Sie nippt an einem Glas mit Mineralwasser, aus dem sie die Kohlensäure herausgeschlagen hat.

»Wie?« Ich köpfe gerade mein zweites Ei, steche den Dotter an und überlege, was Wanda meint.

»Den Jesus über eurem Bett«, sagt sie. »Die Wände sind nämlich sehr hellhörig hier.«

»Ah ja!« Ich wische mir über den Mundwinkel, da klebt was, vermutlich Eigelb. In meinem Kopf summt es »Pssst!«.

Ich sehe automatisch zu Eberhard hin, der vergnüglich lächelt. Neben ihm sitzt Dario, der sehr intensiv mit dem Verrühren seines Zuckers beschäftigt ist.

»Wie ein Erdbeben«, fährt Wanda fort. »Erinnerst du dich an dieses wahnsinnige Erdbeben vor vier Jahren, Darling?« Sie legt ihre Hand auf Darios Hand.

Dario rutscht promt der Löffel in die Tasse. Kaffee spritzt hoch. »Ich schlafe nachts!«

»Verzeihung!« Wanda beginnt, mit ihrer sauberen Serviette an seinem Pulli zu reiben.

Dario schiebt ihre Hand weg. »Das große Beben war übrigens vor drei Jahren, damit du es weißt.«

»Drei ist gut.« Wanda kichert und sieht mich dabei an.

Ich schüttele den Kopf und sage: »Zweimal!« Es rutscht mir so heraus.

»Dreimal«, verbessert Eberhard sanft.

»Zweimal«, widerspreche ich wütend. »Das dritte Mal war schon heute.«

173

Wanda gluckert los, als hätte ihr jemand Seifenblasen in ihr stilles Wasser gekippt. Eberhard gleicht einem stolzen Hahn. Dario zerteilt seine Serviette in saubere Schnipsel. Die Kinder sind zum Glück längst wieder nach draußen gestürmt. Und mir dämmert, was ich soeben in aller Unschuld preisgegeben habe. Meine Hand schlüpft hoch, um die Röte abzudecken, die mir aus dem Ausschnitt hochkriecht. Leider habe ich nur normal große Handteller, und ich spüre, wie die Wärme meine Wangen erreicht.

Ich blitze Eberhard an, der sich keinesfalls wie ein Kavalier verhalten hat. »Fahren wir endlich los? Die Greifvogelschau wartet nicht auf uns, und um zwölf gibt es hier Mittagessen.«

Eberhard tupft sich die Lippen ab. »Überraschung«, verkündet er.

»Nichts da! Die Vögel haben wir den Kids versprochen.«

»Die Vögel sind okay«, nickt Eberhard, »aber für mittags habe ich einen Tisch in der Wasserburg reservieren lassen. Exquisit und gar nicht weit von hier, ich habe dort mal einen Lammsattel gegessen…«, Eberhard spitzt die Lippen.

»Den hast du nicht mit mir gegessen«, kontere ich, »und überhaupt haben wir hier Vollpension gebucht.«

»Darauf verzichten wir, Liebling!«

»Ich bin nicht Liebling!«

»Nein, du bist eine Kratzbürste, aber eine süße Kratzbürste, und manchmal bist du sogar besonders süß.« Eberhard sondert Lustmolchtöne und Lustmolchblicke ab, die auch beim letzten Trottel keinen Zweifel aufkommen lassen, worauf er anspielt.

»Ich esse hier«, verkünde ich.

»Es gibt Bratwurst.« Wanda verzieht angewidert das Gesicht.

»Ich liebe Bratwurst.«

»Ausgerechnet du liebst deftige Hausmannskost? Mach mir nichts vor!« Eberhards Lustmolchshow weicht dem Oberlehrerhabitus, fehlt nur noch der erhobene Zeigefinger.

»Du meinst wohl, du kennst mich?« fauche ich.

»Ist das schlimm? In einer guten Beziehung kennt man sich eben.«

»Geteilt durch zwei«, erinnere ich ihn und versteige mich in meiner Wut in moralinsaure Sprüche über seine Doppelmoral und meinen Hang zum einfachen Leben. Ich höre mich selbst von verlassenen Inseln und freiwilliger Askese und Entschlackung schwärmen, es ist zum Kotzen, trotzdem quillt es immer weiter aus mir heraus.

»Fehlt nur noch das härene Gewand«, unterbricht Dario mich.

»Du hast es nötig«, geifere ich zurück und fange an, seine karierten Bäckerhosen und das affige »closed«-Schildchen, seine Schweizer Präzisionsuhr und den Hermès-Schal, die sage und schreibe sechzehn Hi-Fi-Boxen und den Tellerwäschertraum aufzuwärmen. Diesmal wird Darios Gesicht sehr asketisch, wogegen das Lächeln von Eberhard sich wieder weitet.

Es ist ein Glück, daß Benni und Marie hereinstürmen und zum Aufbruch drängen.

Wir fahren alle zusammen in Darios Espace, der acht Sitzplätze hat. Die Kids sitzen ganz hinten, Wanda drängt mich neben Dario auf den Beifahrersitz und plaziert sich selbst neben Eberhard. Zum erstenmal bleibt die Musikanlage ausgeschaltet, und ich höre Wanda hinter mir von Tischkultur schwärmen und Eberhard über seine Wasserburg ausfragen. Als wir auf den Parkplatz in Hellenthal einbiegen, beschreibt Eberhard gerade das Dessert, »exotische Früchte an Marzipanparfait«, woraufhin Wanda glatt das Aussteigen vergißt. »Himmlisch!« seufzt sie, während von hinten Benni und Marie vordrängeln. Es ist nicht zu fassen!

»Könnt ihr eure Tischkultur mal für fünf Minuten beiseite lassen?« frage ich. »Wir sind jetzt nämlich da.«

»Flattermänner!« assistiert Benni und bewegt seine Arme schwingenmäßig.

»Wilde Flattermänner!« Marie schwingt ebenfalls, die beiden umflattern das Auto.

Endlich bequemen sich mein Urologe und Darios Frau aus dem Auto, ihr Lieblingsthema lassen sie aber noch immer nicht los. In der Schlange vor dem Kassenhäuschen erörtern sie nämlich das Aroma einer Flugananas.

»Kein Vergleich zu ordinärer Importware«, sagt Eberhard.

Wanda nickt zustimmend. Ihr Wissen über pflückfrische eingeflogene Ananas ist beachtlich, natürlich weiß sie auch, wie man diese Frucht optimal zerteilt, falls man den Corpus nicht lieber aushöhlt und etwa mit Mangocreme füllt: »Das ist sehr dekorativ!«

»Sehr dekorativ«, bestätigt Eberhard, »natürlich könnte man den Corpus auch für Longdrinks verwenden, das macht sich ebenfalls sehr gut.«

»Natürlich könnte man eure Corpora auch den Hang dort runterschibbeln und euch von 'nem netten Adler aufpicken lassen«, fahre ich dazwischen. »Falls dem nicht auch übel von eurem Gesülze wird.«

Wanda zuckt verzeihend die Schultern: »Deine – hm – also Sarah hält nicht viel vom Kochen.«

»Man kann eben nicht alles haben«, stimmt Eberhard zu und streichelt mir über den Po. Seine Augen verraten mir, daß er jetzt nicht mehr dem Aroma einer Flugananas nachschnuppert.

Ich klatsche ihm einmal heftig auf seine Grapschhand: »DAS hast du auch nicht!«

»Überraschung«, erwidert Eberhard. Dann beginnt die Show. Der Falkner steht schon mit dem gepanzerten Handschuh bereit, auf den nun der erste Adler von hoch oben niederstößt, um sich seinen Fleischbrocken zu holen. Bestimmt fünfzig Leute drängen sich um die abgesperrte Arena, rucken mit den Köpfen hoch zu den anfliegenden Greifvögeln, zucken im Sturzflug mit nach unten zu den blutigen Fleischlappen, rucken erneut hoch, bis das Spektakel vorbei ist. Mein Kopf ruckt automatisch mit hoch und runter, aber dabei sinne ich Eberhards angekündigter Überraschung nach. In jüngster Zeit entwickelt er ein Faible für Überraschungen, und eben hat seine Stimme einen triumphalen Sound gehabt, so als ob er der Flugananas-King persönlich wäre. Ich stehe nicht sonderlich auf Ananas.

So bleibt es bei der vereinbarten Vollpension in Oberehe. Bei Frau Schmotz gibt es zum Nachtisch Pudding. Gelb und glibberig, er flutscht mir vom Vorleglöffel auf den Teller. Ich koste. Igitt!

»Jetzt eine Scheibe Flugananas?« Eberhard griemelt. Ohne Fragezeichen würde mich dieser Satz auf die Palme bringen, so kommt er eher pfiffig bei mir an.

»Na ja.« Ich drapiere meine Serviette über dem Puddingglibber auf meinem Teller.

»Oder Soufflé«, schlägt Dario vor. Er ist ein Meister des Soufflés. Wenn er das kreiert, wird Wanda aus ihrer Profi-Küche verbannt.

»Lieber Ananas«, sage ich zögernd. Bei Eberhards Flugananas-King-persönlich-Lächeln wird mir ganz komisch zumute. Völlig in Gedanken nehme ich die zusammengeknüllte Papierserviette hoch, stippe meinen Löffel in den gelben Puddingglibber und löffle drauflos, bis das Metall nur noch über Porzellanblümchen kratzt.

»Beachtlich«, findet Wanda, »hoffentlich wird dir nicht übel.«

Ich starre auf meinen leeren Teller. Das Zeug muß in meinem Bauch drin sein. Ich glaube, mir wird wirklich übel. ›Eberhard, ich hab auch 'ne Überraschung, ich kotz dir dein nagelneues Auto voll, wie findest du denn das?‹

Eberhard scheint meine Gedanken lesen zu können, denn er erklärt, daß er für alle Eventualitäten gerüstet ist, Tüte inklusive. Die Lust, ihm sein properes Auto vollzureihern, vergeht mir wieder. Eigentlich ist mir alles mögliche vergangen. Der Gekreuzigte über dem knatschgrünen Bettüberwurf aus Nylon hätte heute nacht seine reine Freude an mir. Aber dazu wird es nicht kommen, weil wir gleich abreisen. Zurück fahre ich nicht mehr mit Dario, sondern mit meinem Urologen.

Benni sitzt hinten und mosert in einem fort. Er vermißt Marie und den Supersound von Dario. »Dario hat sechzehn Boxen und geile Musik!«

Eberhard erklärt daraufhin, daß seine Anlage ebenfalls »sehr ordentlich« ist. Zum Beweis drückt er auf einen Knopf, schiebt eine Kassette ein, drückt noch einmal, Geigen zirpen los.

Benni hält sich die Ohren zu und stöhnt zum Gotterbarmen. »Ausmachen! Hast du nicht mal eine einzige Benjamin-Blümchen-Kassette?«

Ich halte mir auch die Ohren zu und male mir eineinhalb Stunden Quengeln aus. Wenn Benni in Laune ist, zieht er das durch. Und hier im Auto kann ich ihn schlecht in sein Zimmer verbannen oder selbst die Flucht ergreifen.

»Blink mal bitte Dario an«, sage ich deshalb zu Eberhard. Wir befinden uns noch auf der Baustellen-Marterstrecke, und der Espace fährt direkt hinter uns.

»Warum sollte ich…?« setzt Eberhard an, gibt dann aber doch meinem energischen »bitte!« nach, blinkt nach rechts und hält knapp hinter einer Betonmischmaschine. Dario hält ebenfalls. Ich spurte hinüber und komme mit einer Kassette zurück.

»Wir können«, sage ich zu Eberhard und tausche das Geigenzirpen gegen »Benjamin Blümchen« aus. Der sprechende Elefant schmettert sein allseits beliebtes TRÖRÖ, und Benni ist prompt befriedet. Zwanzig Minuten später ist er eingeschlafen, gerade als die Verkehrsnachrichten die rasende Reporterin Kolumna unterbrechen. Der Radiosprecher weiß von einem Stau zu berichten. Ein schlaues Kerlchen, wir sind schon drin. Stop and go! Stop and go! Eberhard greift neben sich in die Ablage, klappt eine original Fishermint-Blechdose auf, fragt: »Möchtest du auch?« Ich möchte nicht, also schiebt er sich solo eine Portion extra scharfe Frische rein. Er zerbeißt die Pastille, das Knacken seines Kiefers geht mir durch und durch. Der Radiosprecher verkündet mit deutlicher Genugtuung aus seinem hübschen Studio, daß unser Stau sich nunmehr auf satte neunzehn Kilometer verlängert hat. Neunzehn Kilometer Stop and go! Wie viele Pastillen mögen in dieser Blechdose sein? Bei meinem Glück führt Eberhard bestimmt noch eine Nachfüllpackung im Handschuhfach mit. Ich bin die Glücksfee! Mein Lover hat zwei Frauen, wovon ich die Nebenfrau bin, und jede Menge extra scharfe Fishermints. Mein geschiedener Mann hat Veilchenpastillen gelutscht und ebenfalls mehrere Ladys beglückt, von denen ich immerhin die Hauptfrau war. Gelegentlich läßt er durchblicken, daß er nichts dagegen hätte, mich nun zur Abwechslung mal als Nebenfrau zu beglücken. Scheidung als Appetizer! Fehlt nur noch, daß Pino sich zurückmeldet. Der lutscht weder

Fishermints noch Veilchenpastillen, dafür hat er einen satten Fundus an originalverpackten Zahnbürsten, bunten Gummis und nicht jugendfreiem Spielzeug. Mir fallen die japanischen Glaskugeln wieder ein und wie es bei jedem Schritt ein bißchen gebimmelt hat. Vor lauter Lachen ist dann nichts sonst passiert, aber das Lachen war mindestens ebenso schön. Mit Pino kann man himmlisch rumalbern.

Energisch schiebe ich mich in meinem Sitz hoch und drücke auf »play«. TRÖRÖ! Lieber ein sprechender Elefant als diese Traumgespinste! Pino ist ein Hallodri, heute die eine und morgen die andere...

»Ich dachte, du schläfst!« Eberhard sieht zu mir hin.

»Hab ich auch«, sage ich.

»Ich wollte dir doch noch etwas sagen, erinnerst du dich?«

»Überraschung und so.« Ich nicke. Diese Kolumna hat eine absolut ätzende Quakstimme, aber Benni findet sie cool.

»Hedwig reicht die Scheidung ein!«

Hedwig reicht die Scheidung ein! Wieso reicht sie die Scheidung ein? »Ihr habt doch einen Deal!«

»Hatten! Hedwig will klare Verhältnisse, und mir ist es auch recht, mal vom Splitting-Vorteil abgesehen, aber das ließe sich ja wieder ändern, nicht wahr?«

Wie kommt man bei der Einkommensteuer als Geschiedener wieder in die Splitting-Tabelle? Ich kenne nur einen Weg dorthin. Hilfe! »Kann ich vielleicht doch so ein Ding haben?« Ich zeige auf die Blechdose.

»Natürlich! Gibst du mir auch eins?«

Ich klappe die Fishermints auf, picke eine Pastille für ihn und eine für mich heraus, füttere zuerst ihn und dann mich, klappe die Dose ordentlich wieder zu, lausche unserem Synchronknacken und könnte aus dem Fenster springen. Aber noch nicht mal das würde funktionieren, weil ich mit meinem Prachtbusen oder spätestens mit meinem Prachthintern steckenbliebe. Ich stecke in Eberhards staubfreier Karosserie fest. KNACK! KNACK! KNACK!

»Wir müssen ja nichts überstürzen«, sagt Eberhard neben mir.

Ich werfe ihm einen dankbaren Blick zu. Irgendwie ist es großartig von Eberhard, sich in meine Bindungsängste hineinzudenken, wo er doch gerade selbst erst mit den Ruinen seiner Vergangenheit fertig werden muß. Fünfundzwanzig Jahre Ehe sind kein Pappenstiel, in diesem Jahr hätte er silberne Hochzeit gefeiert.

»Dieses Jahr nehme ich den Steuervorteil sowieso noch mit Hedwig wahr«, ergänzt Eberhard, »das ist kein Problem, ich habe schon mit meinem Steuerberater telefoniert.«

Mein Daumen streicht über die Kante von dieser Blechdose. Sie ist scharf, aber leider nicht scharf genug.

»Paß auf, sonst tust du dir weh!« warnt Eberhard.

Ich starre auf den blutigen Strich und stecke den Daumen in den Mund. Klasse! Was ist Eberhard doch für ein fürsorglicher Mann! Vorausschauend, als Facharzt verdient er bestimmt jede Menge Geld, und wie es aussieht, ist er sogar bereit, mich nächstes Jahr in den Genuß des Ehesplittings kommen zu lassen.

Ich sollte jubeln. Bitte jubeln, Sarah! Ich könnte Rotz und Wasser heulen.

Aktion Dschungelgrün

Gegen die Wand gelehnt stehen sechs Fotografien in Schwarzweiß, vergrößert und gerahmt, alle made by Dario Land. Sie zeigen mich solo, Benni solo und uns beide zusammen. Sie stehen dort schon fast drei Wochen, und heute nagelt Eberhard sie mir an die Wand. Nicht gerade begeistert, denn es handelt sich weder um anerkannte Kunstwerke noch um eine Ahnengalerie im üblichen Sinn. Außerdem stört ihn vermutlich, daß er selbst auf keinem der Fotos mit drauf ist. Trotzdem opfert er nun seine Mittagspause und hantiert mit Wasserwaage, Zollstock und Bleistift hinter dem Ohr. Was er tut, tut er richtig.

»Kennst du die ›Alte Liebe‹?« frage ich und reiche ihm einen Bilderhaken an.

»Den nicht«, nuschelt er retour. In seinem Mundwinkel klemmen drei Nägel, nachdem er sie mir zu dem falschen Haken in die Hand gelegt hat, fügt er normal verständlich hinzu: »Wieso alte Liebe?«

»Ich meine das Lokal«, sage ich und halte versuchsweise einen kleineren Haken hoch.

»Der könnte passen.« Eberhard greift nach dem Haken und nimmt Maß. »Ist das nicht irgendwo am Rhein?«

»Exakt. Auf einem Boot. Ich bin eingeladen.«

Er fixiert den Punkt, den er mit Bleistift aufgemalt hat. »Duuu?« fragt er.

»Du auch. Wenn du Lust hast.«

»Und von wem?«

»Ringo Star. Er kommt übrigens nachher vorbei.«

»Könnt ihr den Mann nicht mal bei seinem ordentlichen Namen nennen?«

Mit »ihr« meint Eberhard meine Freundin Vera und mich. Wir beide haben auf Anhieb eine Parallele zu jenem Beatle-Oldie aufgetan. Schön im Häßlichsein! Eine Zeitlang war Vera heftig in Ringo verliebt. Ringo ist ein Tausendsassa, der heute Würstchen verkauft und morgen als Solist über eine Bühne steppt, über eine kleine Bühne und nicht länger als zehn Minuten, aber immerhin. Außerdem hat er den berühmten grünen Daumen und kümmert sich liebevoll um mein Grünzeug. In Anbetracht von Veras Faible für Ringo Star ist es beim Grünzeug geblieben.

»Er mag's«, antworte ich.

»Er scheint es nötig zu haben«, sagt Eberhard verdrießlich.

»Bist du eifersüchtig?« frage ich.

»Auf so einen doch nicht.« So einer trägt peppige Sakkos in Giftgrün und Kornblumenblau, dunkle Haare ringeln sich bis in den Nacken, und in dem Zigeunergesicht leben tiefe Falten.

»Ich mag Ringo«, sage ich. »Du mußt ja nicht mitkommen.«

»Ich überwinde mich.« Eberhard nimmt den Hammer auf und

klopft endlich. Seine Finger müssen schon taub sein, so lange hat er den Nagel auf den Bleistiftpunkt fixiert gehalten.

»Mußt du nicht!« Ich halte ihm die gerahmte Fotografie zum Probe-hängen hin.

»Die Perspektive stimmt nicht!« Eberhard hängt das Bild von mir an die Wand und tritt einen Schritt zurück. Ich tue es ihm nach und bewundere mich dort vor mir an der Wand. Dario hat mir den reinsten Schwanenhals verpaßt. Da sieht man erst einmal, was ein guter Fotograf ausmacht.

»Mir gefällt's«, sage ich.

»Darauf kommt es nicht an«, widerspricht Eberhard. »Keine Frau hat solch einen Hals, dieses Bild ist schlicht eine Fälschung!«

»Aber eine schöne Fälschung. Ich glaube, du mußt jetzt los.« Ich drücke ihm hastig einen Kuß auf die Wange und hänge ein »Danke!« an. Immerhin hat Eberhard meine Bilder aufgehängt. Er würde gern auch noch mein Grünzeug versorgen, wenigstens fragt er im Hinausgehen, ob ich ihm den Umgang mit einer Gartenschere nicht zutraue. Ich zeige auf seine Arztkluft – weißes Polo mit Kroko-dil und weiße Hosen mit Kniff – und erzähle etwas von dreckiger Erde und Eberhards Sprechstunde, die um drei wieder beginnt.

»Außerdem ist Ringo einfach DER Fachmann«, füge ich hinzu.

»Fragt sich nur, Fachmann wofür«, sagt Eberhard genau in dem Moment, als es klingelt.

Fachmann Ringo düst uns top gestylt entgegen, umarmt mich und läßt mich in Knitterleinen und »Davidoff« abtauchen. Ringo ist ziemlich riesig. Eberhard bleibt neben uns stehen und guckt zu.

»Mußt du nicht los?« frage ich ihn.

»Ich warte auf meinen Kuß.«

Ich wiederhole das Abschiedszeremoniell. Es ist wegen Ringo, das ist mir schon klar. Endlich geht Eberhard. Einen Treppenabsatz tiefer macht er nochmals halt: »Soll ich noch etwas zum Abendbrot mitbringen, Liebling?« Ich quäle mir ein »Nicht nötig« ab, obwohl Eberhard eine andere Antwort verdient hätte. Erstens leben wir nicht zusammen, zweitens hat er sich noch nie um meine Einkäufe gekümmert. Wie stehe ich denn da?

Unten klickt die Haustür ins Schloß.

Ringo grinst. »Kletten brauche ich dir jedenfalls keine zu besorgen.«

»Hör schon auf!«

»Ich gönn's dir ja.«

»Fiesling!«

»Soll ich dir helfen? Unkraut ausrupfen, zum Beispiel.«

»Nur bei dem Grünzeug.«

»Schade!«

»Du brauchst eine Neue. Eine, die dich in Schach hält.« Ich weiß, wovon ich rede. Zigeunerface Ringo tingelt in Liebessachen ziemlich unkontrolliert durch die Lande. Genau wie Pino, die beiden sind nicht von ungefähr Freunde.

»Eine wie dich?« grinst Ringo.

»So ähnlich.«

»Gib dir doch mal Mühe. Vielleicht erliege ich dir ja.«

»Danke, ich bin versorgt.«

»Von ihm?« Er lenkt seinen Daumen Richtung Korridortür, als wenn ich nicht auch so wüßte, daß er Eberhard meint.

»Von wem sonst? Ich konsumiere Männer nicht im Dutzend.«

»Schade! Und wo ist der Dschungel, den ich dir stutzen soll?«

»In der Eßecke und über meinem Bett«, antworte ich wahrheitsgetreu. Vor ein paar Jahren habe ich zwei Ableger von einer Monstera eingetopft, die beiden Pflanzen wuchern wie sonst etwas.

Natürlich reagiert Ringo spontan auf den immergrünen Vorhang rund um mein Bett. »Dachte ich mir's doch«, grinst er.

»Dämlack«, kontere ich. »Machst du dich bald mal an die Arbeit?«

Ringo Star streift die Knitterleinenärmel hoch und kommt auf mich zu. Jetzt paßt keine Stecknadel mehr zwischen uns. »Okay, packen wir's an! Eigentlich bist du mir ja zu alt. Aber ich muß zugeben...«

Weiter kommt er nicht, weil nun eine wilde Hatz von meinem Schlafzimmer ins Kinderzimmer und von dort ins Wohnzimmer beginnt, zuletzt jage ich ihn rund um den Eßtisch, einmal rund und zweimal rund, immer weiter, bis mir selbst ganz schwindlig wird und ich nach Luft japse.

»Hübsches Spielchen! Für dein Alter...«, er klemmt mich zwischen sich und der Marmorplatte fest, diesmal ist er der Jäger.

»Ich fresse dich auf«, brummt er.

»Das ist ein Eßtisch, du Banause«, keuche ich.

»Dann verspeise ich dich eben mit Messer und Gabel, Mylady.« Seine schwarzen Augen lachen.

Ich sehe rasch weg. Von ihm gefressen zu werden könnte schön sein, glaube ich. Und die Geschichte mit Vera ist schon ewig lange her. Nur wie's hinterher wäre, nach dem Gefressenwerden, weiß ich nicht. »Das kitzelt.«

»Das auch?« Er schiebt beide Hände hinter mich und preßt mich in seine Handflächen. Der Stein gibt nicht nach, Ringo auch nicht, er ist überall, und mich packt die Wut: Bin ich 'ne läufige Hündin oder was?

»Laß mich!« schreie ich und drücke ihn weg. Ich stemme noch mit durchgedrückten Armen, als vor mir nur noch Luft zum Wegschieben ist.

»Die fromme Sarah?« Ringo sieht mich an, spöttisch und ein bißchen nachdenklich. Das Nachdenkliche ist eigentlich nicht seine Art.

»Nicht fromm, nur chiuso!« Ich taste nach meinem obersten Blusenknopf. Das ist einer mit Selbstöffnungsmechanismus, manchmal springt er auf und läßt es blitzen. Ich will nicht, daß es blitzt. Mein Daumen streicht über eine Passe, die in regelmäßigen Abständen von einem kreisrunden Hubbel unterbrochen wird. Fünf Hubbel, fünf Knöpfe. Es blitzt nichts, trotz wilder Hetzjagd. Geschlossen! Chiuso!

Ringo tippt auf meinen obersten Knopf: »Alles keusch wie bei 'ner echten Nonne, keine Sorge.«

»Wer sorgt sich denn?« Typisch Kerl, denke ich, klapse ihm auf seinen Tippfinger und bin froh, heilfroh, daß alles unter Verschluß geblieben ist. Mit Keuschsein und Nonne hat das nichts zu tun.

Aber woher soll einer wie er das wissen. »Wann war die letzte Jungfern-pick-up-Tour mit Freund Pino?«

»Pino?« wiederholt Ringo und macht ein Gesicht, als ob die Erwähnung seines obersten Zech-Aufreiß-Kumpans eine völlig neue Saite zum Klingen brächte. Harfenklangmäßig! »Du und Pino, ihr hättet zusammenbleiben sollen. Dein weißes Krokodilmännchen und Pinos Neue bringen's einfach nicht...«

Ich falle Ringo ins Wort: »Pino hat schon wieder eine Neue?«

Ringo verzieht den Mund. »Das übliche Frischfleisch. Sie heißt Babette Schmitz und nennt sich Künstlerin, wahrscheinlich weil sie selten mehr als künstliche Wimpern und ihre Lederkluft trägt.«

»Keine Unterwäsche?« frage ich empört.

»Hundertprozentig keine, sie zeigt's jedem.«

»Pino ist ein Idiot!« Plötzlich halte ich den obersten Knopf von meiner Bluse in der Hand. Er ist mit Steg angenäht. Ich hasse es, Knöpfe anzunähen, besonders solche mit Steg.

»Sage ich doch, Pino wäre besser bei dir geblieben.«

»Und wer sagt dir, daß ich ihn noch wollte, he?« Der Knopf fällt mir hin. Heute ist mein Glückstag. Ich gehe in die Knie und suche nach dem vermaledeiten Blusenknopf.

Ringo geht ebenfalls in die Knie. Dieser ellenlange Männerkörper sieht im Vierfüßlerstand total komisch aus. Zum Totlachen! Aber ich lache mich nicht tot. Verdammt, wo ist dieser dämliche Knopf? Ich werde doch nicht wegen eines blöden Knopfs zu heulen anfangen.

»Da ist er.« Ringo hält mir etwas Perlmuttfarbenes hin, es ist mein Knopf. Dann zieht er mich hoch, läßt mich kräftig in sein Taschentuch schneuzen und bietet sich an, Benni für mich vom Kindergarten abzuholen. »Wenn dein Sohn dich so sieht, bekommt er einen Mordsschreck.«

Ich vergesse glatt, Ringo zu beschimpfen. Statt dessen schniefe ich schon wieder und bedanke mich.

»Ist schon okay«, Ringo klinkt die Wohnungstür auf und sagt im Hinausgehen: »Überleg es dir. Das mit Pino, meine ich.«

»Da gibt es nichts zu überlegen!« Ich weiß nicht, ob Ringo Star mich überhaupt noch hören kann. Es ist auch nicht wichtig, weil es da wirklich nichts zu überlegen gibt. Pino ist schon lange passé, und offensichtlich hat er nicht lange gebraucht, um sich über seine Hulda hinwegzutrösten. Hallodri bleibt Hallodri! Eigentlich sollte ich das nach der Ehe mit einem Ralf Büscher intus haben. Nie mehr einen Hallodri, habe ich mir geschworen. Lieber drehe ich den Spieß herum. Hallodrine hört sich dämlich an. Saudämlich!

Eberhards Anruf erwischt mich in meinem tiefsten Loch. Er will wissen, ob der Herr mit dem grünen Daumen bei mir fertig geworden ist. Ich biete ihm an, bei nächster Gelegenheit den Tonbandmitschnitt für ihn abzuspielen, was er gar nicht witzig findet.

»Was spielst du denn heute für eine Rolle?« will er wissen.

»Die Hallodrine«, sage ich.

Einen Moment lang ist es still in der Amtsleitung. Und dann klickt es. Eberhard hat aufgelegt. Ich heule Rotz und Wasser. Anscheinend tauge ich nicht mal zur Hallodrine.

Die »Alte Liebe« liegt in Rodenkirchen vor Anker. Eberhard und ich sind die ersten Gäste, wir treffen sogar noch vor dem Gastgeber ein. Der Kellner nimmt das Reserviert-Schild fort. Eberhard steuert den Fensterplatz an. Ich folge ihm und sehe nur, wie sein Rücken vor mir schlappmacht. Ganz kurz nur, dann schiebt er mir hastig einen Stuhl unter den Po und entschuldigt sich. Ich sehe ihn durch die Klotür verschwinden. Ich warte. Aber Eberhard kommt nicht zurück, statt dessen kommt zweimal der Kellner und fragt, ob er mir etwas zu trinken bringen dürfe. »Später«, sage ich und überlege, ob mein Urologe plötzlich Durchfall bekommen hat. So etwas gibt es ja. Möglicherweise grassiert momentan wieder ein Virus, denn einen Tisch weiter vollführt ein sehr distinguiert aussehender Herr ebenfalls äußerst seltsame Verrenkungen, die ich zunächst sogar für Anmache hielt. Aber dieser Herr will garantiert nichts von mir, seinem Augenausdruck fehlt jede Spur von »Hallowie-wär's?«. Den fremden Herrn treibt etwas anderes, seine Augen irren zu mir und wieder zum WC und wieder zu mir. Ich atme auf, als Ringo Star endlich eintrifft.

»Solo?« fragt er überrascht und sieht sich um.

»Eigentlich nicht.« Ich fixiere das Schild »Herren«.

»Gib es zu! Du liebst mich und hast deinem Krokodilweißmännchen den Laufpaß gegeben.« Ringo setzt sich neben mich.

»Idiot!«

»Noch immer chiuso?« Ein Fummelfinger krabbelt auf mein nacktes Knie.

»Ich schreie«, drohe ich. Ich tu's nicht, natürlich nicht, aber ich stoppe seine Hand, die zum Aufmarsch rüstet. KLATSCH! Die Aufmerksamkeit des distinguierten Herrn nebenan verlagert sich eindeutig von der Klotür weg zu mir. Die Nullnull-Tür scheint ihm besser zu gefallen. Ich strecke ihm blitzschnell die Zunge heraus.

»Spielst du Kindergarten?« Vera ist gekommen.

»Sie spielt ›chiuso‹!« Ringo grinst breit.

»Chiuso? Geschlossen?« Vera mustert mich skeptisch.

»Verrammelt und verriegelt«, antwortet Ringo, noch bevor ich selbst etwas zu diesem blöden Wortspiel sagen kann.

»Ferkel!« Vera blitzt Ringo an. Diesmal grinse ich. Selber schuld! Meine Freundin ist nicht auf den Kopf gefallen, die denkt sogar rückwärts logisch und streng nach dem Verursacherprinzip: Ich hätte nicht abgeriegelt, wenn keiner versucht hätte, aufzumachen. Keiner ist Ringo!

Nach und nach trudeln auch die anderen ein. Ringo hat neun Gäste eingeladen, acht sitzen nun rund um den Tisch versammelt. Nummer neun ist abgängig. Siebenmal heißt es: »Ist Eberhard nicht mitgekommen?«, so als ob ich ohne ihn amputiert wäre. Mir ist nicht aufgefallen, wie fest man uns schon zusammengeschirrt hat.

»Er ist auf dem Klo, glaube ich«, antworte ich siebenmal.

»Habt ihr Krach?« fragt Vera.

»Nein«, sage ich.

»Irgendwas mußt du doch angestellt haben.«

»Ich bin chiuso«, beteuere ich. Neben mir prustet Ringo. Vera sieht mich eigentümlich an. Ich versuche, mich darauf zu besinnen, was ich gerade gesagt habe. Chiuso? Geschlossen? »Unschuldig«, verbessere ich mich hastig, »ich bin total unschuldig, ehrlich!«

»Ah ja!« Vera pendelt mit den Augen von Ringo zu mir und wieder zurück zu Ringo. Vielleicht ist er ihr doch noch nicht gleichgültig, trotz zweimaligen Entliebens und aller Beteuerungen. »Geh doch mal einer nachsehen«, sagt sie, »womöglich ist ihm schlecht.«

Norbert geht. Mein Urologe hat ihn sterilisiert, solch ein chirurgischer Eingriff im Intimbereich verbindet. Sie kommen zu zweit zurück. Eberhard ist ziemlich blaß. »Ein Virus«, entschuldigt er sich.

Der distinguierte Herr am Nachbartisch dreht sich zu uns um. Diesmal gilt der Nullnull-Blick ausschließlich Eberhard. »Guten Abend, Herr Kollege! Sie sind es also doch!«

»Hallo, Herr Professor Stücklein, was für eine Überraschung!« Hallo ist mein Wort, bei meinem Liebhaber knirscht es zwischen den Zähnen. Sonst sagt er nie »Hallo«.

»Und wie geht es der werten Frau Gemahlin? Sie ist doch nicht etwa krank?« fragt der feine Herr mit den weißen Schläfen und der doppelten Reihe Goldknöpfen auf dem marineblauen Blazer.

»Migräne«, Eberhard reibt sich heftig über die Stirn und verzieht gepeinigt das Gesicht, »ganz plötzlich, aber sonst geht es ihr prächtig.«

»Gut, gut! Unsere Damen sollten wieder einmal etwas ausmachen.« Der Herr erhebt sich, schließt alle Goldknöpfe und setzt sein Käppi auf, das einer Kapitänsmütze täuschend echt nachempfunden ist. Mit tausend Grüßen und Besserungswünschen für die werte Frau Gemahlin verläßt er die »Alte Liebe«.

Einen Moment lang herrscht in unserer Tischrunde betretenes Schweigen, dann reden alle auf einmal durcheinander. Eberhard greift nach meiner Hand, aber ich ziehe sie ihm weg und wende mich an Ringo: »Wann fahren wir nächste Woche zum Blumen-Großmarkt?«

»Wann du willst.« Ringo Star plinkert mir zu.

»Du mußt das verstehen«, raunt Eberhard mir von der anderen Seite ins Ohr, »er ist mein Doktorvater und obendrein der Golf- partner von meinem Schwager.«

»Reizend, diese Goldknöpfe, und so wohlerzogen.«

»Es war der Schock, Sarah!«

»Fahr mich heim«, sage ich. »Ich glaube, ich habe jetzt auch einen Virus erwischt.«

Als es am nächsten Tag klingelt und einer so etwas wie »Boten- dienst« durch die Sprechanlage nuschelt, höre ich gar nicht richtig hin und drücke auf. Die Entschuldigungsrosen, denke ich. Eigent- lich ist Eberhard damit ein paar Stunden überfällig, es ist nämlich schon Nachmittag.

Aber es sind keine Rosen, und der Mann, der die Stufen hoch- kommt, ist auch kein Blumenbote.

»Frau Urban?« fragt er höflich.

»Ja, die bin ich.«

»Ich darf Ihnen das überreichen. Mit den besten Empfehlungen, und wenn Sie bitte hier den Empfang quittieren würden.«

»Achtung, Falle!« schießt es mir durch den Kopf, diese Haustür- ganoven arbeiten mit ständig neuen Tricks. Oder ob Benni unter meinem Namen an einem Wettbewerb teilgenommen hat? Auf die Weise bin ich schon einmal zu zwölf Gratisdosen Hundefutter ge- kommen. Die Teilnahmekarte hatte Frau Olfe für meinen Sohn ausgefüllt, weil nur Erwachsene zugelassen waren. Über den nicht vorhandenen Hund hatte sie nicht weiter nachgedacht.

Ich beuge mich über das Papier, das der Bote mir hinhält, meine Brille habe ich natürlich nicht auf. Dezenter Cremeton und die Kursivschrift in Gold, das paßt zu den gestelzten Worten des Bo- ten, und den Namen obendrüber kenne ich auch. »Worthman« ist ein Juwelier und allererste Sahne. Ich unterschreibe.

In dem Päckchen ist ein Karton, darin liegt ein Futteral aus rotem Samtstoff, und darin wiederum steckt ein Etui. Es ist ein Ring. Wenn mich nicht alles täuscht, ist es der Vorsteckring für einen

Ehering. Als ich heiratete, kamen die Trisets für Brautleute gerade in Mode. Selbst ein Worthman vermag aus einem Ehering keine Kronjuwele zu zaubern. Eheringe behalten immer etwas von einem Gardinenring. Wertmäßig aufgepeppt werden sie erst durch den Vorsteckring, meiner glitzert und funkelt und wiegt schwer. Ich streife ihn versuchsweise über den Finger. Er ist mir zu weit.

»Wir lassen ihn ändern«, sagt Eberhard abends, »das ist kein Problem.«

»Das Ändern ist kein Problem«, stimme ich ihm zu.

Eberhard dreht meine Hand hin und her. Er ist eben einfach vorbeigekommen, als Vorsteckringschenker hat er das Recht dazu. »Aber er steht dir, das muß ich schon sagen.«

Darauf sage ich nun nichts mehr.

»Weißt du, daß ich mich allmählich richtig auf unseren ersten gemeinsamen Urlaub freue«, fährt Eberhard fort. »Auf unsere Cinderella!«

»Es ist aber UNSERE Cinderella«, brüllt Benni von irgendwoher. Sehen können wir ihn nirgends.

»Das wird er schon lernen, das mit dem UNSER, dein Sohn.« Eberhard streichelt mir über die Hand, an der sein Ring steckt. Er streichelt einmal hoch und einmal runter, beim Abwärtsstreicheln trudelt mir der Reif vom Finger.

Während Eberhard sich bückt, um den kostbaren Ring aufzuheben und dann vorsichtig zuerst in dem Lederetui, dann in dem Samtfutteral und zuletzt in der Kartonage zu verstauen, überlege ich, ob das gerade ein Zeichen von dem da oben war. Ich sehe zur Decke, aber von dort starrt mich nur der häßliche Fleck an, der mich an den Sektkorken auf der Silvesterparty vor einem halben Jahr erinnert.

Silvesterparty zu dritt: Benni, Pino und ich. Benni hat das Feuerwerk und das Korkenknallen verschlafen, seinetwegen mußten wir überhaupt zu Hause bleiben. Es war nicht schlimm. Pino fand es auch nicht schlimm, obwohl er ein notorischer Partygänger ist. In jener Nacht hat er sogar von einem Schwesterchen für Benni geredet. Gefasel, aber schön. Irgendwie schön. Wir haben den

Sektkorken knallen lassen und schon mal ein bißchen für das Schwesterchen geübt. Es sollte Julia heißen.

Es gibt keine Julia. Pino hat schon wieder eine Neue. Ich habe auch einen Neuen: UNSER-UNSER-UNSER, das Wort explodiert in meinem Kopf. Kann sein, daß Benni sich daran gewöhnt. Aber ob ich mich daran gewöhne, das steht in den Sternen.

Eberhard folgt meinem Blick hoch zu dem Flecken an der Decke.

»Das müssen wir überstreichen, das sieht ja entsetzlich aus!«

»Das bleibt«, widerspreche ich, »der Fleck hat für mich Erinnerungswert.«

»Wie kann denn solch ein häßlicher Fleck dir etwas bedeuten?«

»Er hat sogar einen Namen«, schreie ich. »Der Fleck heißt Julia!«

Eberhard gibt sich alle Mühe, mich zu trösten. Und in zehn Tagen fahren wir zusammen in Urlaub. An die belgische Küste in die Cinderella.

All you need …

Dieses Licht fängt mich ein.

Wir sind eben angekommen. Das Taxi hält vor der Cinderella, ich krame nach belgischen Francs, zahle, und dann schließe ich das Haus auf. Ich gehe als erste hinein, hinter mir jubeln Benni und Marie. Ich bin mit den beiden Kindern mit der Eisenbahn vorgefahren. Benni verträgt keine längeren Fahrten mit dem Auto. Marie auch nicht.

Im Haus ist es dunkel, weil alle Fensterläden geschlossen sind. Ich gehe von Zimmer zu Zimmer und stoße die Holzläden auf. Dieses unglaubliche Licht strömt auf mich zu, es riecht auch schon nach Meer.

»Los!« rufe ich.

Drei Paar Schuhe fliegen in die Ecke, meine auch. Letzten Sommer sind wir vier Wochen lang barfuß gelaufen. Unsere Städterfüße verhornten, sie paßten in keinen ordentlichen Schuh mehr, das war himmlisch.

Wir laufen los. Es sind nur knapp hundert Meter, aber unsere Fußsohlen brennen schon, sie sind noch empfindlich. Dann öffnet sich der Weg auf den Deich, und der Himmel wird weit. Der Sand, die Dünen und das Meer setzen ihm keine Grenze, die Farben fließen ineinander, es ist endlos und hell.

»Das ist mein Meer!« Benni streckt stolz den Arm aus.

Marie nickt. »Dein Meer ist riesig.«

»Unser Meer.« Benni gibt Marie einen Schubs.

»Unser Meer«, lacht sie. Schon rennen die beiden los, hinab zum Strand, an Windfängen und Sandburgen vorbei, durch langgezogene Priele und den sich brechenden Wellen entgegen, zuletzt sind sie nur noch zwei winzige Punkte. Ich atme tief durch.

Es ist gut, daß noch kein Wochenende ist. Dann kommen nämlich die Surfer und Kurzurlauber, das sind viele hundert bunte Punkte, die machen diese Weite eng.

»Mom, gehen wir zu Mano?«

Ich tauche aus meinen Gedanken auf und kehre zu meinen beiden Barfuß-Kindern auf die Promenade zurück. »Mano ist okay«, sage ich. Mano ist der Eismann und gehört dazu. Benni zieht Marie auf die rosa gestrichene Holzbude zu und stellt dem Eismann seine Freundin vor. Mano reicht Marie eine Hand und lächelt mich verschmitzt an, er weiß sogar noch unsere Lieblingssorten. Wir kommen seit vier Jahren nach De Haan, Mano kennt Benni noch aus der Kinderwagen-Ära. Nur die Männer, die uns begleiteten, wechselten jedes Jahr. Ich habe Mühe, deren Gesichter zurückzuholen. Dabei sind es nur drei gewesen, denn im letzten Jahr bin ich allein gefahren, weil Pino nicht mitkommen wollte. Er ist ein Sonnenmensch. Die Sonne, die ihm im Karneval von Elba nach Köln nachgereist ist, war die bewußte Nummer drei. Danach war Schluß.

»Madame!« Mano strahlt mich an und hält mir meine Eistüte hin.

Stracciatella tröpfelt über den knusprigen Rand, lachend schiebt Mano mir einen Stoß Servietten nach. Bei den Kids tröpfelt es auch. Komischerweise macht es mir zu Hause keinerlei Mühe, das Gesicht von Mano vor mir zu sehen. Ein Mann, der mir vierzehn Tage lang Eishörnchen in die Hand drückt und mich nett anlächelt, bleibt mir besser im Gedächtnis haften als einer, mit dem ich seit Monaten viel mehr als eine Eistüte gemeinsam habe. Meschugge! Es muß an dieser Landschaft und dieser Stimmung liegen, zu der auch der Eismann gehört.

Der Wind, der Salzgeruch, das Prickeln auf meiner Haut sind ein Stromstoß, zwei oder drei Tage bin ich aufgeputscht, dann schmiegt sich dieses Fremde an mich an, und ich lasse mich hineinfallen. An der See wird mein Körper seltsam schwerelos. Es ist ein Rausch, ich warte darauf, ungeduldig und gierig...

»Hier steckst du also!« ruft eine Stimme dicht neben mir. Ich zucke zusammen, meine Finger pressen sich um die Waffel in meiner Hand, es bröselt und kleckst. »Scheiße!« sage ich und versuche, der Ferkelei mit den dünnen Papierservietten Herr zu werden.

Eberhard ist angekommen.

Er hält mir wortlos sein Taschentuch hin. Das ist aus Stoff und tipptopp gebügelt. Einen Moment lang überlege ich, ob Hedwig noch immer seine Wäsche versorgt.

»Nun mach schon!« drängt er.

Ich starre ihn an.

Ungeduldig beginnt Eberhard, an mir zu wischen. An meinen Fingern, den Arm hinauf, die Klecksspur endet auf meinem T-Shirt. Eberhard verfolgt sie mit seinem Taschentuch, und ich halte noch immer die aufgeweichte Waffeltüte in der Hand.

»So.« Eberhard läßt den klebrig gewordenen Stoff seines Taschentuchs in einem noch sauberen Zipfel verschwinden und stopft sich das akkurate Bündel in die Hosentasche. »Ich habe angenommen, du würdest mich im Haus erwarten«, sagt er vorwurfsvoll. »Die Tour hierher war nicht gerade ein Zuckerschlecken.«

»Hast du Hedwig schon angerufen?« Okay, er hat unser Gepäck und sich nach De Haan kutschiert, solo, weil die Kinder und ich lieber Eisenbahn fahren. Wir hätten sowieso nicht samt Gepäck in sein Auto hineingepaßt. Aber der gemeinsame Urlaub war seine Idee. Ich habe ihm kein Zuckerschlecken versprochen. Also?

»Findest du das fair?« Eberhard sieht mich mit seinem Sezierblick an. Wahrscheinlich müssen Ärzte diesen Blick draufhaben. Aber ich bin nicht sein Patient.

»Nee«, antworte ich, »und geflaggt und Kaffee gekocht habe ich auch nicht.«

»Ein Kaffee täte mir jetzt gut.«

»Du kannst bei Mano einen Espresso trinken«, schlage ich vor. Hinter der Eisbude liegt ein kleines Lokal, das gehört auch Mano.

»Und das Gepäck?« fragt Eberhard. »Deine Kleider haben stundenlang im Kofferraum gelegen. Was meinst du, wie die bei dieser Bullenhitze aussehen.«

»Verknautscht!« Ich zucke die Schultern. Jetzt ist es sowieso passiert.

»Du hast Glück. Ich habe schon alles aufgehängt.«

»Du bist der Größte!« Pause. »Kleideraufhänger!«

»Manchmal...«, setzt er an.

Ich falle ihm ins Wort: »Ich weiß. Es ist kein Zuckerschlecken.« Dann winke ich die Kinder heran. Eberhard mustert unsere nackten und krümeligen Sandfüße, aber diesmal sagt er nichts. Schweigend gehen wir zum Haus zurück. Der »Espace« von den Lands steht auch schon vor der Tür. Wanda öffnet uns. Sie trägt weiße Bermudas und eine gestreifte Leinenbluse, sie sieht unglaublich proper aus, garantiert hat sie auch schon geduscht.

»Eberhard sieht nicht gut aus«, sagt sie vorwurfsvoll. Das geht an meine Adresse. Dann schiebt sie ihn ins Wohnzimmer, wo sie bereits den Eßtisch gedeckt hat. »Du brauchst jetzt dringend einen starken Kaffee«, sagt sie zu ihm und drückt ihn auf einen Stuhl. Eberhard läßt sich bereitwillig niederdrücken und Kaffee einschenken. Es gibt auch Törtchen mit Puddingcreme zwischen Mürbeteig und Obstbelag. Hier in Belgien sind die köstlich. Ich greife mir eins auf die Faust. Eberhard sieht mich strafend an.

»Soll ich dich füttern?« frage ich.

Eberhard schiebt meine Hand weg, vermutlich, weil es schon auf seine Hosen krümelt.

Wanda kommt ihm zur Hilfe. »Es ist wegen der Kinder«, sagt sie.

»Das ist Urlaub.« Ich schlecke den Sirup von meinen Fingern, ich bin nicht die einzige. »Dario«, sage ich, »deine Manieren!«

»Ich bin auch im Urlaub«, antwortet er und grinst.

Die Kids grinsen ebenfalls und stürmen mit ihren Kuchenstücken schnurstracks in den Garten. Der ist riesig, hinter den Beeten um die Terrasse herum wird der Rasen sandig und wellt sich zur Düne. Wo das Buschwerk aufhört, klettert ein Pfad zu einer Plattform aus Holzplanken hoch.

»Hier bauen wir uns eine Hütte«, verkünden Marie und Benni. Sie haben alles, was sie brauchen.

Am nächsten Morgen holt mich heftiges Klopfen aus meinem wohligen Halbdämmer. Morgens ist das Dahindämmern am schönsten. Ich bin nicht mehr wirklich müde, nur unglaublich träge, und rund um mich herum ist diese warme Bettkuhle. Das Licht fließt orangegelb durch die Ritzen der Jalousie, ich strampele die Laken von mir und ignoriere das Klopfen. Die Sonne streichelt mich.

»Sarah!«

»Nein!« rufe ich zurück.

»Das Frühstück ist aber fertig.«

»Ich will nicht frühstücken. Ich will schlafen.«

»Es ist herrliches Wetter draußen. Komm endlich!«

Ich weiß selbst, daß die Sonne scheint. Ich habe sie doch bei mir, sie berührt mich mit zarten Spitzen und nimmt mich mit: Sarah, flieg!

Das soll ich eintauschen gegen ein paar frische Brötchen und kauende Gesichter um mich herum?

»Ich will nicht«, brülle ich.

Es wird still. Ich wühle mich zurück in die Wärme, aber es ist nicht mehr wie eben. Ein Teil von mir lauscht nach draußen. Ob sie Ruhe geben? Es ist Strandwetter, das stimmt, und der Duft von

Kaffee zieht mir in die Nase. Geklopft und gerufen hat Wanda. Ich taste zu der leeren Betthälfte neben mir, die Matratze fühlt sich kalt an. Eberhard ist schon längst aufgestanden. Er wollte am Strand entlangjoggen. Soll er!

»Löwin?« fragt eine Stimme von der Tür her. Diesmal ist es nicht Wanda.

»Hm«, brumme ich.

»Darf ich rein?«

»Wenn's sein muß.«

»Wanda schickt mich.« Darios Hand berührt meine Kniekehlen. Ob sie ihm das auch aufgetragen hat?

Ich liege auf dem Bauch. Meine Kniekehlen sind feucht, ich habe geschwitzt. Darios Finger ziehen Kreise durch die Kuhlen dort, und ich schaudere, aber kalt ist mir nicht. Das Bettuch krunkelt sich um meine Beine, und der Zipfel Stoff, der meine Hüfte bedeckt, gleitet hinab, als ich mich aufrichte.

»Schläfst du immer so?« fragt Dario.

»Nackt meinst du?« frage ich zurück. Ich schlafe immer nackt, wenn es nicht gerade sibirisch kalt ist. Dario trägt gepunktete Bermudas, das Oberteil paßt dazu, nur sind die Punkte dort größer.

Dario betrachtet mich mit Glitzeraugen: »Ich würde wahnsinnig gerne...«

»...frühstücken«, falle ich ihm ins Wort und springe auf. Seine Augen machen mich sehr lebendig. Das Jalousienlicht zieht mir Streifen an. Schimmernde Striche legen sich über meine sanft gebräunte Haut. Ich bleibe stehen und recke mich lang. Hhhm!

»Du machst das extra.« Dario hört sich heiser an.

»Klar.« Ich lache und angele nach einem Slip, steige hinein und streiche die Härchen, die sich links und rechts hervorkräuseln, unter den Stoff zurück. Das mache ich immer so, nur wie er zusieht, wird es anders. Ich würde jetzt auch wahnsinnig gerne...

»Sarah?« Diesmal ist es Eberhard. Er kommt herein, in Windjacke und Trainingshose und mit geröteten Wangen. Sein Blick fällt auf meinen nackten Busen und gleitet dann zu Dario hinüber.

»Ich bin gleich soweit«, sage ich betont forsch, knöpfe meine Bluse zu und streife ein Paar Shorts über. »Dario wollte mich nur zum Frühstück holen.«

»Natürlich.« Eberhard tritt zwischen Dario und mich, im Gänsemarsch steigen wir die Treppe hinab. Stumm.

In der Küche sehe ich auf die Uhr. »Ihr seid verrückt. Es ist erst neun.« Irgend etwas muß ich ja sagen.

»Eben«, erwidert Eberhard und sieht Dario an, als ob dessen gepünktelte Schlafkleidung Reizwäsche wäre und er mich mitten in der Nacht damit überfallen hätte.

»Ich habe Hunger«, sage ich.

»So?« Eberhard schwenkt von den Pünktchen zu mir und wieder zurück.

»Einen Mordshunger.« Ich reibe mir über den Bauch, nur damit keine Mißverständnisse auftreten.

»Dann mal los.« Wanda erscheint als rettender Engel. Sie hat auf der Terrasse gedeckt.

Erst nach dem dritten Brötchen lege ich eine Pause ein. »Lecker«, stöhne ich.

»Wenn ich soviel essen würde, wäre ich eine fette Kuh«, sagt Wanda.

»Ein paar Kilo mehr würden dir nicht schaden.« Ich nehme mir ein Joghurt, das schaffe ich noch.

»Von wegen! Du kennst doch mein Problem.« Wanda massiert ihre Schenkel, die sie »Bollen« nennt. Bollen hört sich an wie ein Stück vom Metzger. Ja, ich kenne ihre Bollen, sie hat sie mir schließlich gezeigt.

Ich setze meinen Joghurtbecher ab. »Spinn nicht rum!«

»Sie will nur, daß du ihr widersprichst«, sagt Dario.

»Pappnase! Willst du so an den Strand?« Ich zeige auf Darios Punkte.

»Er hat ihn neu und mußte ihn dir unbedingt vorführen.« Wanda zeigt ebenfalls auf die Punkte.

»Bestimmt 'ne tolle Marke«, sage ich, »aber jetzt ziehst du besser dein Spielhöschen an. Wir bauen nämlich jetzt 'ne megatolle Sandburg. Auf geht's!«

Das zündet. Die beiden Kids johlen laut und flitzen nach ihren Schippen, Förmchen und Eimern. Wir sind schon an der Gartenpforte, als mich das Klappern von Porzellan bremst. Wanda stapelt unser Frühstücksgeschirr auf ein Tablett.

»Sorry.« Ich mache kehrt und greife nach dem nächstbesten Teller.

»Laß mal, ich mache das schon. Laß die Kids nicht warten.«

»Ehrlich?«

»Ehrlich!« Wanda nickt, aber als ich zu den Kindern auf die Straße trete, ruft sie mich doch noch einmal zurück. »Vergiß die beiden großen Buben nicht, die wollen auch spielen. Mich stören sie hier nur bei der Arbeit.«

»Große Buben zum Buddeln antreten!« rufe ich betont forsch. Eberhard kommt aus dem Haus und wirft mir einen schiefen Blick zu. Dario folgt in lustig gemusterten Shorts, die glatt als Spielhöschen durchgingen, mal von der Größe abgesehen.

»Recht so?« Er stellt sich vor mir in Positur.

Ich schultere meine Badetasche. »Hi, Riesenbaby! Gibt es so was in der Storchenmühle?«

»Das ist von Kenzo«, entrüstet sich Dario.

»Na dann!« Ich hake mich bei Eberhard ein, der es vermutlich nicht mal wüßte, wenn er Kenzo am Leib hätte. Ich trage Sommerschlußverkauf vom letzten Jahr. Das Etikett von C&A habe ich herausgetrennt.

Wir buddeln also unsere megatolle Burg, werfen uns in die Brandung, kaufen zweimal Eis bei Mano und genießen die Abendstimmung in unserem Garten. Natürlich hat Dario auch den richtigen Wein mitgebracht, kalifornischen Wein zum Träumen, und Wanda hat vormittags nicht nur unser Frühstückschaos beseitigt, sondern auch schon eingekauft und das Abendbrot vorgerichtet. Es gibt knackigen Salat, knuspriges Baguette und Krabben. Köstlich, aber Wanda ist trotzdem nicht mit sich zufrieden, weil die Krabben eben nur aus dem Fischgeschäft im Ort sind.

»Morgen früh müssen wir unbedingt zum Fischmarkt in Ostende«, drängt sie.

»Bei dem tollen Wetter?« frage ich.

»Dieser Markt ist ein Erlebnis«, sagt Eberhard und ergänzt historische Daten zur Entstehungsgeschichte.

»Ein Augenschmaus«, fügt Dario hinzu.

»Okay!« Ich gebe mich geschlagen, fast. Vorher startet nämlich noch mein hausinterner Umzug. Es gibt fünf Schlafzimmer in diesem Haus, davon sind zwei als Elternschlafzimmer mit Ehebetten und Verbindungstür zum Bad ausgerüstet. Eberhard hat wie selbstverständlich meine Kleider in den Schrank von einem dieser beiden Zimmer geräumt. Wanda hat nebenan ausgepackt. Zwei Paare. Zwei Paarschlafzimmer. Benni und Marie haben zwei Einzelzimmer per Möbelrücken in ein gemeinsames Spielzimmer und ein gemeinsames Schlafzimmer umfunktioniert. Und ich habe beschlossen, in die leere Kammer über der Doppelgarage zu ziehen. Die Decke senkt sich schräg, in dem Wandschrank stapeln sich Tischtücher und Bettwäsche, sonst gibt es nur einen wackeligen Tisch vor dem Fenster und ein schmales Bett und Ruhe. Himmlische Ruhe!

Natürlich reagiert Eberhard sauer auf meinen Auszug in die Wäschekammer, so als ob ich damit seiner Männlichkeit eine Minusnote erteilte.

»Findest du das witzig?« fragt er laut. Ich an seiner Stelle hätte das nicht getan, weil jetzt logischerweise auch die Antwort laut erfolgt. Aber bevor ich noch selbst etwas erwidern kann, mischt Dario sich ein.

»Sarah ist eben romantisch«, sagt er mit deutlichem Vergnügen.

»Eben«, kontere ich, »und immer, wenn ich Lust habe, überfalle ich Eberhard oder er mich. Das ist doch ganz was anderes als dieses zwanghafte Zusammenpferchen in Ehekisten.«

»DU überfällst?« fragt Wanda.

»Das soll vorkommen und sogar Spaß machen, Darling.« Dario krault Wanda unter dem Kinn.

Wanda schlägt seine Hand weg. Recht hat sie! »Vielleicht hast du ja Glück und Sarah verirrt sich bei einem ihrer nächtlichen Überfälle zu dir.«

Eberhards frisch erblühtes Lächeln wird schwach. Ich lege meinen Kopf gegen seine Schulter und versetze Wanda einen solidarischen Schubs: »Keine Bange, spätestens bei den Designer-Punkten bemerke ich den Irrtum und mache kehrt.«

Eberhards Lächeln blüht wieder auf. Wanda lächelt ebenfalls. Nur Dario findet, daß die Kinder endlich ins Bett gehören. Was sollen denn die Nachbarn bei dem Gejohle im Garten denken. Ich grinse, weil uns eine üppige Düne vom nächsten Nachbarn trennt. Während Dario Benni und Marie aus ihrer Hütte scheucht und Wanda im Badezimmer weiterscheucht, hilft Eberhard mir beim Umzug. Das finde ich so nett, daß ich über einen Extra-Überfall nachdenke, zum Beispiel, bevor er in aller Frühe losjoggt.

Leider verschlafe ich diesen guten Vorsatz aber dann doch.

Dafür fahren wir nach dem Frühstück alle wie geplant nach Ostende auf den Fischmarkt. Diese Fischleiber türmen sich glänzend und ein bißchen eklig, weil sie doch tot sind, auf den Ständen. Wanda und Eberhard diskutieren fachmännisch die Ware und die Preise, während Dario in einem fort fotografiert.

»Die Schollen sehen gut aus.« Wanda hebt eine hoch.

Marie springt zurück, sie will den kreiselnden Fischleib nicht einmal ansehen. »Die esse ich nicht.«

»Natürlich ißt du sie. Zu Hause in Köln ißt du sie ja auch«, sagt Wanda.

»Die hier haben Köpfe und Augen«, widerspricht Marie.

»Die in Köln auch. Bei denen sind sie nur abgeschnitten.«

»Ich esse das nicht.«

»Aber Fischfrikadellen ißt du, wie?« Wanda zeigt auf die Fischfrikadelle in Maries Hand und referiert übers Durchdrehen im Fleischwolf: »Da sind sogar die Gräten und Köpfe und Därme mit drin.«

Marie starrt die Frikadelle in ihrer Hand an, als ob jeden Moment Gräten und Fischköpfe und Gedärm zu zappeln anfangen müßten. Dann öffnet sie die Finger mit einem lauten »Igitt!«, und die Fischfrikadelle fällt zu Boden.

Prompt ist der Teufel los. Wegen der Kinder in der dritten Welt und der Verunreinigung hier auf dem Marktplatz. Marie soll die Frikadelle wieder aufheben. Marie weigert sich und weint. Benni bückt sich blitzschnell, hebt die knusprig-braune Kugel auf und schleudert sie in den nächsten Abfallbehälter. »Okay?« fragt er.

»Okay!« Ich nicke.

»Nichts ist okay. Marie ist alt genug, um zu begreifen...« Die ganze Rückfahrt über hält Wanda sich dran. Zu Hause in der Cinderella ist sie glücklicherweise vollauf mit ihren Einkäufen beschäftigt. Eberhard hilft ihr. Zusammen beraten die beiden, welche Garmethode sie anwenden sollen und welcher Dip und welche Sauce und welche Mayonnaise am besten zu welchem Fisch passen. Die beiden sollten ein Kochstudio aufmachen.

Ich verkrümele mich in mein Zimmer. Marie tut mir leid. Aber mein Sohn wird das schon wieder geradebiegen. Benni ist ein Pfundskerl.

Dann zieht der Duft von brauner Butter mit einem Hauch Knoblauch zu mir hoch. Es riecht köstlich. Ich könnte es mir glatt anders überlegen und hinuntergehen. Ich lasse es aber dann doch sein, weil es hier oben in meiner Kammer so friedlich ist. Ich trudele wieder weg und stelle mir vor, daß ich eine von den Wolken da oben am Himmel wäre. Es sind nicht sehr viele, ich fange an, sie zu zählen. Aber weil sie so gleich aussehen und das helle Licht mir in den Augen flirrt, höre ich wieder damit auf. Sehr gesellig ist es bestimmt auch nicht, da oben langzutrudeln. Wie oft trifft schon mal Wolke auf Wolke?

Etwas fliegt an mir vorbei, haarscharf, der Schreck reißt mich hoch. Das muß eins von den Kids gewesen sein! Das Wurfgeschoß ist an die Wand geprallt und von dort auf den Holzboden, ich bücke mich danach. Es ist eine Tüte Studentenfutter. Das waren nie im Leben die Kids. Ich hänge mich aus dem Fenster.

Unten steht Dario und grinst zu mir hoch. »Der Fisch wäre zerbröselt, wenn ich ihn geworfen hätte.«

»Du hättest mich umbringen können.«

»Löwin von Studentenfutter erschlagen. Hört sich gut an.«

»Na warte!«

»Tue ich ja. Auf dich. Komm runter!«

»Null Bock!«

»Wanda und Eberhard sind in der Küche.«

»Na dann.« Ich turne über das Sims auf das Garagendach, von dort springe ich, Dario fängt mich auf. Wir haben das schon einmal exerziert, es macht Spaß, und die Treppenstufen quietschen sowieso zu laut.

»Nichts wie ab.« Er schultert seine Fotoausrüstung.

»Was willst du denn damit schon wieder?«

»Löwin in den Dünen.«

»Traust du dich nur mit dem Ding an mich ran?«

»Mag sein. Komm schon.«

Am Gartentor erwischen uns Benni und Marie. »Wir kommen mit.«

»Ätsch!« Das gilt Dario, ich könnte mir aber genausogut selbst eine lange Nase drehen. Denn innerlich wünsche ich die beiden zum Teufel, weil mir trotz Darios ständiger Knipserei etwas vorschwebte. In den Dünen ist es sehr einsam. Daraus wird jetzt garantiert nichts.

Wir müssen bei »Mano« vorbei, und ich stoppe, weil die Enttäuschung mein Hungerloch neu aufgerissen hat. »Ich brauche einen Pfannkuchen.«

»Wir auch«, antworten die drei im Chor.

»Ihr hattet Scholle«, protestiere ich.

»Dann kriegen wir Pfannkuchen zur Belohnung und du nichts, weil du vorher nichts Gesundes gegessen hast.«

Ich verweise auf die Tüte gesundes Studentenfutter, den Ausschlag gibt schließlich mein Portemonnaie. Ich darf vier Portionen bestellen. »Mit Eis«, sage ich zu Mano, der geduldig wartet und zu überlegen scheint, welcher Mann denn nun eigentlich zu mir gehört. Von mir erfährt er's auch nicht.

Aus den gerollten Teigstücken quillt die Eiscreme, erst auf die Serviette, dann läuft sie den Handrücken entlang.

»Igitt«, sagt Marie. Auf dem Fischmarkt hat sie auch »igitt« gesagt. Nur die Betonung war anders. Die Ferkelei mit den gefüllten Pfannkuchen macht ihr Spaß. Mir auch.

Als wir in die Düne hochklettern, die Füße schräggesetzt und von Gestrüpp zu Gestrüpp hangelnd, springt der Wind uns an. Sand wirbelt auf, ich kneife die Augen zusammen.

»Hierher.« Dario hat eine tiefe Mulde entdeckt. Eine Decke hat er auch dabei. Ich blinzele gegen die Sonne und die Sandkörner, wir sind fast oben auf dem Kamm der Düne. Weit unten, wo der Sand ein dunkler Saum entlang der See ist, traben Pferde.

»Wir wollen zu den Pferden«, drängelt Benni.

»Dann geht alleine. Ihr kennt den Weg zur Pferdekoppel.« Landeinwärts führt ein Pfad aus den Dünen, am Ende davon liegt ein Reiterhof.

»Willst du?« fragt Benni Marie.

»Wenn du auch willst«, antwortet Marie. Schon fassen die beiden sich an der Hand und stürmen los.

»Viel Spaß!« brülle ich ihnen hinterher, dann ziehe ich mein T-Shirt aus und krempele meine Bermudas hoch. Hier in der Mulde ist es schön warm. Ich krame eine Tube Sonnencreme hervor und halte sie Dario hin: »Einmal Rücken, bitte!«

»Trägst du nie einen Büstenhalter?« fragt Dario, während er über meine Schulterblätter streicht und dann die Wirbelsäule hinab.

»Sollte ich?« Ich winkle leicht die Arme an, um ihm nicht im Weg zu sein.

Ganz kurz verirren sich seine Fingerspitzen nach vorn, dann lassen sie mich abrupt wieder los.

»Wanda trägt immer einen.« Er schraubt umständlich den Deckel auf die Tube und reicht sie mir.

»Sie ist auch eine anständig verheiratete Frau. Danke!« Ich nehme die Tube entgegen und berühre dabei ganz leicht seinen Arm mit einer Brustspitze.

Dario zuckt zurück, als ob ich ihn mit einer Pfeilspitze malträtiert hätte. »Du spielst mit mir.« Seine Augen wandern zu der Stelle, wo eben die Pferde waren. Sie sind längst weg. Die Kids auch. Wir sind allein. Alles klar? Nichts ist klar!

Ich drehe mich auf den Bauch und verschränke die Arme unter dem Kinn. Meine Sicht wird von strohigen Halmen versperrt. Man muß aufpassen, wenn man hier barfuß läuft, einmal habe ich mir schon an diesem Gras die Fußsohlen aufgeschnitten.

»Und du spielst nicht, wie?« frage ich.

»Ich kann es nicht.«

»Und deine Stadt der Engel, wie du diesen Traum in dir wachhältst, ist das kein Spiel?«

»Kann sein. Aber es kreuzt das andere nicht. Sarah, du bringst mich durcheinander.«

»Ich bin durcheinander. That's life! Heute Erbsensuppe und morgen Kaviar.«

»Ja.«

»Und damit kommst du nicht klar?«

»Ich bin nicht so stark.« Es ist seltsam, wie er das sagt. Er hat breite Schultern und einen muskulösen Körper, alles an ihm sieht großartig und stark aus.

»Und Wanda«, frage ich, »ist sie stark?«

»Nein!« Es hört sich heftig an, dieses eine Wort. »Sie braucht mich«, fügt er hinzu.

»Ah ja! Als Erbsensuppe oder Kaviar?«

»Als Ehemann.« Eine Weile bleibt es still zwischen uns. Dann berührt er zögernd meine Schultern und wischt darüber. »Du bist voller Sand.«

»Macht nichts.«

»Du bekommst einen Sonnenbrand.«

»Laß mich!«

»Habe ich etwas Falsches gesagt?«

»Hör endlich mit deinem ›Falsch‹ und ›Richtig‹ auf!« Ich schieße hoch, es ist mir egal, ob meine nackten Brüste wippen und weiß der Teufel was sonst noch. Ehemann ist wie Erbsensuppe, die macht satt und träge und bläht.

»Ich verstehe dich nicht«, sagt er.

»Pedanten verstehen nie.«

»Ich bin kein Pedant.«

»Du bist auf dem besten Weg dahin. Dann könnt ihr zu dritt Kochrezepte austauschen, du und Wanda und Eberhard.« Ich mache mir nicht die Mühe, in meine Kleider zu schlüpfen. Mit dem Bündel in der Hand rutsche ich die Düne abwärts, bohre eine Schneise in den Sand und hänge mich in den Wind, der die Worte vertreibt, die Dario mir hinterherruft.

Als ich wieder anständig angezogen um die Ecke biege, sehe ich Eberhard neben dem Gartentor unserer Ferienvilla stehen. Er ähnelt einem Wachturm. Sein Gesicht ist biestig. Eberhard scheint schon länger zu warten.

»Findest du es richtig, stundenlang ohne ein Wort zu verschwinden?«

Bei dem Wort »richtig« rastet etwas in mir aus. »Mach einen Club auf!« Ich zwänge mich an ihm vorbei und wäre fast über Wanda gestolpert, die an einem Blumenbeet zugange ist.

Wanda kommt aus der Hocke hoch, sie trägt Gummihandschuhe und hält einen Eimer mit Unkraut in der Hand. »Eberhard hat recht. Du solltest wenigstens Bescheid sagen. Wir haben uns Sorgen gemacht.«

»Unkraut vergeht nicht«, sage ich und starre auf ihren Eimer. Auf die Idee müßte ich kommen, anderer Leute Unkraut zu zupfen.

»Warst du allein unterwegs?« Eberhard heftet seine Sezieraugen auf mich.

»Ist das ein Verhör?« frage ich zurück.

»Ich will es nur wissen.«

»Und warum?«

»Wir sind schließlich ein Paar, du und ich.«

»Wenn du dich da nicht irrst.« Ich mache kehrt, denn mir sind Marie und Benni eingefallen. Die beiden suchen uns jetzt womöglich in den Dünen. Eberhard ruft etwas hinter mir her. Er sollte besser die Klappe halten. In der Stimmung, in der ich bin, bleibt nicht viel von seinem »Paar« übrig, wenn ich loslege.

Dario ist auf die gleiche Idee gekommen wie ich, nur eher. Er ist bei den Kids auf dem Pferdehof. Zusammen schauen sie zu, wie die Tiere gestriegelt werden. Benni winkt mir schon von weitem zu.

Ich wedele schlapp zurück und stehe dann stumm neben den dreien. Vor mir malmen die Kiefer von irgendeinem Gaul. Der Sabbel tropft ihm aus dem Maul, und rund um die Augen kleben eklige grüne Fliegen. Der Gaul kaut weiter, nicht mal die Mückenplage reißt ihn ernsthaft aus seinem Phlegma. Vielleicht müßte man als Pferd geboren werden!

»Ist was mit dir, Mom?« fragt Benni und stupst mich an.

»Wieso?« frage ich zurück.

»Du hast nicht mal gemeckert.«

Ich sehe mir Benni genauer an, eben habe ich ihn nur als Umriß wahrgenommen. Er sieht aus, als hätte ihn jemand durch eine Schlammpfütze gezogen. Die neuen Bermudas sind hin. »Okay, was hast du angestellt?«

»Nebenan wird gebaut«, sagt er.

»Verstehe.«

»Du bist wirklich nicht okay.«

»Soll ich brüllen?«

»Wär mir lieber. Du siehst so komisch tot aus.«

»Zieh mich auf!« schlage ich vor. Das ist ein altes Spiel. Wenn er früher schlappmachte und ich ihn weiterlocken wollte, habe ich ihn »aufgezogen«, als wäre er ein Wecker und hätte ein Gewinde am Rücken. Das hat ihm Spaß gemacht, und als Uhr-Laufwerk hat er sich angestrengt und vergessen, daß er eigentlich nicht mehr konnte.

Benni grinst und zwirbelt mein Polohemd, ein Stück Haut erwischt er auch. »Atomzeit!«

Ich rase los, auf den Strand zu, Benni und Marie rasen mir hinterher. Irgendwann bleibe ich stehen, das Rufen hinter mir ist leise geworden. Ich keuche, meine Augen sind verkrustet von Salz und Feuchtigkeit, aber ich fühle mich schon besser.

Die beiden rücken auf. Sie schnaufen. »Nicht übel für dein Alter, Muttchen.«

»Du mieser kleiner …«, fange ich an.

Bennis selbstgefälliges Grinsen stoppt mich. »Jetzt ist sie wieder okay«, sagt er zu Marie.

Marie nickt bewundernd. Benni ist der Größte!

»Pfau!« knurre ich.

»Truthenne«, feixt er und erzählt Marie, daß sein Vater mal um ein Haar Bauer im Kölner Karneval geworden wäre und daß der Bauer der bedeutendste Mann im Dreigestirn ist, weil er einen Busch echter Pfauenfedern auf dem Kopf trägt. Natürlich hat er sich auch gemerkt, daß die Truthennen vergleichsweise fade Geschöpfe sind.

»Und warum ist dein Vater dann doch nicht Bauer geworden?« will Marie wissen.

Benni nagt an seiner Unterlippe.

»Weil er den Pfauen im Tierpark die Federn ausgerupft hat und das Tierquälerei ist«, werfe ich ein.

»Der Pfau war schon tot«, protestiert Benni.

»Scheintot?« frage ich.

»Ich steh sowieso nicht auf Karneval«, sagt Marie.

»Sie steht auf Eis.« Mein Sohn blitzt mich an, als ob ich ihm seine Pfauenfedern ausgerupft hätte und ihm etwas schuldig wäre. »Marie hatte heute noch gar kein Eis.«

»Und du?« frage ich.

»Ich schon! Eberhard hat am Büdchen ›Ed vom Schleck‹ für mich geholt, als du noch oben in deinem Zimmer warst. Ehe du aus dem Fenster gekraxelt bist.«

»Eberhard? Nie im Leben!« Eberhard hat noch gestern gemeinsam mit Wanda alle Farbstoffe und sonstigen Allergieauslöser im Wassereis vom Büdchen diskutiert.

»Er findet, man müßte mir etwas bieten, wenn du schon nicht mal mehr zum Essen runterkommst.«

»Welche Sorte?« Die Wut über Eberhard treibt mir die Hitze ins Gesicht.

»Fünf Kugeln für jeden?« fragt Benni zurück.

»Meinetwegen.« Ich halte ihm drei Hundertfrancsscheine hin.

»Und Dario?«

Ich sehe mich um. Dario muß unterwegs irgendwo abgeblieben sein. »Futschikato«, sage ich.

»Bleib cool, Muttchen!« Mein Sohn nimmt das Geld und stellt sich bei Mano in die Warteschlange. Ich überlege noch, ob Benni mit seinem aufmunternden Zuruf Darios Verschwinden meint, da brüllt er eingekeilt zwischen anderen Eisfreaks: »Eberhard hat dich wirklich nicht übers Garagendach kraxeln sehen. Und gepetzt habe ich auch nicht. Okay?«

»Okay«, brülle ich zurück. Jetzt weiß ich wenigstens, warum ich cool bleiben darf. Und halb De Haan weiß es auch. Eberhard hat mich nicht kraxeln sehen. Ich weiß nur nicht, ob mir das noch so sehr viel ausmachte, wenn er's gesehen hätte.

In der Cinderella sitzen sie auf der Terrasse. Es ist ein friedliches Bild, die Abendsonne scheint mild darauf. Dario ist auch zurück.

»Durst!« Benni läßt sich auf einen freien Stuhl plumpsen und angelt zugleich nach dem Saftkrug. Marie tut es ihm nach.

»Marie!« Richter und Henker und lieber Gott, all das schwingt in Wandas Ausruf mit. Das Verbrechen sind die Dreckspuren auf Händen und Kleidern der beiden Kinder.

»Ich habe aber Durst«, trotzt Marie. Doch sie setzt den Becher, den Benni ihr eingeschenkt hat, nicht an die Lippen. Mein Sohn dagegen trinkt in langen und durstigen Schlucken. Gluckgluck, ein paar Tropfen rinnen ihm übers Kinn und hinterlassen eine helle Spur in dem Schokoeisgeschmier.

»Sofort«, befiehlt Wanda.

Marie stellt ihren Becher ab und gehorcht. »Ich komme mit«, sagt Benni und faßt Marie um die Schultern. Seine Hand hinterläßt einen kräftigen Abdruck auf Maries noch halbwegs sauberem Polohemd. Einträchtig verfrachten die beiden ihre Sand-Pferde-Eisspuren ins Haus.

»Und was habt ihr so getrieben?« frage ich und zupfe demonstrativ einen Halm von meiner Kleidung.

Wanda zupft einen weiteren Halm aus meinen Haaren. »Wir haben stundenlang auf euch gewartet«, sagt sie.

»Am Rathaus war ein Blumenbastelwettbewerb. Es wäre ideal für die Kinder gewesen«, ergänzt Eberhard.

Gemeint sind diese bunten Kreppapierblumen, die man überall am Strand sieht. Manche Kinder stecken damit ihre Burgen und ihr Sandspielzeug ab, aber Benni und Marie hatten keinen einzigen Blick dafür übrig. Eberhard scheint mir einreden zu wollen, die Kids würden ohne das Ferienprogramm der Gemeinde De Haan etwas verpassen. Ich denke »Gemeinde«, und schon macht es in meinem Kopf klick. Im Gemeindeblatt kamen außer Papierblumen auch noch Beachpartys vor. »Heute abend ist Strandwächterfest«, sage ich. »Das wär doch was für uns alle.« Ich geb's ja zu, ich habe Schiß vor dem Alleinsein mit Sezierauge Eberhard. Soll ich? Soll ich nicht? Ich mag ihn! Ich mag ihn nicht!

»Beachparty! Geil!« brüllt Benni aus dem Badezimmerfenster.

»Ich glaube kaum, daß Beachpartys für Kinder gedacht sind.« Eberhard pocht auf seine Uhr.

»Die Kinder müssen in die Wanne. Sie stinken nach Pferd«, ergänzt Wanda, gibt aber nach, als ich vorschlage, die beiden nur abzuduschen und schlaffertig in Jogginganzüge zu verpacken. Eberhard ist zwar nun auch still, dafür spiegelt sich aber in seinem Gesicht die heilige Zäsur: Die Kinder gehören in ihr Bett, ich gehöre in sein Bett, die Guten gehören ins Töpfchen und die Schlechten ins Kröpfchen. Ich glaube, ich gehöre lieber freiwillig zu den Schlechten!

Am Surfplatz herrscht ein ziemliches Gedränge, eine Kapelle spielt auch. Hinter den Strandhäuschen beginnen die Dünen, dort waren wir vor ein paar Stunden. Es wird jetzt rasch dunkel, und die weiß angestrichenen Holzhäuser lassen ihre Umrisse in den Sand und die Nacht fließen. Ich friere. Dario legt mir meine Jacke um, er sagt nichts. Es ist eine liebe Geste, einfacher macht sie es mir nicht. Soll ich? Soll ich nicht? Ich lieb ihn! Ich lieb ihn nicht!

Eberhard taucht neben uns auf. »Deine Brosche ist falsch herum«, sagt er.

»Und sonst hast du keine Probleme?« Ich dränge seine Hand weg, die nach dem Aufschlag meiner Jeansjacke greifen will. Dort steckt ein knallroter Ferrari, den Pino mir mal geschenkt hat. Die Brosche ist nicht wertvoll, aber witzig gemacht. Pino träumt von einem roten Ferrari. Er hat mir die Brosche geschenkt und gesagt, daß er die irgendwann gegen das Original eintauschen wird. Natürlich war mir klar, daß er nur rumgesponnen hat. Bei ein paar anderen Märchen von ihm war mir das weniger klar. An das Schwesterchen für Benni habe ich tatsächlich mal geglaubt. Klein Julia, von wegen!

»Das sieht schlimm aus«, beharrt Eberhard. »Autos fahren üblicherweise nicht auf dem Dach.«

»Dieses vielleicht doch«, sage ich.

»Hat es vielleicht auch einen Namen, so wie der Flecken an der Decke von deinem Wohnzimmer?«

»Nein«, sage ich leise, »hat es nicht.« Am liebsten würde ich Pino anrufen und ihm sagen, daß wir damals vergessen haben, unseren Ferrari zu taufen. Aber vielleicht tauft er die Autobroschen, die er verschenkt, grundsätzlich nicht. Einem, der seinen Flammen Halskettchen en gros als Familienschmuck verehrt, ist auch zuzutrauen, daß er Autobroschen en gros verteilt. Bei zu vielen Taufnamen käme er womöglich ins Schleudern.

Neben mir gerät Eberhard ins Taumeln. Ich sehe auf und bekomme gerade noch mit, wie Benni an seinen Bügelfalten zerrt und sich dann triumphierend an den freigewordenen Platz neben mir drängt. Er schiebt seine Hand in meine und findet, daß so eine Ferrari-Kopfpartie das Coolste überhaupt ist. Dann macht er sich wieder davon, weil Marie doch auf ihn wartet. Vielleicht hat er in Liebessachen mehr Glück als ich. Hoffentlich!

Als die Kids eingeschlafen sind, kommt Eberhard in meine Kammer über der Garage hoch. Mir war klar, daß wir miteinander reden müssen. Trotzdem bin ich nicht zu ihm gegangen. Bei ihm im Zimmer steht ein Doppelbett, und außerdem schlafen nebenan Wanda und Dario.

Eberhard klopft und wartet, bis ich »komm rein!« rufe. Das tut er sonst nie. Er macht einen großen Bogen um den Stuhl, über den ich die Jeansjacke mit der Brosche gehängt habe.

»Anscheinend mache ich alles falsch«, sagt er bitter.

»Falsch oder richtig, darum geht es nicht.« Ich setze mich auf den Stuhl, die Jacke lege ich über meine Knie.

»Ist es wegen Dario?« fragt Eberhard.

»Dario ist verheiratet. Du übrigens auch noch.«

»Willst du mich heiraten?«

»Davon war nie die Rede.«

»In einem halben Jahr könnte ich geschieden sein. Bei einer einvernehmlichen Scheidung geht das ruck, zuck.«

»Und das Ehesplitting, das du für dieses Jahr noch mit Hedwig abgesprochen hast? Willst du das verschenken?«

»Achtundzwanzigtausend per annum, macht zweitausenddreihundert im Monat, wenn wir rasch heiraten, hält sich der Verlust des Steuervorteils in Grenzen. Was hast du überhaupt für einen Steuersatz?«

»Meinen!«

»Sei nicht kindisch! Wir sind doch erwachsene Menschen, da muß man doch auch mal über Geld reden können.« Eberhard greift in seine Tasche und zieht den großen Zwilling von dem Etui aus der Tasche, in dem der Vorsteckring lag, den er mir geschenkt hat und den ich noch keinmal getragen habe, weil er mir zu weit ist. Er klappt das Etui auf. Darin liegen zwei feingemachte Gardinenringe. »Damit du siehst, daß ich es ernst meine.«

»Hast du auch schon eine Verlobungsanzeige entworfen?« frage ich.

»In unserem Alter und in Anbetracht...« Eberhard stockt, mein Gesichtsausdruck gibt ihm zu denken.

»Ich habe die Pille vergessen.«

»In deinem Alter und in Anbetracht...« Er stockt erneut.

»Eben«, sage ich, »forget it!«

»Überleg es dir gut. Es gibt Dinge, über die sollte man keine Witze reißen.«

»Alaaf!« brülle ich und bugsiere Eberhard auf die Tür zu und hinaus auf den Gang. Ich muß dabei noch öfter »Alaaf!« gebrüllt haben, weil es nun auch unten rumort. Die Holzbohlen quietschen, ein Lichtschalter klickt, und dann höre ich Wandas aufgeregte

Stimme und Eberhards gedämpftes Antwortmurmeln. Die beiden sollten Beichtstuhl spielen.

Im Traum verfolgt mich dieses »überleg es dir gut!«.

Im Traum reden alle Pastoren und Schwiegermütter und Steuerberater dieser Welt auf mich ein. Scheiß drauf!

Trotzdem schlafe ich noch mit Eberhard.

Nicht oft, und wenn, tue ich so, als ob der Wein oder meine romantische Seele mich weichgeklopft hätte. Eberhard hat den Dreh schnell heraus. Er schenkt mir bereitwillig nach, verkneift sich jeglichen Ordnungsruf, und auf dem Heimweg von unserem abendlichen Gang über die Promenade hake ich mich bei ihm unter und baue sogar ein leichtes Stolpern ein. Prompt lotst er mich in sein Zimmer, wo das Doppelbett steht. Ich habe alles, was von mir war, nach oben in die Dachkammer geräumt. Ich bin nur noch auf der Durchreise in seinem Bett. Ich bin gierig und hinterher beschämt. Jeden Tag nehme ich mir aufs neue vor, nun endgültig für Klarheit zu sorgen. Morgen. Übermorgen.

Dann bricht unser letztes Urlaubswochenende an. Das Wetter ist noch immer schön, und wie immer bei schönem Wetter gehen wir nach dem Frühstück an den Strand.

Wir haben ein Häuschen und Liegestühle bei den Taverniers gemietet. An der belgischen Küste gibt es außer den Dünen und dem freien Strand diese Parzellen, die durch Windfänge voneinander abgegrenzt und mit Masten markiert werden, an denen ein Hahn oder eine Sonne oder ein anderes Symbol baumelt. Bei uns hängt ein blauer Ball hoch oben an dem Mast. So verlaufen die Kinder sich nicht. Sie schauen nach oben und wissen, wo wir sind. Außerdem gibt es bei den Taverniers Schippen und Pflaster und Seemannsgeschichten, sie sind sehr kinderlieb. Sie selbst haben auch eine Tochter. Sie ist behindert. Tagsüber ist sie in einem Heim, um fünf wird sie dort abgeholt und spielt bei uns am Strand. Benni und Marie mögen sie, »Bernadette ist schon so groß«. Sie streichen das Großsein heraus und nicht, was kleiner als bei ihnen selbst ist. Bernadette ist so alt und so groß wie Marie. Wenn Bernadette kommt, strengen die beiden anderen sich an, um nicht zu schnell zu laufen und zu reden.

Es ist also noch früh, wir liegen in der Sonne, als ungewohnte Geräusche in mein Dahinduseln einbrechen. Ich öffne die Augen und setze mich auf. Die anderen auch. Gut ein Dutzend Kinder strömt an den Strand. Bernadette hat Geburtstag und ihre Freundinnen aus der Behindertenschule eingeladen. Heute dürfen sie den ganzen Tag am Meer sein.

»Nicht eben klug«, bemerkt Eberhard über seine Zeitung hinweg.

»Wie meinst du das?« frage ich.

»Ich hätte die Taverniers für geschäftstüchtiger gehalten. So etwas paßt nicht zur Urlaubsstimmung.«

»Du meinst, Urlaub paßt nur zu gesunden Menschen?«

»Unsinn! Natürlich sind es bedauernswerte Geschöpfe.«

»Wenn einer mich so fixierte, wie du das bei diesen Kindern tust, wäre ich auch bedauernswert.«

»Keiner zwingt Eltern, dieses Elend zur Schau zu stellen.«

»Dieses Elend lacht, weint, lebt! Es sind Menschen!«

»Sind sie das? Ich möchte so nicht geboren sein.« Eberhard nickt zu den kleinen Körpern hinüber, die sich von ihrer Freude auf das Wasser vorantreiben lassen. Ihr Lachen ist anders, kreatürlicher, es ist nur Lachen in diesem Moment und sonst nichts. Die Arme und Beine sind ungelenk.

»Bist du blind? Sie sind glücklich!«

»Es ist ein Reflex«, erwidert Eberhard. »Mehr nicht. So etwas müßte nicht sein. Heutzutage nicht.« Eberhard faltet seine Zeitung ordentlich zusammen und verbreitet sich über Amniozentese und Zottenbiopsie. »Bis zu vierhundert Krankheiten lassen sich am Ungeborenen feststellen«, schließt er. Ein gewisser Stolz schwingt mit, er gehört schließlich zu dieser Wissenschaftsliga.

»Ja, eine Hasenscharte zum Beispiel«, ergänze ich. »Die ließe sich leicht korrigieren, statt dessen empfehlt ihr Ärzte, abzutreiben.«

»Humbug! Die Gewissensentscheidung liegt allein bei der Frau.«

»Ihr macht es euch verdammt leicht.«

»Viele Frauen nehmen es als Hilfe an.«

»Weil ihr es ihnen in den Mund legt. Es ist ja so verdammt einfach. Ihr entdeckt einen Fabrikationsfehler, weg damit!«

»Du übertreibst maßlos, Sarah.«

Natürlich übertreibe ich. Hoffentlich! Es ist eine grausige Vision, mit Modulen gesteuert zu werden wie eine Hi-Fi-Anlage, austauschbar und reparabel. »Willst du als Arzt garantieren, daß kein Schindluder mit dem getrieben wird, was machbar ist?«

»Dafür gibt es Gesetze. Man kann den Fortschritt nicht aufhalten. Mit deiner Logik turnten wir noch im Urwald.«

»Okay. Dann turne ich lieber im Urwald«, sage ich.

»Ausgerechnet du, Sarah!« Eberhard zählt mir auf, was ich habe und mag, schöne und teure Dinge, Produkte des Fortschritts, nicht einmal die Flugananas von neulich läßt er aus, die ich auch mag, natürlich. Dann macht er es sich wieder in seinem Liegestuhl bequem, faltet seine Zeitung auseinander und beißt zufrieden in einen »Ballen«. So nennt man hier die Berliner, die stündlich über den Strand getragen werden, wahlweise mit Pudding oder Marmelade. An Eberhards Nasenspitze haftet ein Hauch Puderzucker.

»Du bist ein Arsch«, sage ich laut. »Du kapierst nichts. In das Loch von deinem Ballen da paßt mehr Herz rein als in deinen dämlichen Akademikerschädel. Fick dich selbst!«

Das war's!

Eberhard steht auf und geht. Wetten, daß er gepackt hat und verschwunden ist, wenn wir in die Cinderella zurückkommen?

»Das hättest du nicht sagen dürfen.«

Wütend sehe ich Dario an. Erst jetzt fällt mir auf, daß er die ganze Zeit über kein einziges Wort gesprochen hat. Logo, er ist ein kultivierter Mann. »Ficken« sagt man nicht. »Okay, ich war unfein! Aber recht hab ich doch!«

»Du machst einen Fehler, Sarah. Nicht alle sind so wie du.«

»Affenmenschen? Bananenfresser? Dschungelianer? Spuck's aus!«

»Ich könnte auch kein solches Kind ertragen«, sagt Dario brüsk.

»Es wäre eine lebendige Anklage, Tag für Tag.« Er steht auf, zögert, dann geht er hinunter zum Meer.

Ich behalte recht!

Eberhard ist verschwunden, als wir vom Strand zurückkommen. An der Vase auf dem Eßtisch, die Wanda wie zu Hause ständig mit frischen Blumen füllt, lehnt ein Kuvert. Hochkant. Darin sind ein Brief und ein Scheck. Der Scheck lautet auf eine hohe Summe, ich pfeife darauf.

»Du hättest meine Frau werden können«, lese ich in dem Brief. Darauf pfeife ich erst recht. Stumm zerreiße ich die beiden Papierstücke. Die Konfettischnipsel rieseln aus meiner Hand in den Mülleimer.

»Du hättest das nicht tun sollen«, sagt Dario wieder. »Eberhard ist kein übler Kerl.«

»Willst du ihn haben?« frage ich heftig zurück. »Ich kann ja für dich den Brautwerber spielen.«

»Eberhard liebt dich. Vieles ist einfacher mit Mann.« Pause. »Hast du schon einmal darüber nachgedacht, wie wir übermorgen euer Gepäck zurück nach Köln schaffen?«

»Nein«, antworte ich wahrheitsgemäß. »Das wird sich schon finden.«

»Von selbst?«

»Vermutlich nicht.«

»Darf ich dir helfen?«

»Darfst du! Ich habe keine Berührungsängste.«

»Dann ist es ja gut.« Und Dario spult ein Transportprogramm ab, wie mit dem Lineal gezogen. Sein »Espace« wird neu verplant mit der doppelten Fracht, und die Fahrräder von den Lands geben wir zusammen mit unseren bei der Bundesbahn auf, das schafft freien Platz. So einfach ist das.

»Super! Wie gut, daß ich mir nicht unnütz den Kopf zerbrochen habe.«

»Du bist ein Biest.«

»Richtig.«

»Für selbstlose Liebe ist wohl kein Platz in deinem Programm?«

»Grimms Märchenstunde?« frage ich zurück.

»Manchmal braucht man Märchen.«

»Leb sie aus! Mach sie wahr! Dann brauchst du solche blöden Etiketten nicht.«

»Du hast es leicht. Du bist frei.«

»Und du bist ein Hasenherz. Ein bunt gefiedertes Hasenherz!«

Dario geht. Ich hab's geschafft! Ich habe Klarschiff an allen Fronten gemacht. Es ist verdammt komisch, von zwei Männern auf null Männer zu schrumpfen. Ich fühle mich splitterfasernackt, und keiner sieht hin.

Abends versuche ich, meinem Sohn klarzumachen, warum Eberhard leider vorzeitig abreisen mußte. Ich rede von Problemen in der Praxis und Familienangelegenheiten und davon, daß wir mal in aller Ruhe weitersehen müssen.

»Er kann sowieso kein Baseball«, erklärt Benni, als ich erschöpft innehalte.

»Nee«, sage ich hilflos, »kann er wirklich nicht.« Muß ich ihm jetzt klarmachen, daß Baseball kein wirklich wichtiges Kriterium ist?

»Dario weiß alles über Baseball«, fährt Benni fort und steckt einen Finger in die Nase. Ich lasse ihn.

»Hm«, brumme ich nur und überlege, ob mein Sohn mir in diesem Moment den Ersatzmann seiner Wahl anbieten will. Sorry, ich habe Klarschiff gemacht.

»Marie mag kein Baseball.« Der Popelfinger bewegt sich angestrengt hin und her und wechselt schließlich das Nasenloch. »Marie ist riesig!«

»Marie ist riesig!« stimme ich zu und versuche, mir einen Reim auf die Philosophie meines Sohnes zu machen, der Baseball liebt und Marie noch mehr, die wiederum nichts von Baseball hält. Da soll einer draus schlau werden. Benni ist schlimmer als das schlimmste Orakel.

»Wußtest du schon, daß Wanda an einem Kochbuch schreibt?« Benni zieht den Finger aus der Nase, betrachtet ihn aufmerksam und führt ihn Richtung Hose.

»Erzferkel!« brülle ich. »Nimm gefälligst ein Taschentuch wie jeder anständige Mensch!«

»Hast du eins da?« Benni hält den Popelfinger in die Luft.

»Nee! Doch! Nimm das da!« Ich halte ihm eine Serviette hin.

Benni wischt seinen Finger ab. »Wetten, daß Kochrezepte sich zehnmal besser verkaufen als deine ollen Dichterreime?«

»Ich verkaufe keine Reime«, protestiere ich.

»Nee, weil keiner so was lesen will, und deine Kuchen schmecken auch nicht doll. Frag doch mal Wanda! Hi, ich geh jetzt mit Marie Sticker tauschen.«

Ich starre meinem Sohn hinterher. Soll ich die Fakultät wechseln? Ich reime und Wanda rührt. Sie hat meinen Sohn aufgehetzt! Es ist normal, daß ein kleiner Junge für Baseball schwärmt. Er schwärmt für Wanda. Wanda hat Bollen und knatschblaue Liddeckel und überhaupt...

Wanda ist ein Biest! Selbstsüchtig! Sie fährt ein Programm ab, in dem für selbstlose Liebe kein Platz ist. Kein Millimeter. Dario hat recht. Zu spät fällt mir ein, daß Dario mich selbst gemeint hat. Immerhin habe ich keine Bollen und keine knatschblauen Liddeckel, und wer vergleicht schon eine perfekte Sahnetorte mit einem gelungenen Versmaß? Immerhin habe ich mein Examen mit Auszeichnung gemacht, das soll sie mir erst mal nachmachen mit ihrem Puddingabitur.

Meine Reservebank
ist leer

In Köln holt mich der Alltag ein.

Ich rede nicht von den Wäschebergen oder den staubtrockenen Margeritenbäumchen auf meinem Balkon. Das ist normal. Aber es ist keiner mehr da, der neuen Sprudel herankarrt und die verstopfte Düse am Waschbecken reinigt. Und keiner nimmt mich in den Arm und sagt mir, daß er mich liebt. Das ist neu.

In den vergangenen fünf Monaten ist Eberhard in diese Rolle geschlüpft, zuletzt war mir das so selbstverständlich wie mein Radiowecker, der jeden Morgen pünktlich losdudelt. Es ist bequem, immer einen um sich zu haben, der von Liebe spricht und praktische Dinge tut. Dario hatte ich als Zugabe, er war mein Knistermann. Nach außen hin waren wir zwei befreundete Paare mit je einem Kind.

Ich muß mich erst wieder an diese Blicke gewöhnen, wenn ich solo irgendwohin komme. Männeraugen, die taxieren, und Frauen, die Krallen in der Pupille haben, sogar wenn sie nur einen Mickerling bewachen müssen.

Nach dem Montags-Frauenturnen, das ich in Ermangelung von etwas Besserem wieder aufgenommen habe, beschwere ich mich bei meiner Freundin Vera. »Es ätzt«, sage ich, aber sie lacht mich aus und fragt spöttisch, ob meine Reservebank leergefegt ist.

»Ziemlich«, muffele ich und schlage trotz Pipigeruch noch im Umkleideraum mein Adreßbuch auf. Mein Finger rutscht über Männernamen, ich lese sie laut vor und gebe gleich die nötigsten Infos dazu. Der eine wollte mit mir essen gehen, ein anderer hatte ernste Absichten, es kommen sportliche und romantische und hochgeistige Typen vor, Männer für jeden Bedarfsfall, nur daß sie plötzlich alle auf einmal verreist oder fest liiert oder nicht erreichbar sind. »Dreimal kein Anschluß unter dieser Nummer«, empöre ich mich, »wo gibt's denn so etwas?«

»Nein wirklich!« Vera nickt, aber ich habe sie im Verdacht, daß sie mich nicht ganz ernst nimmt.

»Du hast gut lachen, du bist versorgt.« Ich klappe mein Adreßbuch zu. Ringo Star mit dem grünen Daumen hängt wieder einmal bei meiner Freundin fest.

»O ja«, erwidert Vera. Es hört sich an, als ob sie den Mund voller Sahnebonbons hätte.

»Zum wievieltenmal freit Ringo Star dich jetzt eigentlich?« frage ich.

»Ringo Star verliert allmählich die Lust auf Frischfleisch.«

»Sagt sein bester Freund Pino auch, solange kein neuer Kullerpfirsich in Sicht ist. Sagt dir der Name Babette Schmitz was?«

»Hört sich an wie Moulin Rouge in Bergheim.«

»Das ist Pinos neuester Kullerpfirsich. Dein Ringo kennt sie auch schon näher.«

»Halt dir mal den elften November frei, okay?«

Komische Reaktion! Ich überlege, was das Narrendatum mit Ringos Schwäche für Frischfleisch zu tun hat. »Wieso? Spielst du dieses Jahr die ›al Möhn‹ auf dem Altermarkt und nimmst unserem Oberbürgermeister die Schlüssel fürs Rathaus ab?«

»Rathaus stimmt. Der Rest stimmt nicht.«

»Okay, du bist keine alte Muhme, sondern knuspriges Mittelalter. Ich entschuldige mich.«

»Du darfst die Brautjungfer spielen.«

»Du?« Mir wird ganz schwach. Ich setze mich auf die Holzbank, obwohl ich mich da sonst nie draufsetze, von wegen Pipigeruch und Schweißfüßen. Egal.

»Wir«, lächelt Vera. »Ringo Star und ich haben beschlossen, endlich zu heiraten, weil wir ja offensichtlich doch nicht voneinander loskommen.«

»Mit oder ohne Frischfleischeinlage?«

»Kommt es darauf an?«

»Und ob! Ich würde niemals einen Mann heiraten, von dem ich wüßte, daß er ständig woanders rummacht.«

Vera lacht. Sie lacht mit dem Mund und den Augen, ihre Nase wackelt, und ihre Kopfhaut vibriert, ihre Brüste schütteln sich, so als ob ich gerade etwas unglaublich Komisches von mir gegeben hätte.

»Soll ich den Malteser Hilfsdienst verständigen?« frage ich.

Vera keucht und japst und krümmt sich weiter zusammen. Mir paßt das nicht. Ich mag mich nicht als komische Nudel. Endlich beruhigt sie sich halbwegs. »Was für ein Glück, daß deine Männer das nicht so eng sehen!«

»Eben!« Dann wird mir klar, daß ich soeben Veras These zugestimmt habe, meine Moral sei fragwürdig, von wegen selbst rum-machen und es anderen verbieten wollen. »Ich habe nur den Spieß herumgedreht«, ergänze ich. »Warum sollen nur Männer ihren Spaß haben?«

»Und warum regst du dich dann auf?«

»Weil ich keine Lust habe, am Samstag allein zu ›You too‹ zu ge-hen, deshalb.« Irgendeinen Grund muß ich ja nennen. Einen, der mich nicht völlig bloßstellt. Das mit dem Konzert von »You too« stimmt sogar.

»Das ist allerdings ein Grund.« Vera wischt sich über die Augen.

»Du könntest mir Ringo Star ausleihen«, schlage ich vor. »Soweit ich weiß, ist er Fan von Rock-Spektakeln.«

»Ich werde dir Ringo ganz bestimmt nicht ausleihen. Gehn wir noch zu Mario?«

»Meinetwegen.« Ich stehe auf. »Du könntest ihn mir aber unbe-sorgt überlassen, weil mein Patenkind nämlich auch mitgeht. Marc steht auf ›You too‹.«

»Versuch dir ganz einfach vorzustellen, daß Ringo den Samstag lieber mit mir verbringt. Okay?«

»Okay.« Das saß. »Und was mache ich mit meinen drei Karten? Das Stück für sechsundfünfzig Mark.«

»Frag Dario«, schlägt Vera vor, »der mimt doch auch sonst den Ersatzmann bei dir.«

»Dario steht auf Oldies.«

»Du hast echt Probleme.« Vera grinst.

Bei Mario stopft sie mit bestem Appetit eine Minestrone, eine Pizza und Tiramisu in sich hinein. Meine Pizza geht zur Hälfte zurück, vielleicht sollte ich demnächst die Sorte wechseln. Spinat bekommt mir nicht mehr.

Mißmutig beäuge ich Veras sehr schlanke Taille. »Hoffentlich paßt dir am elften elften das Brautkleid noch.«

»Ringo mag's auch gern ein bißchen fülliger.«

»Wie romantisch«, sage ich.

Abends im Bett futtere ich Puffreis und male mir aus, wie meine Hüften anschwellen und einer zärtlich über meine Speckröllchen streichelt, weil er einfach alles an mir liebt, sogar das ein bißchen Füllige. Zwangsläufig passieren Eberhard und Dario Revue, doch bei einem Asketen und einem Ästheten könnte ich mit aufgeweichten Konturen wohl schwerlich landen. Wütend stehe ich auf und kippe die restlichen Puffreistäfelchen in den Müll. Nachts wache ich auf und überlege, ob ich den Puffreis wohl wieder aus dem Mülleimer klauben soll. Mir ist unglaublich nach Süßem, und mit diesen beiden Helden habe ich sowieso Klarschiff gemacht. Ich allein! TRÖRÖ!

Bei Benni finde ich nur noch ein großes Schokoladenosterei. Das schmeckt schon reichlich komisch.

Am nächsten Morgen bringe ich Benni mit Magengrummeln zum Kindergarten. Hinterher koche ich mir einen Heiltee und stippe Zwieback hinein. Versuchsweise wackele ich an meinen Zähnen. Mich würde es kein bißchen wundern, wenn die nun auch noch marode würden. Ich habe Glück im Unglück, sie sind noch fest. Nachdem ich auch noch den Busen-Steh-Test mit einem untergeklemmten Bleistift bestanden und zehn Minuten Yoga absolviert habe, rufe ich bei Dario im Studio an und frage ihn, ob er nicht Lust hat, mich ins Müngersdorfer Stadion zu einem Open-air-Konzert der weltweit bekannten Rockgruppe »You too« zu begleiten. Erstens fällt mir niemand Besseres ein. Zweitens sind wir weiterhin gute Freunde. Drittens will ich wissen, ob es noch funktioniert...

Es funktioniert nicht. Diese jugendlichen Schreihälse sind nicht sein Fall und das Stadion noch viel weniger. Auf die Idee, nur wegen meiner Gesellschaft mitzugehen, kommt er anscheinend nicht. Statt dessen bietet er mir einen Ersatzmann an: »Reinhard Hacker ist ein Kollege. Flockiger Typ, nicht unbedingt meine Kragenweite, aber für so etwas ideal.«

»Danke vielmals«, knirsche ich.

»Danke ja oder danke nein?«

»Ich nehme deinen Reinhard Hacker.«

»Denk an sein zartes Alter, und verführ ihn nicht gleich!« Dario lacht. Ho-ho-ho, diese Männerlache ist unglaublich witzig.

»Nee, frühestens nach der Pause«, antworte ich.

»Man merkt, daß du aus dem Rockspektakelalter rausgewachsen bist. Pausen gibt es nur bei den Konzerten für uns Oldies.«

»Laß dich überraschen.« Ich lasse den Hörer aufplumpsen und überlege, bei wem ich mich rockfestivalfirm machen könnte. Mir fällt niemand ein. Also konzentriere ich mich auf mein Outfit. Zur Zeit sind Turnschuhe mit Spitzenbändern statt Schnürsenkeln der Renner. Ich besorge mir Spitzenbänder und auch gleich noch neue weiße Turnschuhe, weil meine alten Grasflecken haben. Vielleicht verpacke ich mich von Kopf bis Fuß in Weiß. In Jeansweiß, versteht sich. In meiner Modezeitschrift steht, daß Frau mit den Nicht-Farben Schwarz und Weiß immer richtig liegt.

Dieser Reinhard Hacker holt uns zu Hause ab. Nachmittags um vier, obwohl das Hauptprogramm erst um halb zehn startet.

»Das macht man so, Sarah«, hat mein Patenkind Marc mir tags zuvor mit leiser Ungeduld in der Stimme erklärt. Ich habe den Mund gehalten, weil ich mich nicht bloßstellen wollte. Null Ahnung in Sachen Open-air-Rockkonzert macht alt.

»Was hast du da drin?« will Marc wissen und zeigt auf meinen Rucksack, gerade als es klingelt und eine sympathische Stimme »Reinhard« in die Sprechanlage ruft.

Ich drücke auf und sage »Cola, Mineralwasser und so«. Natürlich gilt das Marcs Frage.

»Pack's wieder aus.« Marc stöhnt.

»Spinnst du?«

»Dosen sind verboten.«

»Wieso?«

»Potentielle Wurfgeschosse«, antwortet eine fremde Stimme, und der Kopf, der dazugehört, taucht im Treppenschacht auf. »Ich bin also der Reinhard.«

»Rein ist immer gut. Ich bin die Sarah.«

»Und alleinerziehende Mutter?«

»Logo. Aber dieser Labbes ist nicht meiner.« Ich zeige auf Marc.

Der hievt mich kurz hoch, ich zappele über dem Boden. Das scheint ihm zu gefallen, er ist ein Stück größer als ich, und ich bin

222

schon nicht klein. Bei der Vorstellung, daß irgendwann Benni so ankommt und mich durch die Luft schwenkt, wird mir ganz anders.

»Laß mich runter!« Ich zappele.

»Sag bitte-bitte!«

»Pubertätspickel!« sage ich.

Fast rumse ich mit dem Kopf gegen die Decke. Mein Ersatzmann hat Spaß. »Das wird lustig mit euch beiden.«

Am Müngersdorfer Stadion lagern sie auf der Wiese. Mit Zelten und Müll dazwischen, etliche Figuren haben sich ein Tuch um die Stirn gekordelt.

»Flower-power-revival?« frage ich und finde mich cool.

»Das ist wegen Bono.« Marc tippt sich an die Stirn. Für sehr helle hält er mich nicht.

Bono ist der U2-Sänger, so schlau bin ich mittlerweile auch. Auf dessen Haarschmuck habe ich bislang nicht geachtet, der interessiert mich auch nicht. Ich komme nicht als Fan her, sondern Marc zuliebe, und der behandelt mich, als wäre ich nicht ganz dicht gewebt.

Am Eingang wird gefilzt. Marc darf durch, er hat nur Schokoriesen und Chips in der Tasche. Reinhard hat auch etwas dabei. Er hält eine Plastikflasche hoch. »Habe ich extra umgefüllt. Plastik ist erlaubt.« Die Flasche nehmen sie ihm trotzdem ab, »Hartkunststoff«, sie landet im Müllcontainer. Mich winken sie durch, ich muß meinen Rucksack nicht einmal aufmachen. Eins zu null für mich! Ich hätte die Dosen doch drinlassen sollen.

»Oberer Rang« lese ich über der ersten Treppe. Die steuere ich an, weil das auch auf unseren Karten steht.

»Nicht!«

»Was ist nun schon wieder?« Ich drehe mich nach den beiden um.

»Da siehst du nichts. Das ist gleich neben der Bühne. Am besten ist die Acht.«

Der achte Aufgang ist gesperrt. Zwei Wachtposten dirigieren den Strom weiter.

Ich habe keine Lust. Wenn die Acht doch am besten ist! Ich steuere die beiden Wachmänner an, einfach so und mit einem Gesicht, als steckte ich nicht in Jeans, sondern in »Coco Chanel«.

»Presse?« fragt der eine.

Ich nicke. »Die zwei gehören dazu.«

Wir steigen ungehindert hoch. Für die Journalisten sind Boxen abgesperrt, wir plazieren uns gleich daneben.

»Nicht übel.« Der Mann namens Reinhard schießt mir seine Bewunderung rüber.

Mir gefällt's. »Ich bin überhaupt nicht übel«, sage ich.

»Scheint mir auch so.«

Dieses Freiluft-Spektakel fängt an, mir zu gefallen, trotz des Fahnenzaubers und der Staubsauger auf der Bühne. Die Staubsauger-Nummer gehört zum Vorprogramm, genau wie die »Toten Hosen«. Ich gebe mir Mühe, überdimensionale Staubschlucker, die verstopft röhren und knattern und ziellos hin und her geschoben werden, attraktiv zu finden.

Gegen neun leert sich die Bühne. Die Stille ist himmlisch. Von den gigantischen Verstärkern und Filmwänden werden die Plastikhüllen abgenommen, dann erklingt Sound aus der Konserve, und Scheinwerfer ergehen sich in Farborgien. Vorbereitung auf den Helden; wenn ich mich so in Szene setzen würde, wäre ich schon Queen von Germany.

Bono kommt und knallt mir in die Ohren, die Stimme breiig gequetscht und instrumental ein Fight mit meinem Trommelfell. Es pfeift und gellt, und die Massen auf den Rängen wogen auf und ab wie eine Wellenwand.

»Ist das immer so?« frage ich fassungslos. Ich frage dreimal. Ich muß brüllen, bis Reinhard mich versteht. Er ist gewitzt, schiebt mit einer Hand meine wilde Mähne hoch und legt mein Ohr frei, nähert sich mit dem Mund, es kitzelt, aber angenehm: »Die Tontechniker sind noch hinüber, sie haben gestern gegen die ›AG Arsch huh‹ gekickt.«

»Na dann.« Insiderwissen, mag ich auch, genau wie das Kribbeln an meinem Ohr. Ich tue es ihm nach, schiebe mit meiner Hand seine Haare weg und rücke dicht an sein Ohr. Er riecht gut. Wir reden viel an diesem Abend, und damit wir uns auch verstehen, müssen wir jedesmal Haare lupfen und ganz dicht rangehen. Als es kühl wird, legt Reinhard sein Sweatshirt auf die Holzbank. Ich nicke dankbar, weil meine weiße Jeanskluft, mit der ich laut Modefibel immer richtig liege, für Open-airs sehr luftig ist. Das Sweatshirt von Reinhard ist nicht gerade riesig, wir müssen sehr eng zusammenrücken, und seinen Arm muß mein Ersatzmann mir auch ausleihen, weil ich deutlich sichtbar fröstele. Zum Ende hin ertönt Herz-Schmerz-Sound. Es dröhnt noch immer, aber ohne die schrillen Töne, und Wunderkerzen und Feuerzeuge flammen auf.

»Noch immer kalt?« fragt Reinhard.

»Hm«, brummele ich.

Er rubbelt mir zart über den Rücken. »Du gehst wohl nicht oft zu Open-airs?«

»Weniger«, sage ich und kuschele mich an ihn.

»Trotzdem bist du eine sehr süße Rockbraut, weißt du das?«

Neben mir schnaubt es, das ist mein Patenkind. Ich werfe ihm einen Killerblick zu, woraufhin er grinst, die Lippen spitzt und »Ganz in Weiß« flötet.

Wieso ein Fünfzehnjähriger diese Uralt-Schnulze kennt, ist mir schleierhaft. Ich kann nur hoffen, daß Reinhard Hacker sie nicht auch kennt. Vor allem der Text wäre mir peinlich.

»Roy Black«, sagt Reinhard Hacker, »Ganz in Weiß! Der Song muß noch aus den späten Sechzigern sein.«

»Da müßtest du ungefähr so alt wie ich jetzt gewesen sein«, überlegt Marc und grinst mich an.

»Wie heißen noch mal diese hübschen Totenblumen?« Ich sehe ihm starr in die Pupillen.

»Gladiolen.« Reinhard Hackers Hand gleitet tiefer. So, wie er sich bei mir einen Weg zwischen Gürtel und T-Shirt bahnt, ist es ihm schnurzpiepegal, wie alt ich wirklich war, als Roy Black seinen Hit kreierte. Mir wird wohlig warm. Mit Marc rede ich später.

»Rocken wir weiter?« fragt Reinhard Hacker vor meiner Haustür.

»Könnte sein«, antworte ich und spüre dem Nesteln an meiner Rückenpartie nach, von dem Marc nichts mitbekommt. Dann schließe ich notgedrungen meine Haustür auf und verschwinde mit Marc im Treppenhaus. Marc steigt hinter mir die Treppe hoch. Ich suche gerade in meinem Schlüsselbund nach dem richtigen Schlüssel für die Korridortür, da stippt ein Finger gegen die nackte Haut auf meinem Rücken. Diesmal fühlt es sich allerdings kein bißchen zärtlich an.

»Ich dachte, dir wäre kalt gewesen«, dröhnt mein Patenkind, »warum hast du dann hinten alles nackig?«

»Pssst! Willst du das Haus wecken?«

»Und warum sind drei Knöpfe offen?« flüstert er.

»Verrate ich dir an deinem achtzehnten Geburtstag«, flüstere ich zurück.

»Du meinst, der wollte was von dir? Sexuell?« Das Flüstern wird lauter.

»Stell dir vor!« trompete ich. Bin ich 'ne Mumie oder was?

»Na ja!« Wir sind in unserem Stockwerk angelangt. Marc bückt sich, um seine Joggingboote in Größe sechsundvierzig aufzuschnüren. »Soll ja groß im Kommen sein, daß Frauen sich jetzt jüngere Männer nehmen. Aber ich spiel da nicht mit. Meine Freundin darf höchstens gleich alt sein.«

»Hast du eine?«

»Noch nicht!«

»Eben«, sage ich. Das versiegelt ihm den Mund. Vielleicht ist er eines Tages dankbar, so 'ne Alte wie mich abzubekommen!

Dschungelhochzeit

Eberhard ist weg, und prompt kehrt mein Horror vor dem Wochenende zurück. Das Wochenende gehört den Liebenden und den Vollwertfamilien!

Ich hätte mich nicht sorgen müssen. Die Lands sind ja da. Besonders Wanda läßt nicht locker. Und Benni redet pausenlos von Marie und immer öfter von Wanda. Er beschreibt jedes Schweinsöhrchen, das sie bäckt, als wär's ein Hexameter. Und ich lächle und bin dankbar. Was soll ich denn sonst tun?

Letzten Samstag war ich auf dem Konzert von »You too«, und Benni durfte bei Marie schlafen. Heute ist wieder Samstag, heute geht es umgekehrt. Wir holen Marie ab, damit sie diesmal bei uns schläft. Vorher essen wir bei den Lands zu Abend, weil Wanda ganz zufällig unser Lieblingsessen gekocht hat: Tortellini mit Steinpilzen und Sahnesauce. Ich esse zwei Portionen davon und kann einen Moment lang verstehen, warum Dario sich einredet, daß Wanda ihn braucht. Bei solchen Tortellini!

Zum Nachtisch läßt Dario uns einen australischen Wein kosten: »Eine Rarität, obwohl er natürlich nicht an die Kalifornier herankommt.«

»Trinkbar«, sage ich, weil ich weiß, daß ihn das ärgert. Allerdings habe ich mich schon mehrfach dabei ertappt, daß ich Darios Kennersprüche an dritter Stelle als meine eigenen weitergegeben habe.

»Ich freue mich immer, wenn du mir zustimmst, Prinzessin. Wenn das Wetter sich hält, könnten wir morgen eigentlich unsere Tour ins Hohe Venn nachholen.«

Dario wartet meine Antwort erst gar nicht ab. Er schlägt den Autoatlas auf und interviewt gleichzeitig Wanda, ob noch genug Grillfleisch da ist.

»Zehn Spieße und Würstchen für die Kinder«, antwortet sie. Ohne nachzuschauen, sie hat ihre Vorräte im Kopf abgespeichert, die ordentlichen Etiketten überall sind eigentlich überflüssig. Ich habe neulich noch einen Kuchen verdorben, weil einer den Löffel, der im Zuckerschub stecken soll, zum Salz getan hat. Mit Etikett wäre das nicht passiert.

»Das reicht«, erklärt Dario. Die Kids jubeln, besonders Marie. Sie ist wild auf den geologischen Wanderpfad. Benni freut sich mehr auf die Panzersperren und das Lagerfeuer. Im Frühjahr haben wir diese Stelle nahe der belgischen Grenze entdeckt, und Dario hat den Kindern gezeigt, wie man ohne den komfortablen Grill von daheim und ohne Holzkohle aus der Tüte grillt. Es hat ewig gedauert, und die Hälfte war verkokelt. Nicht zuletzt, weil Marie alle Steinbrocken geprüft hat, die wir anschleppten, um einen Wall um die aufgeschichteten Zweige zu errichten. Die vermoosten mit den Spuren alter Fossilien durften wir nicht nehmen, die hat sie uns wieder abgenommen.

»Wann wären wir zurück?« frage ich nun.

»Keine Ahnung!« Dario ist irritiert, ich erkenne es am Zucken seiner Nasenwurzel. Das ist eine Eigenart von ihm. Mein geschiedener Mann hat immer die Unterlippe vorgestülpt, wenn er heftig nachdachte. Anfangs fand ich das herzig, später nicht mehr: »Du siehst aus wie ein debiles Nuckelbaby!«

»Sie geht nämlich morgen zu Rock Set«, sagt Benni.

»Hast du ihr das aufgeschwätzt?« fragt Dario. Er hat mitbekommen, daß Benni sauer war, weil ich letzten Samstag mein Patenkind mitgenommen habe und ihn nicht. »Fünfjährige gehören nicht in ein Rockkonzert«, habe ich meinem Sohn erklärt, aber das hat nicht viel genützt, weil Benni quasi schon sechs und sein bester Freund auch rockkonzerterfahren ist.

»Sie geht ohne mich«, antwortet Benni.

»Du willst allein...?« Frontaler Blickschuß, Dario faßt es nicht, bis ihm dämmert, daß ich keineswegs allein gehe. »Hacker?«

»Du hast selbst gesagt, daß er ideal für so etwas ist.« Vorsichtshalber halte ich meine Bluse am Ausschnitt zusammen. Die roten Pünktchen starten in aller Regel hier.

Dario sieht mich an, als hätte ich Hochverrat begangen oder wäre so eine...

»Reinhard Hacker? Der mit dem Ohrstecker?« fragt Wanda interessiert dazwischen.

Dario antwortet nicht. Ich nicke.

»Ein fescher Typ«, sagt Wanda, »ziemlich jung, stimmt's?«

»Hör endlich auf damit.« Darios Brillengestell ruckt vor und zurück, als fände es plötzlich keinen Halt mehr auf dem Nasenrücken darunter.

Wanda zeigt ihm die volle Palette ihrer weißen Zähne: »Sarah ist frei und kann tun und lassen, was sie will, Liebling!« Ihr Zahnlachen schwenkt zu mir hinüber: »Wir werden unseren Ausflug einfach verschieben. Noch einmal.« Dann greift Wanda nach den leeren Gläsern, trägt sie in die Küche und kommt mit einem feuchten Lappen zurück, um die Kränze auf dem Tisch wegzuwischen. Alles ist wie immer.

Reinhard holt mich wieder ab. Ich rufe »tschüs!«, aber Benni antwortet mir nicht. Er ist sauer. Nur Marie wünscht mir höflich viel Spaß. Die beiden werden gleich von den Lands abgeholt.

»Ist was?« fragt der Mann neben mir, während wir zur Tiefgarage gehen, wo er seinen Sportflitzer geparkt hat. Die Marke kenne ich nicht, aber so unbequem, wie es sich darin sitzt, muß es sich um ein Original handeln.

»Nee! Was soll sein?« frage ich und suche verzweifelt nach dem Sicherheitsgurt. Es gibt keinen.

»Wir hätten deinen Sohn auch mitnehmen können.«

»Er hat was Besseres vor.« Das, was am letzten Wochenende geknistert hat, ist sehr weit weg. Ich könnte heute genausogut neben einer Panzersperre sitzen, einen angekokelten Fleischspieß essen und Fossilien an Steinklötzen bestaunen. Das wäre schön.

Reinhard Hacker sagt nichts mehr. Er stemmt die Arme durch und gibt Gas. Nach der Slalomfahrt über die Aachener Straße klebt mein Hemd, als hätte ich vergessen, es eben beim Duschen auszuziehen. Reinhard mustert den zwischen den beiden Hügeln angepappten Stoff mit Kennermiene. Ein paar Minuten später widmet er sich meiner Rückenpartie.

»Du hast einen himmlischen Arsch!« sagt er und legt seine Hand um meine Pobacke, damit ich auch weiß, wovon er redet.

»Was?« Ich bin nicht prüde, aber das haut mich um. Wir stehen vor dem Einlaßgitter, um uns herum blüht der Schwarzmarkt, und Reinhard Hacker legt mal eben seine Hand auf meinen Hintern und tituliert ihn als »himmlischen Arsch«!

Ich will ihm gerade klarmachen, daß er gefälligst seine Vulgärsprache und seine Tatschfinger bei sich behalten soll, als jemand anders mir diese Arbeit abnimmt. Eine Männerhand fährt zwischen uns, schon bin ich von dem Potatscher befreit. Dann packt mich die Hand meines Befreiers und zerrt mich fort, mitten durch die gaffende Menge, durch das Drehkreuz, meine Eintrittskarte fällt zu Boden, er kümmert sich nicht darum. Hundert Mark auf der Wiese, es ist ihm egal. Mir auch. Ich wehre mich nicht und wundere mich nicht einmal, wie er hierherkommt, obwohl er doch eigentlich die Kinder abholen sollte. Dario ist einfach da.

Er schiebt mich in seinen Espace und schnallt mich an. Ich öffne den Mund, irgend etwas muß ich doch sagen, wenigstens »He!« oder »Na hör mal!« oder »Wie bist du denn drauf?«. Aber ich komme nicht dazu, auch nur einen einzigen Ton herauszulassen, weil Dario mein Kinn umschließt und meinen Mund mit seinem Mund zumacht. Es handelt sich um eine Art Vakuumkuß, so hat er mich noch nie geküßt. Eigentlich hat er mich überhaupt noch nie geküßt, so richtig, meine ich. Jedenfalls wird alles an mir schlaff und nachgiebig, und als Dario eine winzige Pause einlegt, um nach Luft zu schnappen, rücke ich nach. Ich bin meschugge, ich habe ein Faible für Urwaldtöne und Grizzlybären und Höhlenmenschen. Wo ist die nächste Liane? Ich komme!

Dario startet, fährt, er redet kein Wort. Ich auch nicht, denn ich habe genug damit zu tun, sein kantiges Kinn und diesen wilden Ausdruck in seinen Augen zu bestaunen. Dario parkt unten am Rhein. Es ist die Stelle, wo wir neulich mit den Kindern waren. Brennesseln, Muschelsand und vor uns der träge Strom. Ein Schlepper tuckert vorbei. Wir steigen aus. Er zerrt mich weiter, obwohl das nicht nötig wäre. Ich käme ja auch so mit.

»Mach das nie mehr!« sagt er.

»Reinhard Hacker?« frage ich.

Es passiert ohne Decke! Splitter und Sägeränder von winzigen Muscheln graben sich in meine Haut. Er ist nicht sanft. Er tut mir weh. Er will mir weh tun, und dahinter ist Liebe.

»Habe ich dir weh getan?« fragt er hinterher.

»Nein.« Mein Körper ist aufgerauht, überall sind kleine rote Wundmale. Er entdeckt sie und küßt sie, jedes einzelne. Ich küsse ihn auch.

Es bleibt kein Geheimnis!

Es fällt ins Auge. Es kriecht in die Nase. Es schwingt im Ohr als neue Melodie. Es ist da, einfach da, als wären seine Zellhäute und meine zusammengeschlüpft. Ein Kokon, und wir zeigen ihn her.

Es stimmt nicht, daß Liebe verständnisvoll macht. Nicht für andere, deren Leben wird mit der eigenen Glückseligkeit ausgeklickt. Nur die zählt, über die will man reden. Nichts sonst darf existieren.

»…und wie geht es dir?« frage ich, aber es ist die reine Gewohnheit.

»Nicht so gut«, antwortet einer.

»Das wird schon wieder.« Und schon gehe ich weiter, mit einem Jubeln in der Stimme.

Ich kenne die Frequenz nicht, auf der sich diese Schallwellen fortpflanzen. Wanda wird auch davon ergriffen. Sie könnte mir ihr Haus verbieten, mich bloßstellen, mir die Haare ausreißen oder Nadeln in ein Püppchen namens Sarah bohren. Sie tut nichts von alldem. Sie überläßt uns ihr Haus und besucht Seminare über Ikebana und Astrologie, lernt das Auslegen von Tarotkarten und vernachlässigt ihre Profiküche. Es gibt kaum noch einen Abend, an dem sie zu Hause bleibt. Wenn sie geht, holt Dario mich ab. Er hängt an seinem Haus, und ich habe ja Frau Olfe, die abends nach Benni sieht.

Während ich meinen Sohn sauberschrubbe und eine zweite und dritte Gute-Nacht-Geschichte erfinde, warte ich auf Darios Anruf.

Sobald der »Dallas«-Ton dreimal losdudelt, weiß ich, daß Dario gleich kommt.

Ich weiß nicht, wie lange das so geht. Es müssen ein paar Wochen sein. Ich denke nicht darüber nach. Manchmal denke ich, ich müßte beim Anblick von Wanda ein schlechtes Gewissen bekommen. Am Wochenende läßt es sich nicht immer vermeiden, daß ich ihr begegne. Aber wenn ich ihr Gesicht sehe, habe ich überhaupt keine Gewissensbisse. Im Gegenteil, es packt mich sogar die Wut, weil sie auf den Verlust von Darios Liebe reagiert, als wär's eine Befreiung. Natürlich ist das nur Show. Sie spielt uns allen etwas vor, sie hat sogar die Maskerade gewechselt. Neuerdings kleidet sie sich flippig wie ein Teeny und kordelt sich die Haare zusammen, sogar den knatschblauen Lidschatten läßt sie weg. Fehlen nur noch die Spitzensenkel in ihren Turnschuhen.

An einem der folgenden Sonntage findet wieder einmal eine Ballettaufführung statt, bei der Marie mitwirkt. Es ist wieder ein Märchen und sehr hübsch inszeniert, trotzdem bin ich happy, wenn wir's überstanden haben. Denn diesmal haben Dario und ich Marie zu den Proben kutschiert. Wanda hatte keine Zeit. Es ist ätzend, sich hundertmal dieselbe Variation von einem Schritt ansehen zu müssen. Weil die Proben im Bürgerzentrum von Chorweiler stattfinden, habe ich aus lauter Frust schon jede Menge unsinniges Zeug in der Ladenstadt dort gekauft. Wenn das so weitergeht, ergebe ich mich noch dem Frühschoppen und süffele am hellichten Tag Kölsch.

Zum Glück haben wir es morgen überstanden.

Benni ist zappelig und drängt, ich solle voranmachen, weshalb ich schließlich aufs Umziehen verzichte. Für eine Laienaufführung muß ich mich nicht unbedingt in Schale werfen. Wir steigen zu viert in den Espace und fahren los. Niemand erwähnt Wanda.

Die Plätze für die Eltern der Mitwirkenden sind reserviert. Unsere Plätze sind in der zweiten Reihe der Aula. Ich kaue gerade an der Laugenbrezel, die Dario mir rasch noch gekauft hat, weil ich seit neuestem eine idiotische Gier auf alles, was salzig ist, entwickle. Mit vollen Backen überfliege ich die anwesenden stolzen Eltern.

Manche haben sich wie für einen Konzertbesuch aufgezäumt, fehlt nur noch der Bratenrock. Ich bin froh, daß ich keine Zeit mehr zum Aufhübschen hatte. »Entschuldigung! Entschuldigung!« murmelnd quetsche ich mich an den Knien in der zweiten Reihe vorbei und suche nach Stuhl Nummer vierunddreißig und fünfunddreißig. Benni muß gleich zu uns auf den Schoß, weil ich keine zusätzliche Karte bestellt habe. Mir geht Wandas Organisationstalent ab.

»Hallo!« sagt eine sympathische Stimme. Ein zarter Parfümduft steigt mir in die Nase. Ich sehe auf superschmal geschnittene Jeans und Turnschuhe mit Spitzenpropellerschleifen. Letzte Woche wäre ich diesen Dingern in der Schuhboutique fast erlegen. Laut Modemagazin sind sie der Hit. Die Stimme kenne ich auch, obwohl sie sich tiefer und weicher als sonst anhört.

Sicherheitshalber sehe ich aber erst noch einmal in das Gesicht der Sprecherin, ehe ich »Hallo, Wanda!« antworte. Ich habe einfach nicht damit gerechnet, daß Wanda auch herkommt. Notgedrungen setze ich mich neben sie auf Platz Nummer fünfunddreißig, während Dario sich auf die Suche nach einem zusätzlichen Stuhl begibt. Ich schiebe die Hände auf die ausgebeulten Knie von meinen Jeans und sehe nun auf meine kurzgeschnittenen Nägel und die Schrammen, die ich mir beim Pflücken von Brombeeren zugezogen habe. Marie ist es gewöhnt, im Königsforst Brombeeren zu pflücken. Mein Sohn wollte natürlich prompt auch Brombeeren pflücken. Ich hatte keine Wahl, und dementsprechend sehen meine Hände nun aus: zerkratzt, noch immer leicht verfärbt, mit Nägeln wie abgekaut. Ich schiele auf Wandas Hände, die wie immer top gepflegt und lackiert sind. Vermutlich hat sie die Brombeeren auch mit Gummihandschuhen gepflückt, als das noch in ihr Ressort fiel. Wieso »fiel«? Eigentlich ist das noch immer ihr Job, genauso wie das Verarbeiten der Früchte und das Herumkarren ihrer Tochter. Sie drückt sich und heimst nur noch die Lorbeeren ein. Es ist eine Frechheit, wie sie hier auf junge Mami getrimmt auf den Auftritt ihrer Tochter lauert.

»Geht's dir gut?« frage ich sie und bemühe mich, einen Widerhaken in meine Stimme einzubauen.

233

»Mir geht es sehr gut«, antwortet Wanda und beginnt, von ihren diversen Kursen zu erzählen. Nicht jede Frau hat das Glück, rund um die Uhr ihrem Pläsier leben zu dürfen und den Gatten zahlen zu lassen, denke ich biestig und gebe mir Mühe, das alberne Gefasel neben mir auszuklicken. Strohblumen, Eßstäbchen, makrobiotische Ernährung und Teezeremonien interessieren mich nicht die Bohne. Dann merke ich doch auf, es liegt an der eigentümlichen Betonung von Wanda.

»Stell dir vor, wen ich in meinem Freitagkurs getroffen habe!« sagt sie.

»Wen?« frage ich.

»Deinen Reinhard. Ein interessanter Mann. Sag mir, wenn du noch an ihm baggerst.«

Das ist nicht ihre Sprache, außerdem weiß sie nur zu genau, an wem ich baggere.

»Nein, ich baggere nicht mehr an ihm«, sage ich.

»Gut. Er ist wirklich ein starker Typ.«

Sie muß es nicht wiederholen. Ich begreife auch so. Das Bild von dem flippigen Typ, mit dem ich Pobacke an Pobacke auf seinem Sweatshirt gesessen habe und von dem Dario mich weggerissen hat, fügt sich in den Trip, auf dem Wanda ist. Spitzenpropellerschnürsenkel! Halleluja! »Ihr versteht euch?« frage ich betont lässig.

»Könnte man sagen!« Es folgt eine detaillierte Schilderung der Abenteuer, die Wanda mit meinem Rockspektakel-Mann beim Kochen und Philosophieren teilt. Ich käme nicht auf die Idee, stundenlang in einem Seminar zu experimentieren, bis »Tofu« so wie Fleisch schmeckt. Ich würde dieses Algenzeug niemals ästhetisch anrichten und zum Kult erhöhen. Wenn mir nach einem Steak ist, dann gönne ich mir das und pfeife auf Rinderwahnsinn und Schweinepest. Bei mir hatte Reinhard Hacker durchaus fleischliche Genüsse. Es muß an Wanda liegen, daß er plötzlich auf dem Fleischersatztrip ist. Poor Reinhard!

Ich stehe auf, weil mir plötzlich ganz ungeheuer nach einer zweiten Laugenbrezel ist. Im Gang kommt mir Dario mit einem Klappstuhl entgegen. »Alles okay!« sagt er und will mich wieder Richtung zweite Reihe drängen.

»Nichts ist okay«, fauche ich, »dürfte ich mal bitte weitergehen?«

»Mußt du schon wieder für kleine Mädchen?« fragt Dario und verzieht bedenklich das Gesicht.

Neben uns taucht Lauschohr Benni auf, natürlich fällt ihm auch noch ein flotter Spruch dazu ein: »Sie ist ein altes Mädchen, und die haben manchmal so was wie alte Männer, Propro...?« Er sieht fragend zu Dario hoch.

»Prostata«, sagt Dario.

»Okay«, sage ich, »ihr beiden könnt ja mal Eberhard anrufen, der ist Experte für männliche Tropfhähne. Bei mir tropft jedenfalls nichts. Ich will mir lediglich noch eine Brezel kaufen, wenn's genehm ist.«

»Noch eine?« fragt Dario. »Paß auf, dieses frische Hefezeug bläht.«

Benni grinst und stippt seinen Bauch heraus. »Und wie das bläht. Manche Frauen haben so einen dicken Bauch.« Sein Finger folgt einer Frau, die mindestens im sechsten Monat schwanger ist.

Wenn wir zu Hause sind, werde ich mal ein ernstes Wort mit meinem Filius reden. Nur brauche ich jetzt meine Laugenbrezel. Bei dem Gedanken an die groben Salzkörner läuft mir das Wasser im Mund zusammen.

Der Mann mit dem Korb Laugengebäck steht zum Glück noch immer am Eingang. Sicherheitshalber ordere ich gleich drei Stück, falls es mich noch öfter überkommt. Ich zahle, greife gierig nach der Tüte, ziehe die oberste Brezel heraus und beiße kraftvoll zu. Meine Magenwände hören auf zu krampfen, meine Seele glättet sich, alles halb so wild.

»Wohl bekomm's!« sagt eine Stimme dicht neben mir.

»Danke«, nuschele ich, verschlucke mich und versprühe grobe Salzkörner und Krumen. Ich glaube, ich möchte sterben. Vor mir steht Reinhard Hacker, mit Ohrstecker im Ohr und sehr flippig. Auch wenn ich nicht mehr an einem baggere, muß er mich so nicht

überraschen. Mit ausgebeulten Jeans und ausgelatschten Turnschuhen, die Hände verschrammt und brombeerverfärbt, am
schlimmsten ist mein Mampfen und Spucken.
Reinhard ist Gentleman. Er wischt sich kommentarlos ein Stück
Laugenbrezel von seinem topmodischen Sweatshirt.

Es ist passiert

Meine Finger tippen vier Zahlen ein, stoppen, ich lege den Tele-
fonhörer rasch wieder auf. Ich gehe in die Küche und hole mir ein
Glas Milch. Bestimmt ist die nicht mehr in Ordnung, jedenfalls
klumpt es in meinem Magen wie Joghurt.
Ich gehe wieder zum Telefon, diesmal tippe ich fünf Zahlen ein.
Dann fällt mir ein, daß ich vergessen habe, die Kühlschranktür
ordentlich zu schließen. Ich lege auf und laufe zurück in die Küche.
Die Kühlschranktür ist zu.
Beim dritten Versuch schaffe ich es endlich, ordnungsgemäß alle
sechs Zahlen von Pinos Telefonnummer einzugeben. Eigentlich
habe ich mir geschworen, ihn nicht anzurufen. Er meldet sich ja
auch nicht mehr, seitdem er Babette Schmitz glücklich macht oder
sie ihn. Ich rufe Pino lediglich an, weil dies ein Notfall und er mein
Gynäkologe ist. Genauer gesagt handelt es sich um eine Notfall-
prophylaxe. Ich werde zu verhindern wissen, daß Dario mich
schwängert. Schwanger sein macht unfrei...
»Stell dir vor, ich würde dich schwanger machen«, hat Dario neulich im Bett gesagt.
Letzte Nacht hat mich dieser Satz im Traum verfolgt. Und dann
haben mich noch ein paar andere Kleinigkeiten verfolgt. Ganz zufällig vergißt Dario nämlich seit neuestem, seinen Bestand an
Gummis aufzufüllen. Ich vertrage keine Pille, das weiß er auch.
Nun fetzen wir uns ständig um die sicheren Tage. Dario erklärt alle

Tage außer dem vierzehnten und fünfzehnten für ungefährlich. Ich erkläre ihn zum Analphabeten, was den weiblichen Zyklus angeht, und will nur die ersten und die letzten Tage freigeben. Sonst nur mit Hütchen! Prompt beschwert Dario sich, daß seine Lust zum Eispickel wird, weil die Hütchen uns angeblich jede Spontaneität rauben. Trotzdem lasse ich ihn nicht mehr ohne. Damit es wieder richtig schön im Bett wird, habe ich beschlossen, mir eine Spirale einsetzen zu lassen.

Deshalb rufe ich bei Pino in der Praxis an.

Eine mir fremde Frauenstimme meldet sich. Sie klingt blasiert. Pino muß eine neue Sprechstundenhilfe eingestellt haben. Sie will mich nicht durchstellen. »Ich habe genaue Anweisung.« Ersatzweise spielt sie sich als rechte Hand vom Herrn Doktor auf, fragt, wann meine letzte Periode war, gibt sich skeptisch in Anbetracht meiner seit Benni chronischen Fahrplanstörungen und informiert mich, daß ich die Spirale selber bezahlen müsse, falls die überhaupt noch in Frage käme. Endlich rückt sie mit einem Termin für nächsten Montag heraus.

Eigentlich wollte ich die Sache gleich heute hinter mich bringen. Egal!

Statt dessen transportiere ich mit Benni allen möglichen Krempel, den ich ausgemistet habe, zur Pfarre. Am Sonntag ist Pfarrfest, und unser Pastor hat um Spenden für den Basar gebeten.

Es ist unglaublich, was sich in einer Wohnung in ein paar Jahren so ansammelt. Aus irgendwelchen romantischen Gefühlen heraus habe ich jede Babyrassel und jedes Strampelhöschen von Benni aufbewahrt, sogar ein schreckliches Umstandskleid und Stillbüstenhalter groß wie Zelte sind noch da. Nun warten diese Sachen ordentlich in zwei Säcke verpackt auf den Abtransport zur Gemeinde, wo sie dem Basar zugeführt werden, dessen Erlös wiederum armen Leuten zugute kommt. So gesehen haben mein Anfall von Ordnungswut und das blasierte Getue von Pinos neuer Sprechstundenhilfe auch ihr Gutes. Die Sachen kommen endlich aus dem Haus.

Benni mosert und feilscht um jede Wasserente. Am liebsten würde er sogar seine ersten Schühchen aufbewahren. Und zum Schleppen hat er erst recht keine Lust. Da kommt mir die geniale Idee, daß irgendwo im Keller noch sein alter Kinderwagen stehen muß. Ich verlade die beiden Säcke also in den Wagen, der noch wie neu aussieht, und schiebe unter Bennis Protestgeschrei los. In Anbetracht der fremden Leute, die aufmerken, erkläre ich meinem Sohn äußerst geduldig, daß wir auf diese Weise wunderbar bedürftige Leute glücklich machen können, die sich keine tollen Sachen für ihr Baby leisten können.

»Du hast mir aber noch ein Baby versprochen«, kreischt Benni und zerrt an dem Knauf der Stockente, der oben aus dem Sack herausschaut. Die Ente landet mit einem Plumps auf dem Bürgersteig, und mein Sohn hebt sie auf und zieht sie hinter sich her, als wär's der ferngesteuerte Ferrari, den er sich sehnlichst wünscht. Der Holzkopf wackelt, die Holzflügel schlagen, bei jedem Watschelschritt schnattert es. Eine Frau bleibt stehen und sagt: »Wie niedlich!« Ich könnte die Ente abmurksen. Vier Jahre lang hat dieses Viech im Kinderzimmer den Staubfänger gespielt.

»Ein Baby kann man nicht versprechen, weil es kein Spielzeug ist«, erkläre ich würdevoll und schiele nach der »Wie niedlich«-Dame. Sie beobachtet uns noch immer.

»Du hast es aber versprochen. Und daß es ein Schwesterchen wird, wenn ich mit Nasepopeln aufhöre.«

Herrjemine! Das war natürlich nicht ernstgemeint. Hat diese alte Hexe wirklich nichts Besseres zu tun, als uns anzugaffen? »Du bringst da was durcheinander«, wehre ich ab, »damals warst du ja noch so klein.« Ich zeige die Größe der Stockente an, die gut handtellergroß ist.

»Wann ist mein Holzschlitten zu Bruch gegangen?« will Benni wissen.

»Im Januar«, antworte ich. Eigentlich mag ich es nicht, wenn er so sprunghaft ist, aber diesmal soll es mir recht sein. Kaputte Holzschlitten sind eine Bagatelle.

»Dann war's im Januar«, sagt Benni hochzufrieden, »da war ich schon lange fünf und fast so groß wie jetzt. Ich hab wegen dem

Schlitten geweint, und Pino hat gesagt, den reapariert er für unser Baby, weil das eigentlich ein Babyschlitten ist. Dann hat er einen Schlauch von 'nem LKW organisiert. Das war geil! Können wir noch mal mit so 'nem Schlauch rodeln?«

Im Januar? Der Schlitten muß noch irgendwo im Keller stehen. Wenn ich den sichte, mache ich Brennholz draus. Von wegen Baby! Montag lasse ich mir eine Spirale einsetzen.

»Okay«, sage ich, »Dario ist garantiert ein toller Rodler und beschafft uns Schläuche so groß wie Mühlräder.«

»Ich will aber keinen wie 'n Mühlrad, sondern genau so einen wie im Januar.«

»Alles klar«, sage ich, »aber zufällig haben wir gerade mal erst Ende September. Möchtest du heute statt dessen vielleicht ein megatolles Eis mit Schokostreuseln?«

Gnädigerweise stimmt Benni zu. Ich darf ihm zwei megatolle Eistüten kaufen, eine, weil noch keine Rodelsaison ist, und die zweite, weil ich seine wunderschönen Babysachen der Gemeindeschwester übergebe. Die jedenfalls ist hin und weg beim Anblick all der tollen Sachen, bedankt sich tausendmal und will zuletzt nur wissen, ob ich das denn alles wirklich nicht mehr brauche. »So wunderschöne Sachen, da bekomme ich ja selbst noch mal Lust.«

»Meine Mutter ist zu alt zum Babykriegen«, erklärt Benni der Gemeindeschwester, die im Vergleich zu mir eine alte Juffer ist. Dabei leckt er genüßlich an seinem Eis.

»Bin ich nicht«, protestiere ich.

»Und warum willst du dann kein Baby mehr?« Benni hört auf zu schlecken.

»Weil ich Pampers sparen will! Ferkel! Du kleckerst!«

Auf dem Heimweg spendiere ich noch eine Tüte Weingummis, die hält Bennis Mundwerk in Zaum. Er verspricht mir sogar, nichts von unserer kleinen Expedition zur Kirche zu verraten. Trotzdem gelingt es mir nicht, die Sache geheimzuhalten. Am Sonntag drängen beide Kinder zum Pfarrfest, weil es dort eine Hüpfburg und eine Planwagenfahrt und eben den Basar gibt. Unglücklicherweise muß Benni genau in dem Moment Limonade haben wollen, als die Frau, die unseren Kinderwagen erstanden hat, dieselbe Idee hat.

»Das ist unserer«, ereifert sich Benni.

Die Frau erklärt empört, daß sie soeben hundert Mark für das Gefährt bezahlt hat.

»Es ist trotzdem unserer«, brüllt Benni, woraufhin Dario sich einmischt und die ganze Story ans Tageslicht befördert. Er sagt, daß er sehr enttäuscht von mir ist.

Marie nickt gewichtig. »Mein Papa wünscht sich nämlich noch ein Baby.«

»Ach ja!« sage ich und muß ohnmächtig mit ansehen, wie Dario dieser fremden Frau hundertfünfzig Mark in die Hand drückt, damit sie den ollen Kinderwagen von Benni wieder herausrückt.

»Bist du eigentlich noch ganz gescheit?« frage ich.

»Wenn du den Wagen schon nicht willst«, Dario starrt bedeutungsvoll auf meinen Bauch, den ich automatisch einziehe, »dann sollen die beiden ihn wengistens für ihre Puppen behalten dürfen.«

Es verschlägt mir die Sprache.

Stolz schieben Marie und Benni unseren alten Kinderwagen über den Platz. Ich folge ihnen stumm neben Dario.

Die Gemeindeschwester sieht von ihrem Basarstand auf und lächelt gerührt: »Ich habe es mir doch gleich gedacht«, sagt sie, »wo zwei Kinder glücklich sind, ist auch Platz für ein drittes!«

Pustekuchen, denke ich. Morgen lasse ich mir die Spirale einsetzen.

»Hallo«, sagt Pino und kommt hinter seinem Palisanderschreibtisch hervor, streckt beide Arme aus und stoppt kurz vor mir. Er läßt einen Arm wieder baumeln und streckt mir lediglich die rechte Hand hin.

»Hallo«, sage ich zurück und denke, daß diese weiße Kluft Pino verdammt gut steht. Sein dunkler Teint und die Locken kommen phantastisch raus, was er auch weiß, logo.

»Und wie geht's denn so?« fragt Pino.

»Prima geht's«, erwidere ich, »und umgekehrt?«

»Klasse. Ist es noch immer Eberhard?«

»Nein«, sage ich, »der ist passé. Ist es noch immer Babette Schmitz?«

»Du bist aber bestens informiert. Und was treibt dich in meine Sprechstunde?«

»Spirale«, sage ich.

»Du hast ja noch nie Kondome gemocht.« Pino zeigt auf einen Stuhl vor seinem Schreibtisch, läßt sich selbst in seinen Drehsessel fallen und blättert in meiner Karteikarte.

»Steht das auch da drin, daß ich keine Kondome mag?« frage ich.

»Scusa.« Pino klappt die Karteikarte wieder zu und dirigiert mich zu einer Liege, neben der sein neues Ultraschallgerät aufgebaut ist. »Dann wollen wir erst mal sehen, was Sache ist.«

»Okay.« Ich strecke mich auf der Liege aus, plaziere meine Füße ordentlich auf der Gummimatte am Fußende und ziehe meinen Rock hoch. Ein Glück, daß ich die propere Arztbesuch-Baumwollunterhose angezogen habe, die brav bis zum Nabel reicht. Man muß Privates und Dienstliches sauber trennen können, finde ich. In Baumwollmako fällt mir das leichter.

»Steht dein Neuer auf so etwas?« Pino zeigt auf meinen anständigen Schlüpfer.

»Du kannst mir ja ein paar Lederdessous von Babette Schmitz leihen«, fauche ich zurück. Ich hätte doch besser was Fesches angezogen.

»Wir müßten deinen Bauch freilegen.« Pino zeigt auf das Baumwollmako.

»Kein Problem«, sage ich, wölbe meine Hüften und ziehe an dem Gummi. »Reicht es so?«

»Es reicht.« Pino mustert meinen Bauch, während er eine Plastikflasche schüttelt. »Bist du etwas voller geworden?«

»Sag's doch gleich, daß du mich fett findest.«

»Es steht im Moment nicht zur Diskussion, wie ich dich finde. Abgesehen davon, daß ich dich noch reizvoller als sonst finde. Achtung, es wird kalt.« Er läßt Gel auf meinen nackten Bauch jutschen und setzt den Kopf des Ultraschallgeräts auf. Der Monitor zeigt mein Innenleben als Frau, der Ultraschallkopf wandert über mich, während Pino meinen Gebärmutterknick erörtert.

»Das da könnte ein Hämatom sein!« Er stoppt, drückt eine Taste, das Monitorbild bleibt stehen.

Hilfe! Ist ein Hämatom lebensbedrohlich?

»Harmlos!« Der Ultraschallkopf gleitet weiter.

Ich atme erlöst auf. Dem Tod von der Schippe gesprungen, halle-luja!

Der Ultraschallkopf bleibt wieder stehen. Klick. Der Monitor zeigt etwas Dunkles, Rundes.

»Das könnte eine Fruchthöhle sein.« Von da an wird Pino sehr medizinisch. Er will genau wissen, wann meine letzte Periode war, befingert mich mit Gummihandschuhen und verlangt eine Urin-probe: »Bitte aus dem Mittelstrahl und den Namen auf dem Be-cher nicht vergessen!«

Vor lauter Aufregung pischere ich mir über den Finger. Der Per-manent-Folienstift fällt mir ins Waschbecken. Die Klobrille poltert so laut, daß die Sprechstundenhilfe gegen die Tür pocht und wis-sen will, ob etwas nicht stimmt. Blöde Kuh! Glaubt die, ich könnte nicht allein in einen Plastikbecher pinkeln?

»Positiv!« sagt Pino zehn Minuten später. Er hält etwas in der Hand. Ich kenne diese Plastikdinger. Schwangerschaftsschnell-test. Vor sechs Jahren habe ich gejubelt. Im Januar hätte ich geju-belt. Ich jubele kein bißchen. Ich räuspere mich.

»Irrtum ausgeschlossen?« frage ich. »Wir haben nämlich eigent-lich immer mit Kondom.«

»Du kannst es ja ›Eigentlich‹ taufen.« Pino scheint nicht gut drauf zu sein. Ich bin auch nicht gut drauf. Dafür ist Dario irre gut drauf, als ich es ihm sage. »Ich hab's ja gewußt«, jubelt er und holt ge-schwind den Kinderwagen aus Maries Zimmer, weil der nun sehr viel ernsthafteren Zwecken zugeführt wird als dem Transport von Bennis vernoppptem Teddybär und Maries Schildkrötenpuppe.

»Du bist die Größte«, sagt Dario.

Ich muß die Füße hochlegen, bekomme die zweite Tasse Kaffee gestrichen und soll mir überlegen, wo wir denn entbinden. Und dann der Name! Ich krame in meinem Gedächtnis, ob schon mal eine werdende Mutter den strahlenden Kindsvater umgebracht hat, weil er sie mit seinem Jubel über das frohe Ereignis zum Äußersten getrieben hat. Ich glaube nicht. Ich glaube, ich wäre die erste.

Natürlich tue ich nichts dergleichen, sondern lege brav die Füße hoch, lasse mich in eine Decke wickeln, trinke ekligen Früchtetee und höre zu, wie Dario sich den Kopf über passende Mädchennamen und Jungennamen zerbricht. Leider wissen wir ja noch nicht, was es gibt.

»Wie wär's mit Needle?« frage ich. »Das ist geschlechtsneutral.«
»Was sind die Needles gegen mein Baby?« Dario breitet emphatisch die Arme aus.

»Seid umschlungen, Millionen!« sage ich und äffe seine Pose nach. Doch Dario ist durch nichts zu erschüttern. Milde legt er seinen Arm um meine Schultern und erklärt mir, daß Stimmungsschwankungen am Anfang der Schwangerschaft etwas völlig Normales sind, genauso wie Übelkeit und Erbrechen.

»Du mußt es ja wissen«, sage ich, »so oft, wie du diesen Zustand schon durchgemacht hast.«

»Ich habe mich eben rechtzeitig schlau gemacht«, erwidert Dario stolz.

Sein »Rechtzeitig« raubt mir die Nachtruhe. Dario hat die nachweislich unsicheren Tage für sicher erklärt und heimlich Bücher übers Kinderkriegen gewälzt. Womöglich hat er auch winzige Löchlein in seine Hütchen gezaubert, damit die Investition der Schwangerschaftslektüre sich wirklich lohnt.

»Hi!« sagt Wanda.
Ich sage erst einmal gar nichts. Vor Schreck wäre mir nämlich fast das Ei aus der Hand gefallen. Spielt sie Indianer-Squaw, oder warum schleicht sie sich so an mich heran? Sie steckt wieder mal im Ausgehdreß. Ihr Haushaltsgeld muß üppig bemessen sein,

denn wie es aussieht, hat sie sich komplett neu eingekleidet. Ich finde es albern, wenn eine Frau ihr Äußeres auf den Mann abstimmt, an dem sie baggert. Wanda scheint noch immer heftigst an diesem Reinhard Hacker zu baggern. Was a priori geschmacklos ist, weil der ein Kollege von Dario und darüber hinaus einer ist, den ich abgelegt habe. Schlechter Stil!

»Guten Morgen«, antworte ich betont formell.

»Bist du krank?« fragt sie.

»Wieso sollte ich krank sein?« frage ich zurück, haue das Ei auf den Schüsselrand, lasse das Eiklar ablaufen und das Eigelb in eine zweite Schüssel ploppen. Ein weißer Knoten hängt daran fest, mir wird ganz anders. »Igitt!« Einen Moment lang muß ich mich an der Arbeitsplatte von Wandas Profiküche abstützen.

»Laß mich mal!« Wanda fährt mit zwei Eischalen in die Schüssel, fängt das Eigelb wieder ein und klemmt mit einem ihrer sehr langen und spitzen Fingernägel den zähen Strang ab, aus dem Küken hätten werden können. Dann wiederholt sie dieselbe Prozedur bei Ei Nummer zwei und Ei Nummer drei. »So!« Sie streift ihre Ringe ab, spült sich die Hände ab und balsamiert sich mit der Handcreme ein, die sie immer griffbereit in einer Schublade liegen hat.

»Marie und Benni wollen nämlich Reispudding haben«, sage ich.

»Es ist dir doch recht?« Immerhin ist es Wandas Küche.

»Natürlich.« Wanda lächelt mit wenig Gebiß. Womöglich lohnt sich das Vollzahnlächeln für mich nicht. »Das ist schon komisch«, fügt sie hinzu, »du sonntags in der Küche.«

Wo sie recht hat, hat sie recht. Mein Sonntag war ehefrei, kochfrei, streßfrei. Natürlich zwingt mich niemand dazu, süße Reispampe zu fabrizieren. Die Kids gäben sich auch mit Müsliflocken zufrieden. Schuld ist die Unruhe in mir. Ich muß meine Finger oder meine Beine bewegen. Ich muß auf Trab bleiben, sonst drehe ich durch. Am liebsten würde ich joggen oder zum Jazztanz gehen, aber natürlich steht alles, was Spaß macht, fortan auf der Verbotsliste. Dario wacht wie ein Zerberus über deren Einhaltung. Eklige Samenstränge an Hühnereiern abzuknipsen ist bestimmt kein Ersatz für das Gefühl, wenn ich ausgepumpt und zugleich high aus dem Studio komme. Passé!

Heute früh hat Dario sage und schreibe schon um acht Uhr bei mir auf der Matte gestanden. Am heiligen Sonntag um acht Uhr früh, und das, obwohl er selbst Langschläfer ist.

»Was willst du denn so früh?« habe ich gefragt. Ich war brummig, noch nicht geduscht und koffeinsüchtig. Vor der ersten Tasse Kaffee bin ich immer ungenießbar.

»Nach dem Rechten sehen, mein Schatz«, hat Dario ekelhaft munter erwidert und sodann Pläne für unser sonntägliches Familienprogramm entwickelt. Enten füttern, Rheinkiesel flitschen, Rumpelstilzchen im Kindertheater ansehen oder am Salzteig-Backwettbewerb teilnehmen. »Wonach steht dir der Sinn?« hat er geendet.

»Nach Kaffee«, habe ich geknurrt. Lieber noch hätte ich Dario gekillt. Ich habe ihn aber nicht gekillt, und Kaffee habe ich auch keinen bekommen. Wegen des Babys! Dario hat zur Freude meines Sohnes fröhlich-fruchtig nach Kaubonbon duftenden Tee gekocht. Prompt war mir nach Doppelmord. Dazu ist es aber auch nicht gekommen. Ganz im Gegenteil schlage ich mich nun auch noch in Wandas Küche mit Ekeleiern herum und muß mir ihre blöden Sprüche anhören. Warum sollte ich keinen Reisbrei kochen, bitte schön? Ich lasse mich ja auch nicht darüber aus, daß sie am Sonntagmorgen zum Frühschoppen ins »Bumbäng« geht. Für eine, die zehn Jahre lang so getan hat, als ob alles, was nicht Klassik ist, Schrott wäre, ist diese Begeisterung für Teenagersound schlicht peinlich.

»Es ist ja nur Reispudding«, wehre ich sie ab.

Das findet sie erst recht komisch. »Du mußt dich wirklich nicht entschuldigen, Sarah. Solange es dir Spaß macht, am Sonntag in der Küche zu stehen.«

»Du bist gut drauf, wie?« schnappe ich zurück.

»O ja, mir geht es prima. Aber du machst mir Sorgen. Du siehst nicht gut aus, wirklich nicht.«

»Ich bin schwanger.« Es ist draußen. PENG! Einfach so. Ich will es zurückholen. Wenn sie nun durchdreht? Hilfe! Ich stelle sicherheitshalber den Handmixer zur Seite und checke den Weg nach draußen ab. Die Tür ist blockiert. Wanda versperrt sie mir.

»Das ist wirklich ein Problem.« Eine dieser spitzen Fingerkrallen schabt über die Arbeitsplatte aus Graphit. Es geht mir durch und durch, schlimmer als Fensterleder. Bei dem Quietschen des nassen Leders auf Glas bin ich als Kind immer laufengegangen. Laufengehen ist nicht!

»Frierst du etwa?« Wanda sieht mich an. Manchmal gehe ich mit Benjamin ins Terrarium. Die Echsen dort haben diesen Blick, listig und starr. Jedes einzelne Flimmerhärchen auf meiner Haut richtet sich auf.

»Ja«, sage ich und rühre mich nicht von der Stelle. »Mir ist nicht gut, glaube ich.«

Wanda bewegt eine Hand.

Die Steinplatte schneidet mir in den Rücken. Ich kann nicht vor und nicht zurück.

Wandas Arm zieht sich in Zeitlupe hoch, verharrt in Augenhöhe, dreht sich im Gelenk und... Ich kneife die Augen zu. Heilige Muttergottes, hilf mir! Ich schiebe beide Hände vor meinen Bauch. Bitte, bitte, nichts tun!

»Sei mir nicht böse, ich muß los«, sagt die Stimme vor mir.

Ich reiße die Augen wieder auf und starre auf die Uhr an ihrem Handgelenk. Die Uhr ist auch neu, es ist eine peppig bunte Swatch-Uhr. Von Dario hat sie zum letzten Geburtstag noch eine Nobeluhr geschenkt bekommen. Weißgold und Gelbgold, immer abwechselnd, mit einem zierlichen Kranz aus Brillanten. Ich versuche mich auf die Zahl der Steine zu besinnen. – Ob sie mitbekommen hat, daß ich vor lauter Angst die Augen zugekniffen habe? – Ich glaube, es waren sechs Brillanten, an jeder Ecke einer. – Natürlich wollte sie gar nicht zuschlagen. Sie ist total cool. Sie hat nur mal eben einen Blick auf ihre Swatch-Time geworfen, um nur ja nicht zu spät ins »Bumbäng« zu kommen. Was ist schon meine Fruchtbarkeit gegen ihr Abenteuer mit Reinhard Hacker? Aber immerhin ist der Vater meines Kindes ihr Mann!

»Wanda?« Ich muß mit ihr reden, logo. Von Frau zu Frau! In aller Ruhe! Ich muß schon wieder aufs Klo!

Wanda streift meine Schulter. »Wir reden später, okay? Ich muß wirklich los!« Die Hand mit den vielen Ringen, sie trägt sogar einen am kleinen Finger, drückt die Türklinke nach unten. Im Hinausgehen wendet sie sich nochmals halb zu mir um: »Was das Baby betrifft, brauchst du dir keine Sorgen zu machen, glaube ich. Dario träumt seit Jahren von seinen Needles und einem zweiten Kind!«

Ich starre in den Mixbecher. Daneben auf dem Herd blubbert die Milch. Werd nicht hysterisch, Sarah! Hysterische Frauen sind ein Alptraum. Mechanisch öffne ich eine Schublade, dann die nächste, ich brauche einen Kochlöffel, ich muß den Eischnee unterziehen. Hoch und runter, das Holz schabt über den Topfboden, ich ziehe mit dem Löffel eine Linie durch die eingedickte Puddingmasse. Die Linie verschwindet wieder. Ich kann nicht aufhören damit. Ich male endlos Striche in das blubbernde Gelb.

»Es riecht komisch. Angebrannt!« sagt jemand.

»Wie?« frage ich.

Dario reißt den Topf vom Herd. »Es ist angebrannt!«

»Es ist nur der Pudding, verdammt! Ist so ein Pudding dir wichtiger?«

Dario nimmt mich in den Arm. Er wiegt mich hin und her. Das tut gut. »Erzähl's mir«, sagt er und drückt meinen Kopf fest gegen seine Schulter. Das tut auch gut.

»Wanda!« Ich schniefe.

»Wanda?«

»Sie weiß es«, sage ich. »Alles.«

»Hast du es ihr gesagt?«

»Sie hat's aus mir rausgekitzelt.«

»Gut!«

»Du meinst es wirklich ernst, wie?«

»Natürlich meine ich es ernst«, antwortet Dario und hört sich überaus satt und zufrieden an. »Was hältst du von ›Norman‹, wenn es ein Junge wird, oder ›Suzan‹ bei einem Mädchen?«

»Oder Columbus. Beziehungsweise Columbia. Gibt's Columbia?«

Dario hält mich ein Stück weit von sich weg und betrachtet mich nachdenklich, dabei wiederholt er mein Columbus-Columbia. »Columbus ist nicht schlecht. Gar nicht schlecht! Es ist der richtige Name für ein großes Abenteuer.« Dann preßt er mich wieder an sich. Eigentlich will ich ihm sagen, daß dieses Columbus-Columbia nur ein Witz sein sollte. Aber weil ich weinen muß, sage ich nichts und bohre nur mit meinem Kopf eine Kuhle in die Wärme dort. Kaschmir und Rasierwasser, er riecht gut. Seine Achselhöhle ist ein warmes Nest.

An diesem Abend taste ich nach der Stelle, wo es sein müßte. Es ist da. Im Moment ist es nur ein Knubbel, aber das ändert sich rasend schnell. Hi, Julia! Ich streichele über den Knubbel, es fühlt sich fremd an. Dann fällt mir wieder Darios Namenspalette ein. Natürlich wird mein Kind nicht Norman und erst recht nicht Columbus heißen. Auch nicht Julia oder Julius, das war eine romantische Anwandlung von mir und ist passé. Mir wird schon noch der richtige Name einfallen, solange nenne ich es einfach Knubbel. Hi, Knubbel! Einen Moment lang glaube ich zu spüren, wie es sich bewegt, aber das ist Blödsinn. Medizinisch betrachtet!

»Du«, sage ich und streichele über die Stelle. »Weißt du, was du mir für Ärger machst?«

Und ich fange an zu rechnen, wann ich sein Pochen und Rumoren wirklich werde hören können. Zuerst wird es wie Schmetterlingsflügel sein, zart und so, daß ich es nur verstehe, wenn um mich herum alles leise ist und ich in mich hineinhorche. Später wird es kräftig sein, ich erinnere mich noch genau an Bennis Purzelbäume und Tritte gegen meine Bauchdecke. Zuletzt konnte ich genau sagen, ob's ein Füßchen oder der Kopf war, womit er meinen Bauch ausgebeult hat. Nicht mal die Tasse auf dem Tisch war vor Bennis inwendigen Turnereien sicher. »Okay, Knubbel! Dann mal los!«

Nachts wache ich zweimal auf und erschrecke, weil ich auf dem Bauch liege. Dann lache ich über mich selbst, weil Knubbel noch so winzig ist, daß ihm das nichts ausmacht. Trotzdem lege ich mich sicherheitshalber auf die Seite. Ich stell's mir schrecklich vor, wenn ständig solch ein Schwergewicht auf mir ruhte, Fruchtwasserpool hin oder her.

Natürlich verrate ich Dario nichts von meinem nächtlichen Zwiegespräch mit Knubbel. Trotzdem bekommt er etwas mit. Jedenfalls findet er, daß ich plötzlich verändert aussehe.

»Heute siehst du zum erstenmal wie eine werdende Mutter aus. Sehr schön. Wunderschön«, sagt er am Montag abend, gerade als ich es mir auf der Couch vor dem Fernseher gemütlich gemacht habe und überlege, wie ich Dario zu einem winzigkleinen Mokka oder wenigstens einem Milchkaffee überreden könnte.

»Warte nur, bis ich dick und fett werde. Dann findest du mich nicht mehr schön«, antworte ich und vergesse glatt einen Moment lang meine Koffeinsucht.

Aber Dario läßt sich nicht bange machen, was ich wiederum rührend finde, weshalb ich zur Belohnung meine Jeans aufknöpfe und mein T-Shirt hochrolle, um ihm Knubbel zu zeigen.

Dario beugt sich über meinen Bauch und streichelt ihn unglaublich zart. Ich komme mir vor wie ein leibhaftiger Heiligenschrein. Er erwischt mich mit seinem Rausch. Es wird schon klappen.

»Was hältst du von Franca?« frage ich. Womöglich hexe ich meiner Tochter mit dem Kosenamen »Knubbel« zukünftigen Teenagerspeck an. Franca wäre nicht übel. Franca klingt rassig.

Dario sieht von meinem Bauch hoch. »Franca?« Er schüttelt abwehrend den Kopf. »Das klingt zu hart und ist außerdem italienisch. Warum sollte unsere Tochter einen italienischen Vornamen haben? Falls es überhaupt eine Tochter wird.«

»Es wird eine Tochter«, sage ich bestimmt.

Ich sehe Knubbel ja schon vor mir. Franca gefällt Dario nicht, auch gut. Obwohl mir nicht klar ist, was ihn an einem italienischen Namen stört. Schließlich hat er keine Ahnung, daß hinter dem »Dr. P. S. Frotta I.« niemand anders als sein flotter Vorgänger Pino Salavatore steckt. Das »I« hinter dem Frotta steht für »Italiener«. »Frotta« heißt übersetzt soviel wie »Schwarm«. Als ich von Pino wissen wollte, ob man in seiner Heimat gegen Auf-

preis auch Wunschnamen tragen darf, hat er nur dreckig ge-
grinst.

»Über das Geschlecht des Kindes entscheidet immer noch der
Mann«, protestiert Dario.

»Einmal entscheidet der Mann«, sage ich, »okay. Aber jetzt sind
die Karten gemischt, und du kannst nur geduldig abwarten, was
aus meinem Bauch herauskommt.«

»Ich werde dich heiraten. Mein Kind soll einen ordentlichen Namen tragen.«

»Du bist verheiratet.«

»Wanda kann das Haus behalten. Sie hängt an dem Haus.«

»Und Marie?«

»Marie ist meine Tochter.«

»Prinzip Leihmutter?«

»Wir werden einen Modus finden«, sagt Dario steif. »Einen, der
alle Beteiligten zufriedenstellt.«

»Und fortan lebten sie alle glücklich und zufrieden, und wenn sie
nicht gestorben sind, dann jubeln sie noch heut. Ich brauch dringend einen Kaffee.«

»Kaffee ist nicht gut für euch.«

»Kaffee ist prima für mich. Ich gehe sowieso lieber zu meinem
Italiener an der Ecke.« Damit Dario kapiert, daß es mir ernst mit
meiner Koffeinsucht ist, stehe ich auf.

Natürlich weiß Dario zu verhindern, daß ich in mein italienisches
Eiscafé an der Ecke gehe. Er kocht mir einen Kaffee, der vage nach
Kaffeebohnen und kräftig nach gesunder Kuhmilch schmeckt. Im
Geist verlängere ich diesen Zustand der Fürsorge auf die nächsten
Monate und bekomme Sodbrennen. Schweigend stehe ich auf.

»Was ist, Liebling?« fragt Dario.

»Was Flüssiges«, antworte ich.

Dario nickt verständnisinnig. Hat er nicht selbst über den ver-
stärkten Harnandrang bei der Schwangeren referiert? Er wendet
sich wieder seinem Fernseher zu, weil Pipimachen nun einmal eine
Sache ist, die er mir nicht abnehmen kann.

Fröhlich spaziere ich an der Klotür vorbei und klappe statt dessen die Kühlschranktür auf. Mein Gedächtnis hat mich nicht getrogen, dort steht noch ein Pikkolo. Sogar Pino erklärt ein Glas Sekt ab und zu für völlig unbedenklich. Als Gynäkologe wird er wohl besser als Dario Bescheid wissen! Ich schraube den Deckel ab und setze die Flasche an die Lippen. Köstlich!

Als ich ins Wohnzimmer zurückkomme, schnuppert Dario und fragt, ob er sich das nur einbilde, oder ob es hier plötzlich wirklich nach Alkohol rieche.

»Weiß nicht«, sage ich, reiße den Mund auf und atme ihn volle Pulle an.

Eine Weile höre ich stillschweigend zu, wie Dario sich empört und sogar Wanda ins Spiel bringt, die als werdende Mutter geradezu vorbildlich war und sich ausschließlich von Magerquark und Äpfeln aus biologischem Anbau und Vollkornreis ernährt hat. »Reis entwässert nämlich zusätzlich!«

»Du hättest eben doch wieder Wanda schwängern sollen«, erwidere ich, »dann könntest du jetzt neun Monate lang Mutterschaftsdiät halten.«

»Natürlich hat Wanda für mich extra gekocht«, widersprach Dario, »ich war schließlich nicht schwanger.«

»Natürlich«, sage ich und stehe endgültig auf. Das war's für heute in diesem Theater! Hoffentlich erbt Knubbel nicht den Humor seines Vaters.

»Leg nicht alles gleich auf die Goldwaage, Liebling!« Dario kommt mir nach.

Ich schlüpfe unbeirrt in meinen Mantel. »Liebling zwei geht jetzt heim.« Ich sollte jubilieren, daß es dieses andere, nicht sehr komfortable Dreizimmerheim noch gibt. Daß es Benni gibt. Knubbel kann nichts dafür. Liebling zwei ist selbst schuld. Wie's aussieht, war Liebling eins gar nicht so blöd.

In Seidenmatt und Hochglanz

Dario ist Kunstfotograf, okay. Wenigstens ist die Berufsbezeichnung »Kunstfotograf« sein Aushängeschild und steht auf allen Visitenkarten. Das dicke Geld verdient er allerdings mit der Ablichtung von Industrieschrauben und anderen Wirtschaftsgütern. Im Moment jedoch interessieren ihn weder Stahlgewinde noch Kunst sonderlich. Er ist von meinem Body besessen, aber ohne die winzigste erotische Komponente. Er möchte sein Kind in mir auf die Platte bannen.

»Drück ihn etwas heraus!« Dario richtet seine Scheinwerfer und seine Kamera auf meinen nackten Bauch.

»So?« Ich bin es nicht gewöhnt, meinen Bauch herauszustippen.

»Dreh dich etwas zur Seite! Nicht soviel! Leg eine Hand vor deine Scham!«

»Scham« ist ein idiotisches Wort. Da gibt es nichts, wofür ich mich schämen müßte, und nun soll ich meine Finger davor drapieren.

»Warum klebst du mir nicht gleich ein Feigenblatt drüber?« frage ich.

»Es darf nicht zu herausfordernd aussehen. Das paßt nicht.«

»Wozu paßt das nicht?«

»Ich will dieses Mysterium einfangen. Versuch so auszusehen wie neulich abends!«

»Wo ist der Heiligenschein?« Mit mir doch nicht! Ich stippe kokett meine Oberweite vor und ziehe den Bauch ein. Sorry, Knubbel, aber jetzt ist deine Mutter an der Reihe.

»Zur Heiligen fehlen dir ein paar Zutaten.« Dario sagt das so, als ob es ein Fehler wäre, daß ich nicht zur Madonna tauge.

»Ah ja!« Ich stippe den Bauch wieder vor. Wenn's denn sein muß.

Aber Dario ist trotzdem nicht zufrieden. »Wir müssen einen Schwarzweißfilm nehmen.«

»Wenn du meinst.« Ich lasse die Hand sinken, die er wie eine Muschel vor meiner sogenannten Scham drapiert hat, die Fingerkuppen gegen die Schwellung gerichtet, wo mein Knubbel in seinem Fruchtwasserpool paddelt. Die Stellung gefiel mir sowieso nicht.

Dario legt einen neuen Film ein. Farbe würde die Kontraste verwischen, sagt er. Mit seinen Tausendwattlampen und im strengen Hell-Dunkel-Kontrast kann er die sanfte Welle, hinter der mein Knubbel sich versteckt, in eine dunkle Linie zwingen und sichtbar machen, hofft er. Er nennt Knubbel »Mysterium«.

Es dauert nicht lange, und ich bin fix und alle. »Ich habe keine Lust mehr«, sage ich.

»Na gut! Morgen ist auch noch ein Tag, falls das heute nichts war.«

»Wenn's Leihmütter gibt, gibt es vielleicht auch Leihmütterfotomodelle. Ich passe.«

»Du bist zu ungeduldig, Sarah.« Er verschwindet in seiner Dunkelkammer. Anscheinend nimmt er meine Absage nicht mal ernst. Fast wünsche ich mir, daß diese Aktion ein Flop wird. Sie wird aber kein Flop.

Dario ist ein Künstler. Am nächsten Tag legt er ein Foto neben das andere. Lauter Schwarzweißfotos. Dario hat sie so stark vergrößert, daß jede winzige Hautpore und jedes Flaumhaar an mir Tiefe bekommen. Auf diesen Bildern schneidet das Licht einen Kegel aus mir heraus. Es gibt nur noch die Botschaft meines Bauchs. Ich bin eine Bauchlandschaft mit hellschimmerndem Flaumhaar und dem dunklen Schatten von etwas Hartem darunter. Das ist Knubbel.

»Wunderschön«, sage ich, und es stimmt.

»Siehst du«, sagt Dario stolz. Dann schichtet er sorgfältig die Fotos zu einem Stapel und zieht mich aus seinem Studio hinüber ins Wohnzimmer. »Wir bekommen ein Baby«, verkündet er. Einfach so. »Wir bekommen das schönste Baby der Welt. Wollt ihr mal sehen?«

Marie und Benni spielen gerade am Eßtisch »Spiel des Lebens«.

»Bekommt Sarah das Baby?« fragt Marie.

»Sarah und ich«, antwortet Dario. »Ihr beide bekommt bald ein Brüderchen oder Schwesterchen.«

Es gibt einen Knall. Mein Sohn hat das Spielbrett zusammenge-klappt. Er sieht mich nicht an, von Jubel ist keine Rede, obwohl er mir wegen einer »Julia« in den Ohren gelegen hat und einen Veits-tanz aufgeführt hat, weil ich unsere Babysachen weggegeben habe.

Marie bückt sich, um die heruntergefallenen Spielfiguren vom Bo-den aufzuheben. Benni kriecht ebenfalls unter den Tisch. Von nebenan aus dem Wintergarten hört man ein kratzendes Ge-räusch, das ist die Feder von Wandas Füllfederhalter. Wanda schreibt ruhig weiter.

He, alle mal herhören! Wir bekommen ein niedliches kleines Baby und keinen Wellensittich und auch kein Monster!

»Wollt ihr uns nicht gratulieren?« fragt Dario und hält auffordernd seinen Bilderstapel hoch. Das monotone Schaben der spitzen Fe-der auf Papier und das Klickern der winzigen Spielfiguren antwor-ten ihm.

»Hör auf!« sage ich zu Dario.

Er sieht mich erstaunt an.

»Hör endlich auf!« Etwas knirscht unter meinem Fuß. Egal.

Benni taucht aus der Versenkung auf und hält mir zwei Holzteile hin. »Jetzt hast du die wichtigste Figur kaputtgemacht.«

»Quatsch«, sage ich, »die Figur gibt's noch ein paarmal.«

»Trotzdem«, antwortet Benni und formt mit beiden Händen eine Höhle um die blöde Spielfigur. Dann sieht er mich endlich an. So, als ob er mich beim Schummeln erwischt hätte: »Und wo wohnt das Baby?«

»Blöde Frage«, sage ich, weil ich wütend bin. Ich habe nicht ge-schummelt. »Natürlich bei mir«, füge ich hinzu.

»Bei uns«, verbessert Dario.

»Hier?« fragt Benni. Er streckt eine Hand aus, sein Zeigefinger deutet auf die Schiebetür aus Glas, die halb offensteht und hinter der Wanda sitzt. Vom Eßtisch bis zu Wandas Stuhl dort sind es höchstens vier Meter.

»Hier wohnt Wanda«, sagt Dario. »Für uns alle wäre das Haus sowieso zu klein.«

»Ich könnte mir mit Marie ein Zimmer teilen«, sagt Benni.

Marie nickt.

»Wir werden sehen.« Dario sieht zu Wanda hinüber. Wir alle sehen zu Wanda hinüber. Sie sieht auf, schraubt ihren Füllfederhalter zu, klappt den Schreibblock zu, steht auf.

»Bemüht euch nicht«, sagt sie im Vorbeigehen, »ich habe schon eine Wohnung in Freiburg in Aussicht.« Wanda geht aus dem Zimmer. Die beiden Kinder folgen ihr.

»Freiburg«, wiederholt Dario.

»Warum nicht Freiburg?« frage ich.

»Reinhard Hacker hat bei uns gekündigt. Er fängt im Januar in Freiburg an.«

»Na und?« frage ich gereizt. Wanda ist ganz schön ausgekocht. Sie hat hinter unserem Rücken vorgesorgt. Sie ist ein ausgekochtes Luder!

»Sie ist immer noch meine Frau.«

»Anscheinend ist sie nicht mehr sonderlich begeistert davon, deine Frau zu sein.«

»Wie meinst du das?«

»Tja«, sage ich, »dieser Reinhard Hacker ist ein cooler Typ, und das liegt keinesfalls nur an seinem Ohrstecker.«

»Fasel nicht rum!«

»Faseln?« Ich ziehe das Wort in die Länge und sehe zu, wie es sich in Dario hineinschlängelt. Soll er sich ruhig den Kopf darüber zerbrechen, wie gut ich diesen Flippi kenne, mit dem seine Noch-Frau nach Freiburg geht. Ein bißchen Bruch bekäme Darios Schädel ganz gut, in dem es neuerdings so ordentlich zugeht wie in Wandas Besteckschublade: ein Fach für jede Sorte und eine Sicherheitshülle für alle scharfen Teile. Ich kenne mich mittlerweile in Wandas Küche aus. Kein Wunder, daß ein Flippi sie mehr anmacht als fünf auswaschbare Plastikfächer.

Ich gehe auch hinaus.

»Wir fahren heim«, sage ich zu Benni, der Wanda nachwinkt, die gerade aus der Garage setzt.

»Meinetwegen!«

»Wieso…?« fragt Dario, der mir nachgekommen ist.

»Einfach so«, antworte ich und marschiere los. Natürlich läßt Dario nicht zu, daß wir allein aufbrechen. Er fährt uns. Als er an meiner Haustür vorbeifahren will, rufe ich: »Stop!«

»Parken verboten!« Dario zeigt auf ein Parkverbotsschild.

»Halten erlaubt!« Ich löse meinen Sicherheitsgurt und steige aus. Benni klettert hinterdrein. Dario sieht sehr beleidigt aus. Ich kehre ihm den Rücken zu und schließe auf.

»Soll ich uns 'ne Pizza in den Ofen schieben?« frage ich Benni, während wir die Treppe hochgehen.

»Keinen Hunger«, antwortet Benni.

»Deine Lieblingspizza«, sage ich.

»Will nicht.«

»Eis am Stiel?« frage ich, obwohl es eigentlich grundsätzlich nichts Süßes vor dem gesunden Essen gibt.

Benni schüttelt den Kopf, zieht seine Schuhe brav im Treppenhaus aus und plaziert sie ordentlich auf der Fußmatte. Er zieht seinen Mantel aus, hängt ihn an einen freien Garderobenhaken und läßt nicht mal wie üblich die Ärmel im Futter stecken. Als er sich auch noch unaufgefordert die Hände wäscht, beunruhigt mich das mehr als seine Kollision neulich mit der Kante vom Küchenfenster, die ihm ein dickes Einhorn mitten auf der Stirn beschert hat und noch immer als gelblichgrünes Mal zu sehen ist.

Dann kommt mir die Idee. Ich klopfe kurz an die Kinderzimmertür. In der Mitte der Tür klebt ein fauchender Tiger. Benni hat den Sticker mal dorthin gepappt, als er sehr sauer auf mich war. Das muß schon eine Ewigkeit her sein, denn ich hatte den Tiger-Sticker schon völlig vergessen, weil Bennis Tür sonst immer offensteht.

»Ja?« fragt Benni. Er sitzt auf seinem Bett und tut nichts. Er sitzt nur so da herum.

Als ich Anstalten mache, mich neben ihn zu setzen, steht er auf.

»Ich hab 'ne tolle Idee«, sage ich und stehe ebenfalls wieder auf.

»Wir könnten uns die ›Bundys‹ ansehen!« Benni ist nämlich seit Wochen hinter mir her, daß ich mir mit ihm zusammen die schrecklich nette Familie von Al Bundy ansehen soll. Bis jetzt habe ich das immer abgelehnt, weil knapp Sechsjährige einfach nicht die richtige Zielgruppe für amerikanische Seifenopern sind.

Benni übergeht das Al Bundy. »Du hast gesagt, du wolltest kein Baby mehr«, sagt er statt dessen.

»Wollte ich auch nicht.«

»Und warum bekommst du dann eins?«

»Es ist eben passiert.«

»Wanda nimmt es super. Ich mag Wanda.«

»Schon«, sage ich. Wer mag Wanda nicht? Wenn das so weitergeht, kann sie bald einen Fan-Club aufmachen.

»Heiratet ihr?« fragt Benni. »Du und Dario, meine ich.«

»Ja. Wir werden wohl heiraten.«

Benjamin zeigt auf die Videokassette in meiner Hand. »Ich hab keine Lust auf die schrecklich nette Familie«, sagt er. »Ich geh lieber schlafen.«

»Es ist noch früh«, sage ich.

»Trotzdem.« Als Benni anfängt, sich auszuziehen, und jedes Teil zu einem ordentlichen Häufchen faltet, laufe ich hinaus. Das halte ich nicht aus. Himmel, Arsch und Zwirn!

Ich gehe auch ins Bett. Schlafen kann ich garantiert nicht. Morgens wache ich auf, weil es so seltsam feucht um mich herum ist. Benni muß irgendwann zu mir ins Bett gekommen sein. Es ist ihm ein Malheur passiert, das Bettlaken und die Matratze sind klatschnaß. Vorsichtig, damit Benni nicht aufwacht, ziehe ich alles ab und wickele meinen Sohn in eine warme Decke. Ich kann mich nicht darauf besinnen, wann ihm zuletzt ein Malheur passiert ist.

In den nun folgenden Wochen rundet sich mein Bauch. Alle Hosen und Röcke kneifen, ich pfusche ein Stück Gummitwist zwischen Knopf und Knopfloch, der Spalt darunter klafft immer größer. Trotzdem bin ich noch weit von der prallen Kugel entfernt, die zuletzt kommt. Knubbel ist für Ende April ausgerechnet, bis dahin sind es noch fast fünf Monate. Die Leute bei mir im Haus finden, daß mir ein paar Pfunde mehr gut zu Gesicht stehen. Dabei sehen sie auf meinen Bauch, den ich rasch einziehe, weil schließlich jeder weiß, daß ich eine geschiedene Frau bin. In meinem Dichterclub nimmt mich der Leiter zur Seite, spricht vom Zeitalter der emanzipierten Frau und sagt mir volle Rückendeckung zu. Als er mit einer Einladung zu seinem Lieblingsfranzosen endet, bei dem uns ein »schnuckeliger Gaumenkitzel, ha-ha« erwarte, schlage ich vor, meinen Bräutigam mitzubringen. Die bevorstehende Hochzeit rückt das Zeitalter der Emanzipation rasch in ein völlig neues Licht. Wir einigen uns darauf, daß ich noch bis Ende des Jahres arbeite, abzüglich noch offener Urlaubstage. Auf der Heimfahrt verfluche ich meine vorlaute Zunge. Ich kann schlecht den Bräutigam verfluchen, oder?

Bräutigam Dario findet nichts an meiner Kündigung auszusetzen. Er redet schon längere Zeit davon, daß endlich wieder Ordnung in das Leben der Kinder kommen müsse.

Seitdem Wanda mit ihrem Umzug nach Freiburg und dem Kochbuch beschäftigt ist, das sie im Frühjahr zusammen mit Reinhard Hacker vorstellen wird, haben wir schon drei Haushaltshilfen ausprobiert. Ich hätte niemals gedacht, daß Dario so mäkelig sein könnte. Seine Vorstellungen von richtig gebratenen Röstkartoffeln und well-done Steaks und flockigem Rührei sind wie mit dem Lineal gezogen und vertragen keine Variationen. Sehr oft fällt der Name »Wanda«. Wanda hat dies und Wanda hat jenes und immer alles perfekt. Wanda hat auch keinen dicken Bauch und kein Sodbrennen und keine angeschwollenen Beine! Eigentlich sollte mein schwellender Bauch ein Pluspunkt sein, aber das ist nicht so, weil Dario nun vollauf mit Alltagskram und seiner Karriere beschäftigt ist.

Gelegentlich wird seine Stimme ausgesprochen zynisch, wenn er mich fragt, ob ich wohl einmal ausnahmsweise Marie zum Ballett oder Benni zum Judo chauffieren könnte. Nachdem nun meine Kündigung beschlossene Sache ist und Dario einen Resturlaub von sechzehn Tagen für mich ausgerechnet hat, fallen ihm auf Anhieb mindestens zehn Positionen ein, die kurzfristig, und doppelt so viele, die mittelfristig zu erledigen sind. Langfristige Projekte haben bis zur übernächsten Woche Zeit. Die Liste beginnt mit neuen Ballettschuhen für Marie, dann müssen die Vorhänge zur Reinigung, das Kaninchen ist zur Pediküre fällig, Streu ist auch nicht mehr da, und auf dem Markt soll ich ja aufpassen, daß ich mir nicht wieder angedätschte Äpfel andrehen lasse: »Die Schale darf auf keinen Fall schrumpelig oder gewachst sein, und natürlich darfst du Äpfel nie zusammen mit Zitrusfrüchten lagern!«

Ich verspreche Dario, seine knackigen Äpfel notfalls mit Silikon glattzuspritzen. Während er ausflippt, überlege ich, wie ich am besten meine Kündigung bei den Dichterlingen zurückziehe, ohne das Gesicht zu verlieren oder den »Schnuckeligen-Gaumenkitzel-ha-ha« am Hals oder sonstwo zu haben. Zum Glück fällt mir die neu eröffnete Zentrale des »Schreib-dich-fit«-Verbands in Rodenkirchen ein. Vielleicht ist dort etwas für mich drin.

Gleich am nächsten Morgen rufe ich an, spreche mit einer sehr sympathischen Männerstimme und bekomme auf Anhieb einen Termin. Ich hole mein Fahrrad aus dem Keller, sehe mich vorsichtshalber ein paarmal um, ob Dario auch keinen Spion aufgestellt hat, und radele los. Es ist ein herrlich klarer Dezembertag, und allein die Aussicht auf eine Fahrt am Rhein entlang ist wie eine Prise Urlaub. Ich träume schon lange davon, irgendwann direkt am Rhein wohnen zu können. Allerdings ist es nicht sehr wahrscheinlich, daß dieser Traum jemals wahr wird, weil die Mieten in Wohnvierteln wie Rodenkirchen für mich unerschwinglich sind. Dario könnte sich das Wohnen am Strom leisten, möchte aber auf keinen Fall auf seinen Stadtwald verzichten. Vordergründig wegen der Kinder und ganz nebenbei auch wegen der Nähe zu seinem Golfclub, Tennisclub und Reitstall. Er ist sehr sportlich und außerdem bemüht, seiner Kundschaft im richtigen Umfeld zu begegnen. Dario hat bereits eine geeignete Penthousewohnung in Aussicht. Es ist nur noch zu klären, wo der Kinderwagen und die Kinderrädchen abgestellt werden können. Ich habe mich energisch gegen den Stellplatz in der Tiefgarage gewehrt.

Die neue Zentrale von »Schreib-dich-fit« liegt im heißbegehrten Malerviertel. Das Haus ist eine alte Villa mit direktem Zugang zum Fluß. Ein paar Sandsäcke vor den Kellerfenstern erinnern mich an das letzte Jahrhunderthochwasser. Nachdem sich innerhalb von fünfzehn Monaten zwei Jahrhunderthochwasser ereignet haben und die Rettungswacht sich sogar um den Kölsch-Nachschub für Hochwasseropfer verdient gemacht hat, ist auch der Katastrophentourismus deutlich zurückgegangen. Sogar der Klau von Souvenirbolzen aus den Rettungsstegen ist rückläufig. Und wer nicht mit dem Wasserpegel klarkommt, muß eben ausziehen.

»Der Besitzer dieser Villa hatte die Nase restlos voll«, erklärt mir nun Herr Schulz, der nicht nur eine sympathische Telefonstimme hat, sondern auch live sympathisches Mittelalter ist. Er führt mich herum und erklärt, wie das Objekt bis zum Frühjahr aussehen soll: Unten die Vortragsräume, obendrüber die Büros mit wasserempfindlicher Technik, und ganz oben sind nochmals gut hundert Quadratmeter mit Dachschräge. »Sie suchen nicht zufällig eine Wohnung?« Ich nicke begeistert. Wohnen am Strom! Direkter Zugang zu Rheinkieseln, Hobbyanglern und Frachtschiffen! Aufhebung der Trennung von Familie und Arbeit! Karl Marx hätte seine helle Freude, ich auch. Dann fallen mir Dario und seine Penthousewohnung wieder ein. Zögernd schüttele ich den Kopf: »Ich glaube, es geht doch nicht. Leider!« Herr Schulz ist sehr freundlich und meint, ich könne es mir ja noch mal überlegen. Die Miete sei wirklich sehr günstig oder entfiele ganz, wenn ich dafür ein bißchen den Hausmeister spielte.

Als wir uns verabschieden, habe ich jedenfalls meinen neuen Vertrag in der Tasche. Ich bin in der Laune, den Möwen eine Runde Haribo-Konfekt zu spendieren. Als ein paar einsame Spaziergänger allerdings seltsam zu mir hinsehen, stoppe ich den Output von bunten Lakritzen wieder. Mittlerweile bin ich auch im Anorak als Schwangere zu identifizieren. Offensichtlich ist das Verfüttern von Haribo-Konfekt an Möwen nicht gerade das, was man von einer werdenden Mutter erwartet.

Ich trete zügig in die Pedale und fahre gleich zum Kindergarten, obwohl dieser erst in gut einer Stunde schließt. »Wie wär's mit Kino und McDonald's?« platze ich heraus, woraufhin mein Sohn nur wissen will, ob Marie mit von der Partie ist. Ich nicke. Schon schlüpft Benni in seinen Anorak und seine Stiefel. Im Gegensatz zu den Erzieherinnen braucht er keine vernünftige Erklärung wie Geburtstag oder Gehaltserhöhung. Wir holen also rasch noch Marie ab und hinterlassen eine Nachricht für Dario, daß wir uns einen vergnügten Nachmittag machen.

Im Kino sehen wir uns die wunderbar kitschige Geschichte von der Freundschaft eines Seehundes zu einem kleinen Mädchen an, trinken Cola, spielen ein paar Runden Flipper in der Kneipe gegenüber und beenden unseren Ausflug mit der klassischen Kindertüte, die außer Pommes und Hamburger und Getränk auch noch einen swingenden Weihnachtsmann aus Plastik enthält. Man muß nur an der Kurbel drehen. Heute nennt Benni mich seit langem zum erstenmal wieder »Muddel«, und ich nenne ihn aus übervollem Herzen »Hornviech«. Zurück fahren wir mit dem Bus. Erstens ist das billiger, und zweitens macht es mehr Spaß. Wir singen laut alle Weihnachtslieder, die uns einfallen, was dem Busfahrer so gut gefällt, daß er uns direkt vor dem Haus der Lands aussteigen läßt.

Das Haus ist hell erleuchtet. Dario kommt herausgerannt. In den Fenstern rechts und links tauchen ebenfalls neugierige Gesichter auf. »Ist etwas passiert?«

»Wir waren nur im Kino und was essen«, antworte ich.

»Nur«, wiederholt Dario und zeigt auf den Bus, der beim Wenden eine Mülltonne erwischt hat.

Sein miesepetriges Gesicht nimmt mir jede Lust, ihm von meinem neuen Job zu erzählen. »Ich bin müde«, sage ich nur. Zur Übermüdung von schwangeren Frauen fällt Dario spontan eine Menge ein. »Die Kinder sind auch müde«, sage ich. Dazu fällt Dario noch viel mehr ein. »Du hast uns noch eine Gute-Nacht-Geschichte versprochen«, erinnert Marie mich. »Stimmt«, sage ich und setze mich mit den beiden Kids auf die Couch. Dann erzähle ich, wie ich heute am Rhein die Möwen mit Haribo-Konfekt gefüttert habe und die Flattermänner zum Dank einen Haribo-Twist für mich getanzt haben. Dazu fällt Dario rein gar nichts mehr ein. Mir schon: »Zuletzt habe ich auch noch einen Twist hingelegt, ihr müßt euch die Gesichter der Leute vorstellen!« Die beiden Kinder stellen es sich vor und kichern und prusten, während Dario zu überlegen scheint, ob er die hilfsbereiten Männlein mit den verkehrt herum zu tragenden Jacken rufen soll. Ich glaube, ich verdrücke mich freiwillig.

Erst als Dario am nächsten Markttag die Äpfel moniert, eröffne ich ihm, daß die aus dem Supermarkt stammen und daß ich nun doch weiterarbeite. Sogar mit Gehaltserhöhung und vor allem kreativer, weil ich ab sofort die Hauspostille des »Schreib-dich-fit«-Verbands betreuen werde. »Das geht auch noch prima mit Baby.«

»Das ist nicht dein Ernst?« fragt Dario.

»Und ob das mein Ernst ist«, erwidere ich und beiße in einen der beanstandeten Äpfel.

»Findest du es nicht reichlich albern, wie du versuchst, mit Wanda in Wettstreit zu treten?«

»Wieso Wanda?« Ich huste kurz. Diese gewachste Schale pappt wie Plastik am Gaumen.

»Wandas erstes Buch startet mit einer Auflage von zehntausend. Wie stark ist euer Blättchen?«

»Ich schreibe keine Kochrezepte!« Ich knalle den angebissenen Apfel auf die Tischplatte. Dario soll sein Plastikobst allein mampfen.

»Deine Rezepte würde wohl auch kaum jemand haben wollen!«

»Bei uns geht es um kreative Gestaltungsprozesse«, erinnere ich ihn.

»Vielleicht solltest du dich etwas intensiver um die Gestaltung der Hochwasserhosen deines Sohnes bemühen. Das ist ja schon peinlich.«

»Vielleicht solltest du deiner phantastischen Ehefrau verbesserte Konditionen anbieten«, schlage ich im Gegenzug vor.

»Dazu ist es wohl zu spät. Und vergiß das Kind nicht! Soll es ohne Vater aufwachsen?«

Ich antworte Dario nicht. Ich kann nicht. Ich stehe auf und renne ins Badezimmer. Schwangere Frauen sind empfindlich, die reinsten Mimosen, alles klar. Ich starre auf meinen Kugelbauch. Vor ein paar Wochen konnte ich ihn nicht weit genug herausstippen, da hat Dario mich bewundert wie eine Heilige. Das ist weit weg. Irgendwann muß ich auch mal eine begehrenswerte und leidenschaftliche Frau gewesen sein. Es kommt mir vor, als ob das in einem anderen Jahrhundert gewesen wäre. Als Küchenfee bin ich auch eine Null. Dario ist ein Naturtalent, was das Kleinschrumpfen von Frauen betrifft.

Ich rücke mich auf dem Klodeckel in Yogapositur, verschränke die Arme, senke den Kopf, schließe die Augen und murmele vor mich hin: »Ich bin begehrenswert. Ich bin leidenschaftlich. Ich bin begabt...«

Es klopft gegen die Tür.

Ich hebe meine Stimme an: »Ich bin begehrenswert. Ich bin leidenschaftlich. Ich bin begabt.«

»Du bist meschugge«, brüllt es von draußen. »Mach auf!«

»Ich bin meschugge«, wiederhole ich in meinem Singsang. Dann dringt die Bedeutung dieses Wortes zu mir vor, und ich wäre vor Wut fast von dem Klositz gekippt.

»Du bist ein Kleinschrumpfer!« Zack, hat er die Tür am Schienbein. Soll er doch aufpassen! Ich bestelle ein Taxi, und weil Dario niemals vor Publikum eine Szene machen würde, muß er hilflos zusehen, wie Benni und ich einsteigen und davonfahren.

Benni boxt mich freundschaftlich in die Seite. »Ist das so was wie'n Schrumpfkopf?«

»Was?« frage ich.

»Das, was du zu Dario gesagt hast, als er gesagt hat, daß du meschugge bist.«

»Ach so.« Ich begegne dem interessierten Blick des Taxifahrers im Rückspiegel. Seinem verschwiemelten Grinsen nach zu urteilen, gehört er ebenfalls zur Kleinschrumpf-Liga. »Das ist so«, sage ich und grinse das affig rote Brillengestell vor mir an, »alle Männer um die Fünfzig mit signalroter Brille auf der Nase und ein paar PS unterm Hintern schrumpfen hier oben ganz rapide.« Ich tippe mir gegen die Stirn.

»Zweiundvierzig«, knurrt es vor mir auf dem Fahrersitz.

»Dann haben Sie ja noch ein klein bißchen Zeit.«

»Und Dario?« fragt Benni.

»Der ist mittendrin«, erkläre ich genüßlich. Soll ich etwa Mitleid mit einem haben, der mich runterdrückt? Nichts da!

Der Taxifahrer lehnt doch tatsächlich die Eine-Mark-zwanzig Trinkgeld ab, die ich ihm großzügig geben will. Wetten, daß er beim gleichen Betrag ohne Komma dazwischen nicht abgelehnt hätte? So sind Männer!

Traumwolke ade

Es ist seltsam, die Tür zu Wandas Haus aufzuschließen. Für mich ist es noch immer ihr Haus, auch wenn sie schon nicht mehr hier wohnt. Sicherheitshalber klingele ich dreimal. Erst als sich nichts rührt, betätige ich den Schlüssel, den Wanda mir übergeben hat.

»Das ist jetzt wohl deiner«, hat sie vorige Woche gesagt, und ich habe sie gefragt, ob sie sehr sauer auf mich sei. Eine kindische Frage, trotzdem hat sie so getan, als ob sie ernsthaft darüber nachdächte. Dann hat sie den Kopf geschüttelt und gemeint, daß sie mir ja eigentlich sogar dankbar sein müsse. Als sie gegangen war, habe ich noch eine ganze Weile mit ihrem Schlüssel in der Hand einfach so dagestanden.

Ich mag dieses Schlüsselbund nicht.

Es ist gut, wenn das Haus endlich verkauft wird. Der Makler ist schon mit dem Verkauf beauftragt, obwohl Dario die Suche nach einer geeigneten Bleibe für uns vier und bald fünf schleifen läßt. Er drängt mich, endlich meine eigenen Drei-Zimmer-Küche-Diele-Bad zu kündigen und für den Übergang hier einzuziehen: »Oder macht dir das Pendeln Spaß?«

Nein, macht es nicht, verdammt!

Ich stochere mit dem Schlüssel im Schloß, bis ich feststelle, daß ich wieder einmal den falschen erwischt habe. Ich bin an einen grünen Gummiring für den Haustürschlüssel und an einen roten für die Korridortür gewöhnt. Natürlich paßt so etwas nicht zu einer Villa. Also stochere ich. Gleich kommt Marie aus der Schule und will etwas zu essen haben. Dann muß ich Benni vom Kindergarten abholen. Eigentlich ist heute auch Schwimmtag. Benni braucht neue Schwimmflossen, sonst hat er im Tiefen Angst. Das Sanitätshaus hat angerufen, daß meine Kompressionsstrümpfe fertig sind. Als Pino mir die verordnet hat, hätte ich ihn erwürgen können.

Der Schlüssel dreht sich. Die Haustür springt auf. Um ein Haar wäre ich über den quer in die Diele gestellten Staubsauger gestolpert. Hintendurch in der Küche sehe ich Darios neue Putzfrau sitzen. Sie frühstückt. Der Türgong scheint sie nicht zu interessieren. Oben klingelt das Telefon. Die Putzperle rührt sich nicht.

Wütend knalle ich meine Tasche hin und hechele treppauf. Treppensteigen ist das Schlimmste mit Knubbel im Bauch. Als ich abnehme, ertönt das Freizeichen.

Wie Frau Becker-Meyerling mir kauend mitteilt, hat es schon ein paarmal gebimmelt: »Hier kann man ja nicht mal in Ruhe ein Häppchen essen!« Der Größe der Bäckertüte und dem Aufgebot an Wurst und Käse auf dem Küchentisch nach zu urteilen, muß das Häppchen aus mindestens vier Brötchen bestanden haben.

»Da hören Sie selbst«, sagt sie und stippt mit dem Finger ein paar letzte Krumen von ihrem Teller auf. Ihre Aufforderung gilt dem erneuten Telefonklingeln. Diesmal schaffe ich es rechtzeitig.

Marie meldet sich. Sie spricht so rasch und undeutlich, daß ich zunächst einmal keinen Ton verstehe. Endlich bekomme ich mit, daß ihr Fahrrad vom Schulhof gestohlen worden ist, sie sich nun auf der Polizeiwache befindet und ganz dringend die Nummer von ihrem Fahrrad wissen muß. Wegen der Strafanzeige.

»Und wo ist die Nummer?« frage ich ratlos.

»In meinem Fahrradpaß natürlich.«

»Und wo finde ich den?«

»Mittlere Schreibtischschublade, da bewahrt Paps alle wichtigen Dokumente auf.«

»Hat das nicht Zeit, bis Dario zurück ist?«

»Nein«, schluchzt Marie, »sie sollen mein Fahrrad ganz schnell wiederfinden. Bennis Goofi ist doch auch weg.« Benni hat Marie einen Goofi als Maskottchen für die Lenkstange geborgt.

»Okay«, sage ich, »Moment!« Ich laufe in Darios Arbeitszimmer, ziehe die mittlere Schreibtischschublade auf, entdecke auf Anhieb den Ordner mit der Beschriftung »Dokumente«, ziehe daran – etwas klemmt. Ich rucke kräftiger, ein Prospekt schiebt sich über die Dokumentenmappe. Wandas Vollzahnlächeln blitzt mich an. Cheek to cheek mit Salmklößchen an Forellenschaumsüppchen. Suppe und Klöße hätte ich allerdings glatt für moderne Kunst gehalten, wenn nicht der Untertitel gewesen wäre. Es handelt sich um die aufgeschlagene Seite elf der Verlagsvorschau auf das Kochbuch von Wanda Land und Reinhard Hacker, die Dario bei seinen wichtigen Dokumenten aufbewahrt. Wütend zerre ich an dem richtigen Ordner darunter, schließlich brauche ich Maries Fahrradpaß, als mir ein loses Blatt entgegenfällt. Das Papier ist dicker als normales Papier, ich erkenne Darios Unterschrift neben einem fremden Namenszug und dem Stempel einer Firma in Los Angeles, obendrüber steht »CONTRACT«. Mein Englisch mag nicht das beste sein, aber um zu begreifen, daß es sich hier um einen Vertrag handelt, in dem Dario sich verpflichtet, per ersten Januar für zwei Jahre nach L. A. zu gehen, reicht es. Das dicke Papier bewegt sich. Meine Hand zittert. Das Zittern geht durch mich durch. Übel ist mir auch. Einen Moment lang sehe ich mich würgen. Ein Schwall von Erbrochenem auf diesem Papier, das wär's! Langsam lege ich den Vertrag zurück. Das wär's nicht! Ich könnte dieses Ding zehnmal vollreihern, selbst wenn es dadurch ungültig würde, in meinem Kopf bliebe es drin. Dario hat sich laut Datum vor vier Wochen nach L. A verpflichtet. In zwei Wochen ist Heiligabend, in drei Wochen beginnt sein neuer Job. Plötzlich geht mir ein ganzer Kronleuchter auf, warum er mit der Anmietung der neuen Wohnung so lange zögert und den Jeep abgemeldet hat.

»Frau Land«, brüllt eine Stimme von unten.

Ich reagiere nicht.

»Frau Laaand!« Die Perle erscheint im Türrahmen.

»Ich bin nicht Frau Land«, brülle ich zurück.

»Aber fast.« Die Frau stellt ihren Staubsauger ab, zeigt auf meinen Bauch und dann über ihre Schulter hinter sich: »Da hinten brabbelt es in einem Stück aus dem Telefon. Soll das so sein?«

»Das soll nicht so sein!« Ich quetsche mich an Darios Perle vorbei, die interessiert zuguckt, wie ich meinen Fuß aus dem Kabelsalat ziehe: »Wozu gibt's denn 'ne automatische Kabelaufwicklung, was meinen Sie?« Dann vertröste ich Marie, rede mit dem Wachtmeister, drehe mich um und falle nun wirklich über den quergestellten Staubsauger. Ich lande im Vierfüßlerstand. Meine Strumpfhose hat ein Loch, mein Knie blutet, meine Hände sind aufgeschürft. Im Kino passen sich die Umstände der Tragödie an. Mein Vierfüßlerstand ist was für eine Komödie, aber ich hab nicht das Zeug zur komischen Nudel. Wütend rappele ich mich hoch.

Vor mir steht Frau Becker-Meyerling: »Is was?«

»Sie sind eine dusselige Kuh!« schreie ich, »das ist.«

Woraufhin Frau Becker-Meyerling fristlos kündigt. Den Staubsauger und den Putzeimer und die Reste von ihrem Frühstück läßt sie mir stehen, ihr Geld für vier Stunden hat sie schon eingesteckt. Bezahltes Vier-Stunden-Frühstück! Sie geht. Zwei Minuten später klingelt es erneut. Wortlos schiebt die empörte Hausperle sich an mir vorbei in die Küche. Ich höre es knistern. In der Brötchentüte war noch etwas drin, sie verstaut die Tüte ordentlich in ihrer Tasche. Dann geht sie endgültig.

Ich kann nicht einfach abhauen, weil Marie gleich kommt. Zusammen holen wir Benni vom Kindergarten ab.

»So früh?« fragt er.

»Wir könnten an den Rhein fahren«, schlage ich vor. Die Kinder wundern sich nur, daß wir diesmal bis Rodenkirchen fahren. In Gummistiefeln und Regencapes scheuchen sie die Möwen. Sie haben knallrote Backen, als wir an dem alten Haus anlangen, in dem die Zentrale von »Schreib-dich-fit« untergebracht ist.

»Geil!« Benni hat ein Anglernetz entdeckt. »Dürfen wir fischen?«

Ich nicke. Die beiden laufen los. Ich sehe ihnen nach. Den Kindern gefällt es hier. Mir auch.

»Sind das Ihre?« fragt jemand neben mir. Es ist mein neuer Chef.

»Ja«, sage ich, »das sind meine.«

»Ihren Kindern würde es hier gefallen. Eigentlich schade!« Er nickt zum Fluß hin, wo Benni und Marie gerade eifrig mit einem Hobbyangler in hohen Wasserstiefeln palavern und sich dann an einem Eimer zu schaffen machen.

»Ja«, sage ich, »mir würd's hier auch gefallen. Aber bestimmt ist die Wohnung jetzt schon vergeben?«

Die Wohnung ist noch nicht vergeben. Ich unterschreibe den Vertrag. Außer Strom und Wasser brauche ich nichts zu bezahlen, weil ich gleichzeitig die Hausmeisterin bin. Ich kann jederzeit einziehen. Natürlich gibt es noch einiges instandzusetzen, »aber wir helfen Ihnen schon, wenn ein kräftiger Mann gebraucht wird«.

Ich blinzele gegen den Wind, der mir die Tränen in die Augen treibt, bedanke mich und hole die Kinder ab, die mittlerweile mit »Hansi« Freundschaft geschlossen haben. Hansi fischt dreimal die Woche an dieser Stelle und erzählt begeistert von seinen Fängen, dabei zeigt er auf den großen Eimer, der mindestens zu drei Vierteln voll ist. »Da muß Ihre Frau aber glücklich sein«, sage ich, und er nickt und grinst: »Sie ist sehr glücklich, weil sie mich aus den Füßen hat. Ich bin nämlich jetzt Rentner. Wohnen Sie auch hier?«

»Demnächst«, sage ich. »Bis dann.«

Auf dem Heimweg bestürmen mich die beiden Kids, ob das wirklich wahr ist: »Ziehen wir in echt hierher?«

»Mein Chef hat mir eine Wohnung in dem Haus dort angeboten«, antworte ich wahrheitsgemäß.

»Irre«, findet Benni. »Ich brauche auch so hohe Wasserstiefel.«

»Ich auch«, sagt Marie.

Benni sieht mich an: »Also, wir brauchen Wasserstiefel und solche Gummischlapphüte und...«

»...das nötige Kleingeld?« unterbreche ich ihn.

»Nee«, antwortet mein Sohn und beginnt mir vorzurechnen, was ich spare, wenn er und Marie mich täglich mit fangfrischem Fisch versorgen.

Niemand erwähnt Dario.

Dario erwartet mich schon. Überall im Parterre brennt Licht. Normalerweise werden die Halogenstrahler an der Decke nur eingeschaltet, wenn viele Gäste kommen. Aber heute finden garantiert kein festliches Dinner und keine Party statt. Mit mir als Gastgeberin an Darios Seite findet überhaupt nichts dergleichen mehr statt. Keine hundert Kronleuchter könnten mich umstimmen. Ich habe die Kinder zu Vera gebracht, die mit ihnen »Mensch-ärger-dich-nicht« spielt. Chips und Kindercola gibt es auch. Ich hätte »Los Angeles« nicht für mich behalten können, bis die Kleinen schlafen.

Ich klingele.

»Kannst du mir bitte verraten, wie du dazu kommst, eine ordentliche Putzfrau als dusselige Kuh zu beschimpfen?« Dario baut sich in der festlich illuminierten Diele neben dem quergestellten Staubsauger auf.

Ich steige vorsichtig über das Plastikgehäuse, greife in meine Manteltasche und halte Dario den Hausschlüssel hin.

»Was soll der Blödsinn?« Dario starrt auf die klimpernden Schlüssel.

»Ich habe eine neue Wohnung. Hundert Quadratmeter, Blick auf den Rhein, sehr schön. Ich habe gerade eben den Vertrag unterschrieben.«

»Du spinnst ja.«

»Weil mein Vertrag in deutschen Landen spielt?« Jetzt aber! Schock, Reue, Abbitte, Ausreden, Schwüre...

Nichts von alldem passiert. »Keine Bange!« verkündet Dario von oben herab. »Ihr kommt einfach nach, sobald ich ein passendes Haus in L. A. gefunden habe. Ich schenke euch das Paradies, Laufzeit zwei Jahre, vielleicht auch länger. Wo ist da das Problem?«

»Zwanzig Kilo«, sage ich. »Für jedes Kilo Gepäck mehr mußt du extra zahlen.«

»Ich spendiere dir ein Passagierticket. Business class, wegen des Babys.«

»Ich scheiße auf dein Ticket.«

»Es ist auch mein Baby.«

Es ist sein Baby, seine Marie, sein Traumland und sein Job. Wir einigen uns darauf, daß Dario allein nach Los Angeles zieht. Marie bleibt bei mir und Benni und dem Baby, weil Dario sich schließlich auf seine Karriere konzentrieren muß. Dieses Angebot in L. A. ist die Chance für ihn. Er wird ein Konto für uns einrichten, es wird uns an nichts fehlen, natürlich wird er zur Taufe zu Besuch kommen, und in zwei Jahren wird man weitersehen.

»In zwei Jahren bist du vielleicht klüger geworden«, endet er.

»Hoffentlich nicht«, antworte ich.

Dann fahre ich mit dem Bus zu Vera zurück, schließlich muß ich jetzt sparen. Dario versucht nicht einmal, mich davon abzuhalten. Die drei spielen noch immer »Mensch-ärger-dich-nicht«. Benni hat einen hochroten Kopf, weil Marie ihn herausgeworfen hat. »Und dabei hab ich dir meinen Goofy geliehen!« Marie fängt prompt an zu weinen, weil Benni ja noch gar nichts von dem Diebstahl weiß. Vera spendiert zum Trost eine Runde Überraschungseier, und als wenig später Ringo Star heimkommt, spendiert er eine Runde Überraschungsdrinks mit viel Kokosmilch und Ananassaft und etwas Türkisgrünem für die großen Kinder. Ringo gäbe den idealen Barkeeper und Animateur ab, außerdem ist er geradezu genial im Zusammenbauen dieser pieseligen Sachen, die mit einer kaum verständlichen Bauanleitung in jedem Überraschungsei stecken. Vera hat einen guten Griff getan.

»Hättet ihr nicht Lust, Paten zu werden?« frage ich irgendwann später, als Benni und Marie längst nebenan schlafen.

»Bei Darios Liebe zu mir?« Ringo Star grinst.

»Dario ist passé. Prost!« Ich hebe mein Glas.

»Spinnst du?« fragt Vera.

»Hoffentlich«, antworte ich. »Stößt keiner mit mir an?«

»Ich hab's geahnt!« Meine Freundin hebt ihr Glas. »Irgendwie hab ich's geahnt. Jetzt geht das ganze Spiel wieder von vorn los.

Ehekarriere ade!« Ihr Glas klirrt gegen meins, etwas von der türkisgrünen Mixtur schwappt über. Vera wischt mit der flachen Hand über den Tisch und lutscht sich das grünliche Gekleckse ab: »Aus dir wär sowieso nie 'ne ordentliche Hausfrau geworden.«

»Wie geht's eigentlich unserem Gynäkologen?« fragt Ringo Star dazwischen.

»Er hat mir Gummistrümpfe verschrieben«, antworte ich. Was die beiden zu einer Art Heiterkeitsausbruch verleitet. Ich weiß beim besten Willen nicht, was so komisch daran ist, wenn einer, der mir mal 'nen Ferrari und 'ne Tochter versprochen hat, mich jetzt auf Gummistrümpfe setzt. Die beiden keuchen und wischen sich die Lachtränen aus den Augenwinkeln. Es ist absolut idiotisch und unerklärlich, warum ich urplötzlich mitkeuche und mitgackere. Dann weiß ich nichts mehr. Ich muß wohl so am Tisch eingeschlafen sein.

Als ich aufwache, steht neben meinem Bett ein Frühstückstablett. Ich greife nach dem Zettel, der an der Isolierkaffeekanne lehnt. Vera und Ringo sind zur Arbeit, die Kinder setzen sie an der Schule beziehungsweise am Kindergarten ab, und ich soll mich schonen und den »Gummistrumpf« schön grüßen und küssen.

Phhh!

Während ich mir ein Croissant mit dick Butter und Marmelade bestreiche, überlege ich, ob Pino noch immer Babette Schmitz küßt. Pino ist das reinste Kußgenie. In mir beginnt es zu flattern, diesmal ist es aber garantiert nicht Knubbel. Knubbel beherrscht inzwischen schon ein Repertoire von kräftigen Trittfolgen. Knubbeline eigentlich, denn sie ist laut Ultraschall ein Mädchen. Nach dem Croissant vertilge ich noch ein Körnerbrötchen und eine Laugenstange. Ich bin wie ausgehungert. Es geht nichts über ein gemütliches Frühstück im Bett. Endlich kann ich wieder ungeniert in meinem Bett herumkrümeln und bis zwölf Uhr mittags im Nightie herumlaufen, wenn ich nicht arbeiten muß.

Arbeiten?

Ich springe hoch, stürze zum Telefon, rufe meinen neuen Chef an und entschuldige mich tausendmal. Er unterbricht mich. Vera hat bereits mit ihm gesprochen. Ich soll mich schonen. Himmlisch! Es geht nichts über wahre Freundschaft!

Ich krabbele in das warme Bett zurück. Ich fühle mich gut. Es ist nicht normal, daß ich mich gut fühle, sage ich mir vor. Sei gefälligst unglücklich, Sarah! Ehekarriere futsch! Kindsvater futsch! Rosige Aussichten auf Gummistrümpfe. Grüße und Küsse an den Gummistrumpf? In mir flattert es, dann folgt ein kräftiger Dreifachkicker gegen meine Bauchdecke. Knubbeline hat das Zeug zum Fußballstar. Spinnst du, Knubbeline? Ich drücke einmal sanft retour, sie antwortet prompt mit einem Doppelbuckeln. Ich gluckse zufrieden unter meiner warmen Decke. Ich spinne wirklich. Warum soll ich Knubbeline eigentlich nicht Julia nennen?

Hi, Julia!

Meine Bauchdecke wackelt. Julia ist echt stark.

Just married im Bärenland

Es scheint Wanda nicht sonderlich zu wundern, wie die Dinge sich zwischen Dario und mir entwickelt haben. Es erstaunt sie nicht einmal, daß ich Marie zu mir nehmen will. Sie ruft lediglich an, um mir ihr Okay mitzuteilen und mich zu fragen, ob sie Benni und Marie über Weihnachten zu sich nach Freiburg holen kann.

Ihr Anruf erreicht mich im Büro von »Schreib-dich-fit«. Im Büro ist es derzeit wesentlich gemütlicher als in meiner Wohnung oben unter dem Dach. Dort stehen kreuz und quer Umzugskartons und aufeinandergetürmte Kleinmöbel, es riecht nach Farbe, und jedesmal, wenn die Kinder wie gewohnt mit ihren Händen an der Wand entlangstreifen, entfährt mir ein Schrei, weil der Anstrich noch nicht trocken ist. Die Heizung funktioniert noch immer nicht richtig, in den alten gußeisernen Heizkörpern bollert und zischt es.

Trotzdem bringen mich keine zehn Pferde mehr in das Haus der Lands zurück.

In nur zehn Tagen hat sich das Haus in eine Gruselkammer verwandelt. Die meisten Möbel hat Dario einlagern lassen, seine tollen Kunstobjekte hat er selbst verpackt, und gestern ist er vorzeitig nach L. A. abgeflogen. Wir waren uns darin einig, daß es keine gute Idee wäre, den Kindern zusammen »Oh-du-fröhliche« vorzuspielen. Dario hat Benni und Marie langatmig erklären wollen, daß geschäftliche Verpflichtungen ihn nun für längere Zeit nach Amerika riefen, daß er aber später ein wunderschönes Haus für sie suchen werde. »Nicht nötig«, haben die beiden ihn unterbrochen und ihm mitgeteilt, daß sie ihr neues Zuhause unten am Rhein schließlich mit mir zusammen ausgesucht hätten, ich da quasi der Boß sei, und Telefax und CD Rom hätten wir auch: »Bye-bye, Dad!« Ich bin mir ziemlich sicher, daß lediglich mein Schwellbauch mich vor Schlimmerem bewahrt hat. Mit Darios Langmut war es jedenfalls vorbei.

Es ist sowieso seltsam, jemandem nachzuwinken, der in der Luke von einem Plastiktunnel verschwindet. Und nun habe ich Wanda an der Strippe, die mir die Kinder über Weihnachten abnehmen will. In Anbetracht des Tohuwabohus um mich herum ist das nicht die schlechteste Idee.

»Okay«, sage ich und räuspere mich kräftig, damit diese Schulmädchenstimme endlich verschwindet. »Okay, hol sie ab!«

»In zwei Stunden?« fragt Wanda.

»Heute schon?« frage ich verdattert.

»Morgen ist Heiligabend, Sarah.«

»Natürlich. Alles klar, morgen in zwei Stunden.«

»Heute, Sarah!«

»Heute!« Scheiße! Ich knalle den Hörer auf, so als ob der etwas dafür könnte. Dann reibe ich mir durchs Gesicht und über die Augen und gehe zum Fenster. Vor mir liegt der Hof. Die Arbeiter räumen zusammen, sie haben schon alle alten Teppiche im Haus herausgerissen und das wunderschöne alte Parkett darunter abgeschliffen. Gerade werfen sie dicke Teppichplacken in den Müllcontainer. Als sie mich sehen, winken sie mir zu. Es sind nette Männer, sie haben mir sogar einen Weihnachtsbaum aufgestellt und den Kindern angeschwemmte Ruder und ein herrenloses ferngesteuertes Boot geschenkt. Ich winke zurück.

Dann gehe ich hoch in die Wohnung und fange an zu packen. Es dauert, bis ich einen halbwegs ordentlichen Koffer und den Karton mit den Wintersachen entdecke. Die guten Cordhosen von Benni, die er zweimal im Jahr »für fein« trägt, kommen mir reichlich kurz vor. Er müßte sie noch einmal überziehen, und eine Behandlung mit dem Dampfbügeleisen bekäme ihnen auch nicht schlecht. An Maries Lieblingskleid fehlt der Aufsteckkragen, die Moonboots müffeln. Als ich die Weihnachtsgeschenke aus dem Schrank nehme, fange ich völlig unmotiviert zu weinen an.

»Hallo!« ruft es von unten.

Ich schrecke hoch. Das muß Wanda sein. Meine Klingel hat noch ihre Macken, mal tut sie es und mal nicht. »Komm einfach hoch, immer weiter, bis es nicht mehr weitergeht«, rufe ich. Während die Treppenstufen quietschen, suche ich nach einem Handspiegel. Aber natürlich ist keiner da, wenn ich ihn brauche.

Wanda klopft gegen die Tür und tritt ein, dicht gefolgt von Reinhard Hacker. Die beiden ähneln einem Werbespot für young fashion. Flott und dynamisch kommt an Knochengestellen immer am besten heraus, sah man ja an Twiggy.

Es gibt keinen vernünftigen Grund, warum ich mir nicht wenigstens eine schicke Latzhose für werdende Mütter kaufe. Statt dessen laufe ich weiter mit Gummitwist über dem Bauch herum, der sich verknotet und verdreht und sich wie eine Wurst durch den Pulli abbildet, der mir ebenfalls längst zu klein ist. Es ist einmal mein Lieblingspulli gewesen, er ist kuschelig warm, mit Rollkragen und Ärmeln, die mir bis über die Fingerspitzen reichen, weil es eine Manie von mir ist, daran zu ziehen.

»Hi!« sage ich und überlege, ob ich mich besser kurz vorstellen soll, bevor einer von den beiden mich für meine Putzfrau hält.

Die beiden benehmen sich formvollendet, umrunden das Sammelsurium aus Farbtöpfen, Kellog's-Packungen und Müllsäcken in der Mitte des zukünftigen Wohnzimmers und bewundern die tolle Lage: »Wohnen am Strom hat einfach etwas, nicht wahr?« Ich nicke bestätigend und drücke das Fenster zu, weil gerade eine gesunde Prise Tanggeruch aus dem Fluß hochweht, dann biete ich höflich etwas zu trinken an: »Vielleicht einen Kaffee?« Fatalerweise akzeptieren die beiden mein Angebot. Fatal deshalb, weil ich nur angeschlagenes Blümchengeschirr und keine zwei gleichen Kaffeelöffel besitze und die beiden Ästheten sind. Weil mir außerdem der Bohnenkaffee ausgegangen ist, verdecke ich mit meinem Rücken die Sicht und gieße Nescafé auf. Die Schaumbläschen blubbern verräterisch. Trotzdem loben Wanda und Reinhard mich über den grünen Klee. Ich drücke die Instantkrümel am Tassenrand platt, es schmeckt weiterhin eklig. Dann entschuldige ich mich kurz, um die letzten Arbeiter zu verabschieden. »Frohe Weihnachten!« sagen sie und sage ich. Als ich in meine Wohnung zurückkomme, sehe ich automatisch von den leeren Kaffeetassen zu meinem Gummibaum hin. Wenn ich die beiden gewesen wäre, hätte ich lieber den Gummibaum vergiftet. Aber wahrscheinlich sind sie dazu zu wohlerzogen. Nachdem sie meinen Kaffee überlebt haben, begeben sie sich ans Loben der Computertechnik von »Schreib-dich-fit«, die sie im Vorbeigehen erspäht haben. Ich schwärme nun auch von unserer einzigartigen Grafik und von CD-Rom und Telefax und D-Netz, obwohl ich noch immer heimlich fluche, weil ich gelegentlich vergesse, das Fax-Modem umzustöpseln oder beim Handy die Taste »yes« zu drücken, wenn ich möchte, daß die eingegebene Nummer auch durchgeht.

Zuletzt fragen die beiden doch, wo denn die Kinder bleiben, und ich muß damit herausrücken, daß Marie und Benni unten am Rhein bei ihrem Angler-Freund sind. »Angeln, toll!« Reinhard steht auf, als hätte er nur darauf gewartet, etwas Tolles außerhalb dieser vier Wände zum Loben zu finden. »Ich gehe sie holen, okay?«

»Okay!« Ich nicke. Wanda nickt auch und sagt: »Tu das«, Pause, »Reinhard!« Bei der Pause halte ich die Luft an, weil ich denke, jetzt kommt »Liebling-Schatz-Darling«. Es kommt schlicht »Reinhard«, ich atme wieder aus. Ich sitze noch stumm da und überlege, was ich Wanda noch außer zu altem Nescafé anbieten könnte, da unterbricht sie selbst unser Schweigen.

»Und wann bist du soweit?« Sie zeigt auf meinen Bauch.

»Noch längst nicht!« Ich ziehe hastig den Bauch ein und zupfe an dem knapp sitzenden Pulli darüber. »Erst Ende April. Das sieht nur so schlimm aus in dem alten Zeug.«

»Ich hatte bei Marie wunderhübsche Umstandsmodelle. Sie müßten eigentlich noch in einem der Kartons bei mir sein.«

»Bemüh dich nicht«, wehre ich ab. Dario hat mir als Secondhand-Artikel aus ihrer Abteilung gereicht. Lieber laufe ich nackt rum, als daß ich auch noch Wandas Hängerchen übernehme.

»Dario ist eben kein Steher«, erklärt Wanda und zupft einen Mini-fussel von ihrem Kostüm.

»Kein was?« Hänger? Steher! Ständer! Sie wird doch nicht mit mir die Potenz von Dario erörtern wollen?

»Im Pferdesport ist ein Steher einer, der lange Distanzen durchhält. So gesehen...«

»...ist Dario kein Steher«, pflichte ich ihr aufatmend bei.

»Du schon.« Wanda wischt über ihren Rock. Dort müssen sich weitere Fussel tummeln, denn sie zupft emsig weiter. »Du hältst durch!«

»Hab ich 'ne Wahl?« Ich streichle über meinen Bauch. Sorry, Knubbeline, aber leichter machst du es mir eben nicht.

»Du hast gewählt«, sagt Wanda heftig. »Du hast dir immer ausgesucht, was du haben wolltest.«

»Klar«, sage ich, »ich hab immer schon von 'ner Karriere als Solistin mit drei Kindern geträumt.«

»Du verkraftest spielend ein halbes Dutzend Kinder«, Pause, »und Männer.« Ihr Stimme kippt um.

»Danke.« Ich höre auf, meinen Bauch einzuziehen. Falls mir morgen noch danach ist, kaufe ich mir eben die schicke Latzhose. Irgend etwas muß ich auch ohne Latzhose und Dario noch zu bieten haben, denn sonst würde Wanda nicht so reden, wie sie redet.

»Okay«, sage ich, »ich bin eine Steherin, und was bist du?«

»Ich bin Freigängerin.« Wanda beugt sich zu mir vor. »Niemand treibt mich mehr, gekocht wird nur noch im Studio vor laufender Kamera, manchmal schlafe ich jetzt sogar bis mittags, und Reinhard ist sehr süß. Weißt du, daß ich Marie noch nie so geliebt habe wie jetzt, da ich weiß, daß sie bei dir bleibt?«

»Bau mir ein Denkmal!« schlage ich vor und überlege, ob ich sie überhaupt als Freigängerin sehen mag.

»Das hat mein Mann schon bei dir besorgt«, sagt Wanda und steht auf. Sie tritt ans Fenster und winkt in der Manier von Queen Elizabeth bei der Abnahme einer Parade. Bestimmt nähern sich dort unten vom Rhein die Kinder mit Wandas Ohrstecker-Lover. Ich rubbele über mein Denkmal. Denkmal ist die Härte!

Entgegen meiner leisen Hoffnung, Benni und Marie würden es strikt ablehnen, Weihnachten fern von mir zu verbringen, erzählen die beiden aufgeregt von den Abenteuern, die ihrer in Freiburg harren. Ich übergebe also den Koffer und die Schmusetiere und sage: »Tschüs und schickt euch!« Die beiden kichern. Dann rastet die Kindersicherung an den hinteren Türen von Wandas Auto ein. Benni klopft von innen gegen die Wagenscheibe, er klopft heftig, mein Herz hüpft aufgeregt. Jetzt gleich sagt er, daß er bei mir bleiben will. Was ist denn Heiligabend ohne mich? Das Fenster gleitet nach unten, mein Sohn beugt sich heraus.

»Muddel?«

»Ja, Benni?« Ich trete ganz dicht an ihn heran.

»Wegen den Fischen...«, setzt er an.

»Was für Fische?« frage ich. Scheißfische!

»Wir bleiben ja nur drei Tage weg, aber wenn wir wieder da sind, fangen wir dreimal soviel Fische, okay?«

»Okay!«

»Und du machst keinen Blödsinn, Muddel?«

»Ich füttere höchstens wieder die Möwen mit Haribo-Konfekt.«

»Nee«, protestiert mein Sohn, »nimm diesmal lieber die Rahmbonbons, die mögen wir nämlich nicht so gerne, okay?«

»Okay!« Ich winke und winke und winke noch, als unser Angler-Freund mit seinem Eimer, seiner Angel und seinem Campingstuhl neben mir haltmacht, um mir einen dicken Aal zu schenken.

»Sie mögen doch Aal?« fragt er.

»Ich liebe Aal«, erwidere ich und gehe mit dem Aal an meine Brust gepreßt ins Haus zurück. Ich muß wohl eingeduselt sein, denn ich werde erst wach, als das Handy in meiner Hosentasche piept. Ich lege den glitschigen Fisch zur Seite, klappe das Handy auf und drücke »yes«. Benni meldet sich, im Hintergrund höre ich Fahrtgeräusche. Handys sind momentan der Hit. Meins ist allerdings nur eine Leihgabe meines Chefs, der nicht möchte, daß ich allein im Haus und ohne Telefon vielleicht hilflos den ersten Wehen, Sittlichkeitsstrolchen oder der Wehmut ausgeliefert bin.

»Hi, Benni!« sage ich.

»Hi, Muddel! Da wär nämlich noch was.«

»Und was wär da noch?«

»Da sind zwei Päckchen in meinem Wäschesack untendrin, die mußt du morgen abend aufmachen, okay?«

»Okay!«

»Nicht pfuschen!« mahnt Benni. »Erst morgen abend.«

»Ehrenwort!«

Es fällt mir verdammt schwer, bis zum nächsten Abend zu warten. Abend ist es, wenn es dunkel wird. Im Dezember wird es zum Glück sehr früh dunkel. Ich reiße zuerst das kleinere Päckchen auf, darin ist Bennis Lieblingsteddy. Statt seiner roten Schleife trägt er Maries Armkettchen mit dem Glückskleeanhänger um den Hals, in dem beigefügten Brief lese ich in Maries Handschrift, daß der kleine Bär für unser Baby bestimmt ist, das hoffentlich bald kommt.

In dem zweiten Paket steckt ein Karton, auf den Benni in ungelenken Druckbuchstaben »Für Muddel!« gemalt hat. Ich klappe den Karton auf und ziehe eine große Glaskugel heraus. Es fängt an zu schneien. Als Kind hatte ich auch solch eine Kugel. Mitten im Schneeflockentreiben steht eine Bärenfamilie: Vater Bär im Frack und Mutter Bär als Braut mit Myrtenkranz und weißer Schleppe, rundherum stehen vier Bärenkinder und schwenken Fähnchen, auf denen »just married« steht.

Als ich mit Benni telefoniere, fragt er mich zuerst, ob ich erkältet bin, weil ich mich so komisch anhöre.

»Frosch im Hals«, antworte ich.

»Ach so!« Dann erzählt er von seinen tollen Geschenken und von Maries Geschenken und von Freiburg, und ganz zuletzt fragt er, ob mir die Glaskugel denn gefällt.

»Megagut«, sage ich.

»Marie und mir auch«, sagt Benni, »die war auch ganz schön teuer.« Im Hintergrund höre ich ein Zischeln, dann fährt mein Sohn fort: »Aber ich sag nicht, wieviel sie gekostet hat, das tut man nämlich nicht. Aber sie hat schon was gekostet, das sag ich dir, und leider gab's sie nur so.«

»Nur so?«

»Mit vier Bärenkindern. Wir sind doch nur drei.«

»Macht nichts. Wirklich nicht.«

Die Glaskugel nehme ich mit an mein Bett. Ich muß sie immer wieder schütteln und den Schnee rieseln lassen. Anscheinend ist Benni noch gar nicht aufgefallen, daß der Bärenvater bei uns auch nicht mehr vorkommt.

Ich schlafe ein und träume von »just married« und vielen kleinen und einem großen Bärchen. Mein Brautkleid ist eine Wucht, der Pastor hat gerade den Segen gesprochen, der Bräutigam hebt meinen Schleier hoch und will mich küssen. Er hat das Gesicht von Pino. Ich werde davon wach, daß ich mit der Handkante auf die Bettkante haue. Der Schlag muß die Ohrfeige sein, die Pino sich für die Gummistrümpfe und den Heiratsschwindel eingehandelt hat. Schließlich baggert er an Babette Schmitz, doppelt gilt nicht! Ich massiere meine Hand und lege eine Kältekompresse auf. Ich habe kräftig zugeschlagen. Solch verrücktes Zeug habe ich noch selten geträumt. Vielleicht sollte ich Pino wegen Körperverletzung belangen. »Hi, Pino, weißt du überhaupt, wovon meine Hand grün und blau ist? Im Traum hab ich dir nämlich eine gewitscht!« Nächste Woche habe ich wieder einen Vorsorgetermin. Aber davor habe ich einen Termin bei »Prenatale«, nur daß dieser Umstandsmodenladen noch nichts davon weiß, daß er dieses Date mit mir hat und mir die schickste Latzhose aller Zeiten und den am wenigsten umständlichen Slip dazu verkaufen wird. Wetten?

Knubbeline Julia ist für den achtundzwanzigsten April ausgerechnet. Aber sie ist keine, die sich an Pinos Drehschablone hält. Sie kümmert sich auch nicht um die Stoßgebete des Klinikpersonals, das über Ostern in Minibesetzung und ohne echten Professor arbeitet. Am Karsamstag gibt sie mir unmißverständlich zu verstehen, daß sie jetzt aus mir rauswill. »Sturkopf!« schimpfe ich vor mich hin, »das kann ja noch heiter werden!« Dann informiere ich Marie und Benni, daß die Ostereier-Malaktion jetzt leider sofort abgebrochen werden muß, und bestelle ein Taxi. Per Handy, das mein Chef einfach nicht zurückhaben will, solange ich schwanger bin, bereite ich Vera auf die Ankunft der beiden Kids vor. Der Taxifahrer mustert mich besorgt und fängt jedes Bremsmanöver sacht ab. Aus lauter Dankbarkeit, daß ich nicht in seinem schönen Taxi losgelegt habe, trägt er mir sogar den Koffer zum Kreißsaal hoch. Irrtümlich will die Hebamme ihn als werdenden Vater in einen Kittel stecken, woraufhin er leicht panisch davonstürmt. Ich möchte wetten, daß er so schnell keinen Koffer mehr in einen Kreißsaal transportiert.

Knubbeline bewahrt mich vor dem üblichen Einlauf und der üblichen Rasur. Die Hebamme gibt mich leicht ratlos zum Pressen frei. Knubbeline legt ein rasantes Tempo vor und erscheint im vierten Anlauf, gerade als auch der ziemlich verschlafen wirkende Arzt vom Dienst auftaucht. Die Hebamme erhält einen Rüffel, wahrscheinlich, weil sie die Klinik um einen Dammschnitt mit dem zweikommaachtfachen Steigerungsfaktor für Privatpatienten gebracht hat. Zwischen Abnabeln und Nachgeburt will der Arzt wissen, ob der Kindsvater denn wenigstens die Anmeldung korrekt vorgenommen habe. »Autsch!« sage ich, denn Knubbeline hat mich soeben in die Brust gepitscht. »Frau Urban ist alleinerziehend«, wispert die Hebamme. »Knubbeline ist ein Wahnsinnsweib!« rufe ich bewundernd dazwischen, weil meine noch keine zehn Minuten alte Tochter bereits den Dreh heraus hat und schmatzend an mir saugt, wobei sie ein Fäustchen gegen meine Brust stemmt, die prall gespannt gegen sie drückt. »Das ist nur Vormilch«, sagt der Arzt beleidigt, »höchstens!« Immerhin fragt er höflich, ob er denn nun das Neugeborene untersuchen dürfe, was ich ihm erlaube, leider ohne zuvor Knubbelines Okay einzuholen. Als der Arzt sie hochhebt, pischert sie mir zur Strafe auf den Bauch. »Ferkel!« schimpfe ich. Diesmal lächelt der Mediziner, und dann wiegt und mißt er und kommt nicht darum herum, meiner Tochter dreimal die höchste Punktzahl zu geben. Sie ist Siegerin in allen Disziplinen.

»Und wie soll das Kind heißen?« fragt der Arzt nach getaner Arbeit. »Ich habe das eben nicht so richtig verstanden.«

»Knubbeline«, schießt es aus mir heraus. »Knubbeline Julia Urban.«

»Sie bestehen auf dem – hm – Knubbeline?«

»Nee«, sage ich, »das ist nur der Spitzname.«

»Danke!« Der Mann klappt mein Krankenblatt zu. Er wirkt erschöpft. Allmählich spüre ich auch, wie ich müde werde. Nur mein Hunger ist noch größer.

»He!« rufe ich.

Der Arzt dreht sich zu uns um. »Ja, bitte?«

»Wie wär's denn mit einem Mittagessen für mich?«

Der Arzt sieht auf seine Uhr. »Mittagessen gab es um zwölf. Jetzt ist es zwanzig nach eins. Außerdem sind Sie gerade frisch entbunden. Die Schwester auf der Station versorgt sie gern mit einem Tee.«

»Kräutertee?« frage ich entsetzt.

Diesmal lächelt der Arzt geradezu genüßlich. »Bestimmt.« Dann geht er.

Trotzdem verhungere ich nicht. Vera schickt mir Ringo mit einer Notration, und um vier folgt sie mit Benni und Marie zum Antrittsbesuch bei Knubbeline Julia.

Obwohl über Ostern alle möglichen Leute verreist sind, gibt es noch genug Kölner, die drei Tage lang die Entbindungsstation auf Trab halten und sich bei mir die Klinke in die Hand geben. Nachdem sich herumgesprochen hat, daß es bei mir echten Schampus und Highlife gibt, findet auch das Pflegepersonal immer wieder einen Grund, um außer der Reihe »Hallo!« zu sagen. Außerdem ist Knubbeline der Liebling der Station.

Sobald morgens früh der Babywagen mit den frischgewickelten Säuglingen über den Gang rattert, klumpt es in meinen Brüsten, was meine Tochter zu wittern scheint, denn sie brüllt wie am Spieß und fuchtelt und kratzt, bis sie endlich an der Quelle hängt. In ihrem Glasbettchen schabt sie sich die Nase rot, wenn ich ihr hungriges Grummeln nicht sofort mitbekomme. Satt ist sie dagegen ausgesprochen friedlich.

Außerdem hat sie ein Faible fürs Telefonieren. Sobald es läutet, rumpelt sie in ihrem Glaskasten los und will auf meinen Arm, wo sie sich vorbildlich leise verhält und oft sogar die Augen zuklappt. Ganz sicher bin ich mir allerdings nicht, ob sie mich nicht vielleicht nur an der Nase herumführt. Mit Lauschohren habe ich so meine Erfahrung, und Knubbeline Julia scheint mir ein besonders ausgekochtes Exemplar unserer Spezies zu werden. Eben ein Vollweib!

Obwohl ich also reichlich Besuch bekomme und noch mehr telefoniere, fehlt jemand. Pino fehlt. Ich habe allen, die zu ihm Kontakt haben, striktes Redeverbot auferlegt. Ich will Pino selbst überraschen. In zehn Tagen ist mein nächster Schwangerschaftsvorsorgetermin. Er wird staunen! Anständigerweise hat Knubbeline Julia mich auf Anhieb von acht Kilo befreit, und in der Woche nach ihrer Geburt purzeln die Pfunde eifrig weiter. Statt wie befürchtet weiter mit Gummitwist laborieren zu müssen, passe ich schon wieder in meinem normalen Hosen und Röcke hinein. Nur im Bund zwackt es noch leicht, und bei meiner auf Figur geschnittenen Kostümjacke muß ich den obersten Knopf offenlassen, weil meine ohnehin nicht kleinen Brüste mit Milchfüllung absolut gigantisch sind.

»Da kann man Nüsse dran aufknacken«, posaunt Benni. Eigentlich müßte ich protestieren, aber ich tue lieber so, als ob ich nichts hörte. Schließlich spricht es für meine Brüste, wenn man an denen

Nüsse aufknacken kann. Das Aufblitzen in manchen Männeraugen überzeugt mich davon, daß sie dieses Bild sehr plastisch vor sich sehen.

Der bewußte Freitag für die »U 9« bei meinem Gynäkologen rückt näher. Am Donnerstag abend probiere ich meinen halben Kleiderschrank durch. Als ich auch noch für Knubbeline Starkleidung herauslege und mich beim Frühstück aufrege, weil sie wieder mal zu gierig trinkt und den Überschuß auf die Applikation von ihrem wunderhübschen Babyoverall spückelt, verkündet mein Sohn, daß er heute wohl besser den Kindergarten schwänzt.

»Bist du noch ganz gescheit?« schreie ich.

»Blitzgescheit!« kontert Benni. »Du hast was vor, wetten?«

»Ich hab nichts vor. Ich hab nur einen Arzttermin, okay?«

»Bei Pino?« fragt Benni.

Ich nicke. »Wenn's genehm ist.«

»Pino ist okay!« Während Benni synchron zu Marie die Butterbrotdose verstaut und den Anorak anzieht, höre ich ihn Pinos Qualitäten aufzählen. Ich wußte gar nicht, daß mein Sohn solch eine hohe Meinung von Pino behalten hat. Von Eberhard redet er schon längst nicht mehr, und von Dario spricht er auch kaum noch. Natürlich könnte ich problemlos ein paar weniger nette Attribute zu Pino ergänzen, aber ich verkneife es mir, weil die sowieso nicht jugendfrei wären. Dann fahren wir los.

Zuerst zu Maries Schule. Küßchen. Winken. »Viel Spaß!« rufe ich ihr hinterher.

Dann zu Bennis Kindergarten. Küßchen außer Sichtweite der anderen Kinder. Winken mit einem Finger, der dann flugs in die Nase gleitet. »Ferkel!« sage ich und lache.

Endlich zu Pinos Praxis. Die Sprechstundenhilfe staunt bei meinem geslimten Anblick nicht schlecht. Knubbeline im Stardreß auf einem »König-der-Löwen-Bezug« im allerneusten Maxi-Cosie-Tragesitz mit integriertem Windelfach und dreifach verstellbarer Liegeposition inspiriert sie zum verzückten Aufreißen ihrer blaugeschminkten Augen und rosageschminkten Lippen. Ich schaffe es gerade noch in letzter Sekunde, entsprechende Verzückungslaute zu unterbinden.

»Ich will den Doktor überraschen, okay?«

»Okay«, wispert sie zurück und führt mich direkt in Behandlungsraum zwei, wo ich zuerst Knubbeline und dann mich selbst in Starpositur rücke. Keine Laufmasche? Nein! Oberster Blusenknopf offen? Ja! Rote Hektikflecken? O ja! Ich knöpfe die Bluse besser wieder zu.

»Der Doktor kommt jetzt!« kichert es von der Tür.

»Danke«, säusele ich zurück und denke: Blöde Kuh! Die versaut mir noch die ganze Überraschung.

Die Sprechstundenhilfe ist unschuldig.

Teil eins meines Überraschungsplans gelingt mir vorzüglich. Pino stürmt herein, stoppt und wird bald nicht mehr. Er verharrt knapp vor meiner Prachttochter auf den vielen kleinen Löwenkönigen. Benni und Marie haben den Bezug ausgesucht. Sie sind »Simba«-Fans.

»Nein!« sagt er fassungslos.

»Doch!« sage ich.

»Das ist...?«

»Knubbeline Julia«, antworte ich und zeige auf den Maxi Cosie, der prompt zu wippen beginnt. Nur das wunderbar dazu passende Babygrummeln kommt aus der falschen Ecke. Meine Tochter sukkelt stillvergnügt an ihrem Daumen, sie hat keinen Pieps gesagt.

»Was war das?« frage ich und denke an Wahnvorstellungen, aber solche von der üblen Sorte. Pino greift nach dem gelben Vorhang, der die Sitzecke vom Untersuchungsteil trennt. Der Vorhang gleitet auf, und die Wahnvorstellung in meinem Kopf bekommt Kontur. Sie sieht haargenau wie ein Baby aus, das ebenfalls in einem Maxi Cosie auf einem Bezug mit vielen kleinen Löwenkönigen liegt, nur daß der Babyoverall in diesem Fall kanarienvogelgelb und die Haare darüber schwarzgelockt sind.

»Julia«, sagt Pino. »Ohne Knubbeline davor.«

»Und dahinter?« frage ich.

»Frotta«, antwortet Pino.

»Und die Mutter?«

»Babette Schmitz.«

»Wann heiratet ihr?«

»Gar nicht. Wann heiratest du?«

»Auch gar nicht.«

»Na dann!«

»Na dann!«

Babybrüllen bringt uns auf Trab. Wir schießen beide vor, nur welche Julia war's? Kaum sind wir neben den beiden Tragewippen in die Knie gegangen, sehen die beiden uns friedlich in die Pupille.

»Sie ist ein Aas!« Pino zeigt auf seine Wippe. Das Aas reagiert prompt und spuckt. »Sie spückelt immerzu. Ich habe schon zweimal die Milchnahrung gewechselt.«

»Du gibst ihr Milchpulver?« frage ich entsetzt.

»Babette hat vergessen, sich die Brüste abzuschneiden, bevor sie zur Selbstverwirklichung nach Amsterdam gezogen ist. Und meine sind noch nicht soweit.«

»Armes Wurm!« Ich wische die andere Julia rasch sauber und lege sie mir über die Schulter. Sie rülpst und grummelt noch einmal, dann schiebt sie sich zwischen meine Brüste, die prompt auf die Wärme und den Druck des Kinderköpfchens reagieren.

Pino verfolgt interessiert die feuchte Stelle auf meiner Bluse, die rasch größer wird. »Wahnsinn!« sagt er. »Du bekämst glatt zwei Babys satt.«

»Bin ich eine Tankstelle?« fauche ich.

»Ich habe echte Probleme, Sarah.« Er sieht mich an, plüschäugig, lockenköpfig, in memoriam. »Es ist bestimmt nicht nur wegen der Milch für Julia, das kriege ich schon geregelt.«

»Eben! Du bist doch Fachmann für Babys.«

»Nur was das Rausholen von diesen Winzlingen betrifft, danach ist finito. Jetzt habe ich zwar eine Kinderfrau eingestellt, doch ich werde den Verdacht nicht los, daß sie sich bei mir einnisten möchte. Hast du keine Idee?«

»Ich?« Schön langgezogen und ganz ahnungslos. Meine Idee soll schrittchenweise seine Idee werden. Männer brauchen das. Die nistlüsterne Kinderfrau bringt mich auf Hochtouren.

»Ich koche phantastisch, nur so zum Beispiel«, sagt Pino. »Erinnerst du dich noch an unsere Candlelight Dinners?«

»Ich erinnere mich.« Und wie ich mich erinnere! Pino ist ein begnadeter Hobbykoch, was ich von mir nicht behaupten kann. Außerdem ist er ein begnadeter Hallodri, da kann ich schon eher mithalten. Eltern sind wir nun auch beide. Wir haben beide den Namen von unserem Traumkind nicht vergessen. »Zweimal Julia ist ein bißchen unpraktisch, wie?«

»Du willst also?«

»Moment!« Offiziell lasse ich mich nur auf ein vernünftiges Jobsharing ein: Julia zwei kommt tagsüber mit zu mir. Pino übernimmt den Einkauf und das Kochen. Am Wochenende könnten wir gemeinsam etwas in Familie machen. Ich informiere Pino kurz über meine zweite Tochter Marie.

»Vier Kinder auf einen Streich und noch nicht mal verheiratet?« ruft er entsetzt. »Meine Mutter liegt mir mit einer Hochzeit in Weiß und einer Braut mit Myrtenkranz und Schleier und vielen süßen Enkelchen in den Ohren. Mamma mia!«

»Was die Enkelchen betrifft, kannst du sie ja schon mal beruhigen«, schlage ich vor und sehe die Glaskugel vor mir, die Benni und Marie mir zu Weihnachten geschenkt haben. Vielleicht war das vierte Bärenkind in der Kugel doch nicht fehl am Platz, sondern ein Wink des Schicksals.

»Und die Reihenfolge?« japst Pino. »Wie erkläre ich ihr die vier Kinder vor dem Myrtenkranz?«

»Du könntest ihr natürlich auch wahrheitsgemäß von Babette Schmitz und Amsterdam und so erzählen!«

»Nie im Leben! Was hältst du von grünem Spargel und Gamberetti heute abend?«

»Ist mir recht.«

Dann bestellt Pino ein Taxi und trägt unsere beiden Julias an den staunenden Patientinnen und der staunenden Sprechstundenhilfe vorbei ins Auto.

»Stolze Leistung!« findet der Taxifahrer.

»Finde ich auch«, antwortet Pino und küßt mich zum Abschied, wie es sich für einen liebenden Papi gehört, auf den Mund. Der Kuß dauert ein bißchen länger, weil unsere Lippen sich prompt daran erinnern, was sie schon so alles miteinander getrieben und wieviel sie nachzuholen haben. Erst als eine von unseren beiden Julias zu fiepen beginnt, fahren wir auseinander.

»Hui!« Der Taxifahrer nickt ehrlich begeistert. »Kein Wunder, daß dabei gleich zwei rausgekommen sind.«

»Wir haben noch zwei«, verrät Pino.

»Und wie heißen die?«

»Benni«, sagt Pino und stockt.

»Marie«, helfe ich weiter.

»Julia«, fährt Pino rasch fort.

»Noch einmal Julia«, füge ich hinzu.

Der Taxifahrer grinst. »Na ja, bei soviel Kindern und Geschnäbel können einem schon mal die Namen knapp werden. Wie wär's denn mit Julchen? In Köln hat das fussige Julchen schon Tradition.« Der Mann zeigt auf Knubbeline Julia, deren Flaumhaare tatsächlich einen rötlichen Schimmer haben. Genau wie meine eigenen Haare.

»Alles paletti!« Ich blinzele Pino zu. Diesmal meine ich weder das fussige Julchen noch grünen Spargel mit Gamberetti. Mir ist gerade das Mehrheitsverhältnis bei Urban – Frotta durch den Kopf geschossen. Vier Frauen – zwei Männer. Alles paletti!

Tina Grube
Männer sind wie Schokolade
Roman
Band 12689

Linda, emsig arbeitende Werbeagenturfrau, gerät immer wieder
und überall in die unmöglichsten Situationen. So kämpft sie gegen Auftragsberge, einen cholerischen Boß und die täglichen
Attacken auf die kreativen grauen Zellen. Aber auch privat ist
sie ständig den Tücken des Schicksals ausgesetzt. Eigentlich
möchte sie sich in ihrer kostbaren Freizeit nur das Allerbeste
für die Seele gönnen. Den langersehnten tollen Mann zum Beispiel. Oder die heißgeliebte Schokolade. Allerdings: Mit dem
unbeschwerten Genuß ist das immer so eine Sache. Kein Wunder, daß es noch aufregender wird, als die Agentur einen neuen
Kunden gewinnt. Anfangs als Verkörperung typisch männlicher
Arroganz voller Verachtung abgelehnt, wird er allmählich zur
lockenden Versuchung. Männer sind wie Schokolade... Wie
schön, daß es da auch noch Freundinnen gibt, die Linda in
allen Lebenslagen mit weiblicher Raffinesse unterstützen.

Fischer Taschenbuch Verlag

fi 2082 / 3